# 冯汉骥全集 ⑤

## 人类学卷

冯汉骥 著　张勋燎 白 彬 主编

巴蜀书社

# 第三编
## 家族观念的发展

# 第一章

# 古代家族

## 家族制的五种连续形态

我们惯于把单偶制家族当作是从来就存在的制度，只是在特殊的地域中偶尔为父权家族所中断而已。然而在事实上却不是如此，家族观念是经过了连续发展阶段的一种结果，而单偶制家族，不过是一系列家族制中的最终的形态。我现在的目的，是要证明在单偶制之前尚存在有更古的家族形态，这种家族形态，曾普遍地流行于野蛮时代的全期，一直通过开化时代的初期而进入其中期；而单偶制家族与父权家族，均不能上溯到开化时代的晚期。它们基本上都是近代的产物。再者，只有等到在人类的每一种族之中，在早期家族形态之下的前在经验为它们的采用准备了道路以后，它们在古代社会中才有其可能。

关于家族制度，我们可以区分为五种不同的连续的形态；每一种形态，各有其特殊的婚姻制度。五种家族形态如下：

（一）血缘家族

血缘家族，是建立在一群兄弟姊妹的——直系及旁系的——互相结婚之上的。

（二）群婚家族

群婚家族，是以几个姊妹——直系的及旁系的——集体的对于彼此的丈夫之互相结婚为基础的；其共同的丈夫并不一定互相有亲属关系。另一方面，这种家族又以几个兄弟——直系的及旁系的——集体地对于彼此的妻子之互相结婚为基础；其共同的妻子，也并不一定互相有亲属关系，虽然在两种情况中他们往往都是有亲属关系的。在每一情况中，都是一群男子与一群女子共同地互相婚配。

（三）对偶家族

对偶家族，是以一男一女为配合基础；但没有独占的同居。婚姻关系，仅维持到双方情愿维持的时候为止。

（四）父权家族

父权家族，以一夫数妻的婚姻为基础；一般都随带有妻子的幽闭（或隔离）。

（五）单偶家族

单偶家族，是以一男一女的婚姻为基础，而以独占的同居为必要条件。

在这些家族形态之内，第一、第二及第五三种形态，是根本的形态；因为它们有足够的普遍性及力量能够创造出三种不同亲属制度——此三种亲属制度都尚以现行的形态存在着。如果反转来说，这三种亲属制度的本身就足够证明其前的与它们处于相关联地位的家族形态与婚姻形态的存在。至于其余的两种家属形态，即对偶家族与父权家族，则是中间形态，它们对人类的事业上没有充分的影响，能够创造出一种新的亲属制，或将当时存在的亲属制予以本质上的改变。可是我们不能以为这些家族形态是都各自有其明确的界线而互相隔离着；与此相反，它们却是由难以察觉的渐进的等级，由第一形态转移到第二形态，由第二而转移到第三，由第三而转移到第五。这里我们所要阐明及建立的主题，即是这些家族形态系连续地由一种形态而产生另一种形态，并且它们集体地代表着家族观念的发展。

为了要说明家族与婚姻形态的发生，就必须对于属于每一种形态的亲属制度的本质加以陈述。此等制度，体现着与此问题直接有关的简要的决定性的证据，没有伪造的嫌疑。不仅如此，这些制度的本身则具有一种力量及肯定性使根据它们所得出的推定，不致有置疑的余地。但是一种亲属制在没有被彻底了解以前，是十分复杂而容易令人困惑的。因为这个缘故，所以读者一定要有耐心，相当地深入这一问题，然后才可以辨别出包含在亲属制度中的证据的价值与重要。在我以前所发表的《人类的血亲及姻亲制》——书中[①]曾予以详细的讨论，所以本书中只限于重要事实的说明，在不妨碍理解的范围内，尽量的予以精简，至于详细的论证与一般的表解，则可参见我以前的著

---

① 《斯密逊研究所对于知识之贡献》（Smithsonian Contributions to Knowledge）第十七卷。

作。作为人类历史之一部分的这一主题，即家族的发展系经过了数种连续形态的这一主题，其重要性即是提出并研究这些亲属制度的主要原因——如果这些制度果真能建立这种事实的话。这就需要在本章及以下的四章内，对于这种证据予以简略及概括的陈说。

## 由血缘家族所产生出来的马来式亲属制

直到现在所发现的最原始的亲属制，是在坡里内西亚人中所发现出来的，其中的夏威夷的亲属制，将用作典型。我曾称这种制，为马来式亲属制。在这种亲属制之下，所有的血缘亲属，不论远近，均包含在下面的亲属关系中的某一种之内，即父母、子女、祖孙、兄弟及姊妹。其他的血缘关系，概不承认。此外，则为由婚姻而成立的亲属关系。此种亲属制，与家族制的最初形态，即血缘家族，同时发生，并包含有它存在于古代的主要的证据。或许有人以为这样一种重要的推定，其根据未免似乎太狭；但是，如果我们有理由假定其所承认的每一种亲属关系是当时实际存在的话，那么，我们的这种推定是可以充分地支持的。马来式亲属制在坡里内西亚人间是很普遍地通行的，虽然他们的家族制已经由血缘家族转移到群婚家族了。其亲属制之所以保持而未改变者，因为没有出现足够有力的动机，及其制度上没有充分根本的变革，能够引起其亲属制度的变化。约距今五十年前，当美国人设立宣教会于散得维齿（Sandwich）群岛时，在他们之间，兄弟姊妹的结婚尚未完全绝迹。此种亲属制，普遍地流行于古代亚洲大陆，这是没有问题的，因为它是现在尚流行于亚洲的图兰式亲属制（Turanian system）的基础。同时它也是中国亲属制的根基。

## 由群婚家族所产生出来的图兰式亲属制

随着时代的进展，第二种大亲属制度，即图兰制，继第一种而起，并传布于地球上的大部分。此种亲属制，在北美洲的土著间是普遍的，并且在南美洲也曾有充分的探索，使我们相信此种亲属制在他们之间也可能是同样盛行的。在非洲的若干部分亦可发现其痕迹；不过非洲诸部落的亲属制，一般地接近于马来制。在印度，这种亲属制现时尚流行于使用达罗毗荼（Dravidian）语方言的南部印度人之间，同时又以改变了的形式流行于使用高拉（Gaura）语方言的北部印度人之间。这种亲属制，以半发达的形式盛行于澳洲，在澳洲这种亲属制似乎是发生于级别组织，或初期的氏族组织之中，但二者都导致了同一的结果。至于在图兰及加罗汪尼亚族中的主要诸部落间，此种亲属制则起源于团体内的群婚制与氏族组织，惟后者则有抑制血族通婚的倾向。在前面曾经证明这种制度是如何由氏族内婚的禁止而形成，它将兄弟姊妹从婚姻关系中永远地予以排除。当图兰式亲属制发生的时候，家族形态则是群婚制。这可以由团体内的群婚制能够说明在这种亲属制度下的主要亲属关系的事实得以证明；显明这些亲属关系是由此种婚姻形态而实际存在的。依据事实上的推理，使我们能够证明群婚家族曾经是与图兰式亲属制的分布是同样广泛的。图兰式亲属制的起源必须归诸于氏族组织和群婚家族。在以后的叙述中，便可看出图兰式亲属制是从马来式亲属制演变而来的，只是将其由兄弟姊妹——直系的及旁系的——之间的从前的婚姻而来的亲属关系加以改变而已，在事实上，这种改变是由氏族而来的，由此亦可证明两者之间的直接关联。氏族组织对于社会所发生的强有力的影响，尤其是对于群婚团体所发生的影响，则由亲属制度的这种变迁而加以证明了。

图兰式亲属制的庞大，简直是无所不包的。在雅利安亲属制之下，所知道的一切亲属关系图兰制均有之，除此以外，还有一些为雅利安制所未注意到的亲属关系。在图兰式亲属中，所有的血族亲属不拘远近均类别为各种范畴；并且由这种制度所特有的方法，在亲属关系上能够追溯到远较雅利安制普通所能追溯的范围以外。在亲昵的或正式的应酬中，人们都彼此以亲属称谓相称呼，而决不以个人的名字相称呼，由于亲属间的时常打招呼，除倾向于传布这种制度的知识于外，同时也倾向于保持最疏远的亲族间的亲属关系。如果在没有亲属关系存在的情况中，则应酬的形式只用"我的朋友"相称呼。就其在亲属关系上区别之严密而言，就其特殊特征的范围而言，在人类中实找不出另一种亲属制能接近于这种制度的。

当美洲土著被发现之时，在他们中间的家族制度已经由群婚家族转移到对偶家族了；所以他们的亲属制所承认的亲属关系，有一些并不是实际存在于对偶家族中的亲属关系。这恰如在马来制之下所发生的情况一样，家族制虽已由血缘家族转移为群婚家族，亲属制则保持未变；所以在马来制中所举出的亲属关系，实际上是存在于血缘家族中的亲属关系，其中有一部分是与群婚家族中的亲属关系不相符合的。同样，在图兰制中所举出的亲属关系，实际上是存在于群婚家族中的亲属关系，其中的一部分是与对偶家族中的亲属关系不合的。家族形态的进展在需要上速于亲属制度——亲属制则随之而纪录家族的亲属关系。因为群婚家族的建立没有供给充分的动机来改革马来制，所以对偶家族的产生也没提供改革图兰制的充分的动机。这需要一种伟大的制度有如氏族组织者，来将马来制改变而为图兰制；这也需要一种伟大的制度有如固定的财产、与其财产的享有权与继承权、连同其所创造出来的单偶家族制，来推翻图兰式亲属制而代之以雅利安式的亲属制。

## 由单偶家族所产生出来的雅利安式亲属制

在时代更向前进展的过程中，第三种亲属制的大系统便发生了。这种亲属制，可以称之为雅利安制、闪族制或乌拉尔制均可，它在后来达到文明之域的各主要民族中代替了以前的图兰制。这一制度乃是规定单偶家族制之下所存在的亲属关系的一种制度。它并不是根据图兰制而来的，有如图兰制之根据马来制一样；而它是在文明各民族间代替以前的图兰制的制度，关于这一事实，有其他的证据可资证明。

最后的四种家属形态，均存留至历史时代之内；只有第一种，即血缘家族，则消灭了。但是，它在古代的存在，能够根据马来式亲属制加以推论出来。因之，我们有三种基本的家族形态，它们代表着三种重要的并且在本质上不同的生活情况，有三种不同的及界限分明的亲属制足以证明这三种家族制的存在，如果它们所包含的只是唯一存留下来的证据的话。这一结论，将引起我们对于亲属制的异常的固定性与持久性的注意，以及它们关于古代社会状态所体现的证据的价值。

这三种家族制，在人类各部落间都经历了长久的期间，各有其一幼稚时期、一成熟时期及一衰落时期。单偶家族起源于财产制，恰如对偶家族（其中含有单偶家族的萌芽）之起源于氏族制一样。当希腊各部落初次进入历史时期时，单偶制家族即已存在；但是它的完全成立，则是在积极的立法确定了它的地位与权利以后的事。在人类心灵中财产观念的发生，由于它对财产的创造与其利益的享受，特别是由于它关于财产继承上法权的制定，是与这种家族形态的建立密切相关联的。财产在其势力上已成为足够强大而能影响社会的有机的机构了。关于子女的父亲亲权的确定，现在必将有为前代社会状态所不会知道的意义。一男一女的结婚，在两者的愿意期间互相配合的形式之下，从开化时代的初期起便已存在。随着古代社会的进步，与各种制度的改良，以及发明与发现的进步而达到较高级的状态时，这种婚姻便逐渐的趋于巩固；但是，单偶家族的基本成分，即独占的同居，尚属缺如。远自开化时代起，男子便以野蛮的刑罚开始从其妻子强索贞操，而男子自身却要求不受这样的限制。殊不知贞操的义务必须是相互的，贞操的履行也应该是相关的。在荷马时代的希腊人中，妇女在家族关系中的地位，是一种孤立的、处在夫权支配之下的情况，妇女的权利不完备，亦极端不平等。但是，如果将希腊各时期的家族——如从荷马时代到贝理克（Pericles）时代——加以比较，则有显明的进步，与其渐次成为确定的制度。现代的家族，无疑地，是希腊与罗马家族的一种改良，因为妇女在社会的地位上已获得了很大的进展。试就希腊、罗马人中一女子对于其丈夫的关系之地位而言，她在人格上及被承认的个人权利上，已接近于平等的地位了。我们对于单偶家族制有约可上溯至三千年的历史，在这个长久的时期中，在单偶家族的性质上有一逐渐的而继续不断的改善。它已注定还要向前进步，直等到两性间的平等及婚姻关系上的平等完全被得到承认为止。我们关于对偶家族的渐次地改善也有同样的证据，虽然不十分完全，证明它从低级类型开始最后达到单偶制。这些事实必须记住，因为他们在这一讨论中是极关重要的。

　　在以前的数章中，我们曾经对于附丽于人类存在的初期之上的一种庞大的婚姻制度，唤起了读者的注意，并将其追溯直到文明时代；虽然它随着社会的逐渐进步而渐次丧失其地位。人类进步的比率，可以依照这种制度因社会中的道德因素的反抗而缩小其范围的程度来加以某种限度测定。家族与婚姻的每一连续形态，即是这种制度缩小的重要记录。到了这种制度缩小到零点的时候以后，或刚到零点的时候，单偶家族始有实现的可能。单偶制家族可以上溯到开化时代的晚期，自此以前则消失于对偶家族之中了。

从这两种家族形态的发生与发展所经过的历程中，我们可以得到所经过时代久暂的若干印象。但是五种连续家族形态的建立，每一种与另一种不同，并各属于完全不同的社会情状，更可扩大我们对于时代悠长的概念，在其中家族观念从血缘家族发展、经过中间形态、一直进到现在尚继续进步的单偶家族。再没有一种人类的其他制度，曾具有更可惊异的更富于变迁的历史，或体现着更长久的更繁复的经验的结果。这需要最高的精神与道德的努力，在不可数计的时代中，来维持家族制的存在，并将家族制通过其各种阶段而带到现在的形态。

婚姻制度在从群婚经过对偶制转变而为单偶制的过程中，它在图兰式亲属制中并未引起重大的变化。图兰式亲属制，是记录群婚家族中的亲属关系的一种制度；等到单偶家族制的成立，当它对于世系的性质几乎变为完全不符合时，甚至于对于单偶制是一种诽谤时，它基本上保持未变。举例来说：在马来制之下，一个男子称他兄弟的儿子为自己的儿子，因为他兄弟的妻子同时也是他自己的妻子；又他姊妹的儿子是他的儿子，因为他的姊妹是他的妻子。在图兰制之下，由于同样的理由，一个男子的兄弟的儿子还是他的儿子；但是，他的姊妹的儿子，现在则是他的外甥，因为在氏族制之下，他的姊妹现在已经不复是他的妻子了。在易洛魁人间，家族已为对偶制，但是一个男子仍然称他兄弟的儿子为他自己的儿子，虽然他的兄弟的妻子已经不是他自己的妻子了。像这样与现存的婚姻制度同样不相吻合的亲属关系，在易洛魁人间，尚可找出很多的例子。这种亲属制的存留已经超过了它所发生的时代中的习惯，而在它们中尚继续残存着，虽然对于现存的世系在大体上已经不相适合。没有一种倾覆这种巨大及很古的亲属制度的充分的动机曾经发生。当单偶制出现时，对于已将接近于文明的雅利安诸民族，却供给了这一动机。单偶制确定了父亲对子女的亲权与其作为承继人合法性。将图兰制加以改革以期其适合于单偶制的世系，是不可能的。因为它对于单偶制是完全不相吻合的东西。虽是如此，一简易而完备的补救方策，已经存在着。这即是将图兰制废除而代之以叙述方法（descriptive method），这种方法是图兰诸部落要使某一种亲属关系特别明白时所常采用的一种方法。他们回转到血缘关系的基本事实，用基本称谓的结合来叙述各个人的亲属关系。譬如：兄弟之子，兄弟之孙；父之兄弟，父之兄弟之子等。每一名词只叙述一单一的个人，而亲属关系即包含在其中。这即是雅利安民族的制度，有如我们在希腊、拉丁、梵语、日耳曼语以及克勒特语诸部落间所发现的最古的形态一样；同时，在闪族中，也可以发现出来，希伯来圣经中所记载的系谱就是一个明确的证据。图兰制的痕迹，其中我们有好多已经提及过，在雅利安与闪族诸民族间，一直保留至历史期间；但是，它已基本上被根除，而为叙述制所代替。

# 三种亲属制与三种家族形态的关联

为了要说明并确实证明以上的诸命题，我们对于这三种亲属制以及与之各各相关联的三种基本的家族形态，应就其发生的顺序予以论述。此等亲属制与家族形态，实具有互相阐明的性质。

一种亲属制度就其本身而论，是没有多大意义的。其所体现的观念是有限的，其基础是很明显地建立在简单的暗示之上的，它似乎不能供给一些有用的知识，更不必说对于人类的早期状况能有所说明了。这至少是当一个亲属团体的亲属关系抽象的考虑以后所能得到的一种自然结论。但是，当我们把多数部落的亲属制度加以比较后，它便将以一种家族的制度而出现，并且系经过了漫长的时间而流传下来的，这样一来，其所具的意义便迥然不同了。三种这样的亲属制，每一种承接以前的一种，代表着家族制从血缘家族到单偶家族的整个发展过程。因为我们有理由来假设，每一种亲属制都表示他所成立时期的存在于家族中的实际的亲属关系，所以转过来，它又揭露当时盛行的婚姻及家族形态，纵令二者可能已进步到一种较高级的阶段，而亲属制则保持未变。

再者，我们将注意到，这些亲属制度是随着社会从低级状态演进到高级状态中的自然的发展，在每一转变中，则为深切地影响社会构造的某种制度的出现所标识。母与子的关系、兄弟与姊妹的关系、以及祖母与孙的关系，不论在哪一个时代里面都是能够完全确定的；但是，父与子的关系、以及祖父与孙的关系，则直等到单偶制供给了可能得到的最高度的确定性以后，是无法加以确定的。当婚姻还是集体婚配的时代时，处于这些关系中的每一种关系的人们，同时有若干人，并且都各有同等的可能性。在古代社会极草昧的状态中，这些关系在实际方面与可能方面，都将被认识，亦必将发明称谓来表明这些关系。由于这些称谓的继续使用，因之而形成一种亲属的集团，久而久之，一种亲属制度便创造成功了。但是亲属制的形态，和前面所说的一样，是依靠婚姻制的形态来决定的。假令婚姻形态是一群兄弟姊妹——直系或旁系的——间的结婚，那么，家族的形态则是血缘家族，亲属制则是马来式。如果婚姻形态是几个姊妹与其共有的丈夫间的集体的结婚，或几个兄弟与其共有的妻子间的集体的结婚，那么，家族的形态便是群婚家族，亲属制便是图兰式；又如婚姻形态是一男一女之间的结婚，与一独占的同居，那么，家族的形态便是单偶家族，亲属制便是雅利安式。因之，三种亲属制是以三种婚姻形态为基础的；尽我们所能知道的事实而言，每一种亲属制各在其婚姻形态之下表示其中个人间所实际存在的亲属关系。所以，我们可以看出亲属制并不是基于自然，而是基于婚姻制度，并不是基于虚构的考虑，而是基于事实；每一种亲属制自其本身而言，是一种逻辑的、同时也是真实的制度。它们所包含的证据，是具有最高价值的，同时也是最富于暗示性的。亲属制以极明显的方法，直接而确切地显示了古代社会的状态。

# 亲属制的两种根本形态

这些亲属制，自身归纳为两种根本的形态，而基本上不同。其中的一种为类分式的（classificatory），其他一种为叙述式的（descriptive）。在第一种之下，对于所有血族亲属绝不加以描叙，而不问他们对于己身（ego）关系的远近的程度，概类别为各种范畴；同一亲属称谓，可以适用于同一范畴中的所有个人。例如：我自己的亲兄弟以及我父亲的兄弟的儿子，都同样是我的兄弟；我自己的亲姊妹以及我母亲的姊妹的女儿，都同样是我的姊妹，这就是在马来式亲属制与图兰式亲属制之下所行的类分法。在第二种之下，对于所有的血族亲属，或用基本亲属称谓来描叙，或把几个基本亲属称谓连结起来描叙，如此，则使每一个人的亲属关系特别明确。例如：兄弟的儿子、父亲的兄弟、以及父亲的兄弟的儿子等。这即是雅利安、闪族与乌拉尔诸族的制度，它是与单偶制相俱而来的亲属制。到了后来，由于共同称谓的发明，采用了少量类分方法；但是此一制度的最初的形态，其中以爱尔士（Erse）与斯干的那维亚（Scandinavian）者为最典型，是纯叙述式的，正如上面所举的例子一样。在这两种制度间的根本差异，一种是由于集体的多偶婚姻（plural marriages），其另一种则系由于个人间的单偶婚姻所产生的结果。

叙述式的亲属制，在雅利安、闪族与乌拉尔的各族间是相同的；至于类分式的亲属制，则有两种不同的形式。第一、即马来式，在时间上为最古；第二、即图兰式及加罗汪尼亚式，二者在基本上是相同的，都是由以前的马来式亲属制加以改变而成的。

如果将我们自己的亲属制（雅利安制）拿来作一简略的参照，则对于所有亲属制的基本原理，必将有所阐明。

## 亲属制的一般原理

亲属关系有两种：第一、由血统而生的亲属关系，即血族；第二、由婚姻而生的亲属关系，即姻族。血族又有两种：即直系和旁系。直系血族，即为个人间直接所自出的关系。旁系血族，则系出自共同祖先的人们间所存在的关系，而不是互相所自出的关系。至于由婚姻而生的亲属关系，则各随习惯而异。

我们不必深入这一问题，就一般而言，在每一种亲属制度之中，凡是有单偶婚姻制度存在的时候，一定有一个直系血族和几个旁系血族，而后者是从前者所分出的。每一个人都是一个亲属团体的中心，在这一亲属团体中，各个人相互间的亲属关系则由"己身"的位置来决定，而这些亲属关系，又都回返到"己身"的位置上来。"己身"的位置，必然地是处在直系之中，这一系则是垂直的。在这一系上，从"己身"的位置直接出发：向上，从其父亲起以及其上的几代祖先，向下，从其儿子起以及其下的几代后裔，这些人的联合便构成"己身"的男系的直系。从这一直系，则发出若干旁系——男系的或女系的——向外则以数目表示之。为要对于一亲属制获得一种完全的知识而言，只需要认识其主要的直系、以及头五个旁系的一个男支及一个女支，其中包括父方和母方，在每一支中只计及其男方或女方的直系子女，便已足够，虽然这不拘在上行或下行的系列中，都只包括"己身"亲属中的一小部分。如果我们企图探索这些旁系的所有的区分与分支——这些区分与分支在其上行的系列中是以几何级数而增加的——并不见得使亲属制更为易于了解。

第一旁系属于男支者，由我的兄弟及其子孙而成；第一旁系属于女支者，则由我的姊妹及其子孙而成。第二旁系，属于父方男支者，由我父亲的兄弟及其子孙而成；属于父方女支者，由我父亲的姊妹及其子孙而成；第二旁系，属于母方男支者，由我母亲的兄弟及其子孙而成；属于母方女支者，由我母亲的姊妹及其子孙而成。第三旁系，属于父方男支者，由我祖父的兄弟及其子孙而成；属于父方女支者，由我祖父的姊妹及其子孙而成，第三旁系中属于母方的男女各支者，则各由我外祖母的兄弟和姊妹及其子孙而成。在最后这一情况中，我们已经脱离了父方的直系，而转移到母方的直系之中了，这是要加以留意的。第四旁系，其男女各支，自曾祖父之兄弟和姊妹开始、及自母亲的母亲的母亲之兄弟和姊妹开始。第五旁系，其男女各支，自高祖父之兄弟和姊妹开始；及母亲的母亲的母亲的母亲之兄弟和姊妹开始。第四与第五两个旁系，其分支的方法一如第三旁系。这五个旁系，连同直系、包括我们亲属中的一大部分，而他们都是属于在实际上所能认识的范围之内的。

关于这些旁系系统，尚有加以说明的必要。如果我有几个兄弟和几个姊妹，他们和她们的子孙各自互相独立地形成其系统，其数目一如我所有的兄弟和姊妹之数目；但是，他们合拢来便形成我的第一旁系中的男系和女系两支。同样，我父亲的及我母亲的各个兄弟及各个姊妹、和他们各自的子孙，也各自互相独立地形成其系统，其数一如我父亲及我母亲所有的兄弟和姊妹之数目；而他们共同联合起来形成我的第二旁系中的属于父方和属于母方的两类亲属，其中分四个主要的分支，即两个男系分支和两个女系分支。假令将第三旁系中的支系加以完全计算，那就有四方面的祖先，与八个主要的分支。总而言之，旁系的距离愈远，祖先与分支的数目，也以同一的比例而增加。

像如此繁复的支系与分支，包含这样众多的血族亲属，一种安排与描述的方法，能够使每一种亲属关系都明白清晰而且使全部都易于理解，我们立即可以看出这并不是一桩寻常的成就。这种工作却圆满地为罗马的民法家们所完成了，他们的方法已为欧洲各主要民族所采用，其方法之简单，实足以引起我们的赞赏。[①]亲属称谓的发展要达到一定准确的程度，必定是一种极其困难的过程，除非在急迫需要的刺激之下，如像需要一套关于世系上的法规来规定财产的继承等，或者是决不会发生的。

要使新形式的实现成为可能，就必须用具体的名词将父亲的兄弟和姊妹、与母亲的兄弟和姊妹的亲属关系区别开来，这一成就只在人类的少数语言中做到了。这些称谓，最后在罗马人的 partuus（伯叔

① 《罗马法典》第三十八卷，第十章，关于姻族的名称一章。又《Justinian 法典》第三卷，第六章，论血族关系之阶段。

父）与amita（姑母）、及avunculus（舅父）与matertera（姨母）等名
词中出现了。当这些称谓发明以后，改良了的罗马描叙亲属的方法便
创立成功了。[①]罗马方法，在其主要特点上，除了爱尔士（Erse）、
斯干的纳维亚与斯拉夫（Slavonic）诸族外，均为雅利安族系中的各
分支所采用。

　　当图兰制被废弃后，雅利安制就会必然地采取叙述的形式，如
在爱尔士语中一样。在直系及头五个旁系之中的各种亲属关系，其数
目达一百及一百以上，各自独立，那么，就需要一百以上的描叙名
词、或者逐渐地发明共同的名称来称谓之。

　　在这里我们应该注意的，即这两种基本的形态——类分式与叙
述式——在开化的民族与文明的民族之间划分了一道相当准确的界
限。这样的一种结果，是可以从婚姻与家族的各种形态所揭示的进步
的规律中所预期到的。


## 亲属制度的持续性


　　亲属制并不是随意采用、改变或放弃的。它们在起源上，是与
产生社会状况重大变革的有机运动相符合的。凡是某一种形式到了为
一般所采用的时候，到了其名词已经被发明其方法已经成为固定的时

---

①　英语中的 aunt 一词系出自罗马语的 amita，uncle 一词系出自罗马语的 avunculus。由 avus（祖父）再
加上小称词，便成为 avunculus（舅父）。所以 avunculus 一词，即是“小祖父”之义。至于 matertera 一
词，以为是从 mater 与 altera 而来的，即等于另一母亲之意。

候，从其性质上言，其变化必将是极其缓慢的。每一人类个人都是一亲属团体的中心，所以每一个人都被强迫使用及了解其通行的制度。在这些亲属关系中的任何一种关系的改变，将是十分困难的。这种趋向于持续性的倾向，由于这些制度的存在是由于习俗而不是由于立法、是自然的发展而不是人工的创造而更为增强，所以一种改变的动机必须要与习俗有同等的普遍性方为有济。因为每一人都是亲属制度中的一个分子，而其传递的方法是由于血统，所以虽然当产生这些制度的社会状态久已改变、或久已完全消灭之后，尚有强大的力量的存在着来保持其不变。这种持续性的因素，给予从这些事实中所得出来的结论一种肯定性，并把古代社会的记录保存了下来而传之于后代，不然的话，这些记录势必从人类的知识上完全丧失。

虽是如此，我们却不能假定像图兰制这样复杂的制度能在人类的不同的民族及族系中保持其绝对的同一性。细节上的差异是有的，但其根本的特征大体上是保持不变的。南印度坦密耳人（Tamil）的亲属制、与纽约州辛尼加·易洛魁人的亲属制，现在仍然有两百种亲属关系是相同的，像这样一种应用自然逻辑于社会状态的实际事实上，在人类的心灵史中实找不出其他类似的例子。还有这种亲属制的一种改变了的形式，它独立地存在而自道其历史。此即北印度的印第、孟加拉、马拉第（Marâthi）以及其他民族间的亲属制，这种亲属制是由雅利安制与图兰制混合而成的。当文明的婆罗门人与一开化的部落混合以后，他们便在上面所举的土语之中丧失了他们自己的语言，这些土语保持了土著语言的文法上的结构，其中百分之九十的词汇则是从梵语输入的。这样一来，便引起了两个不同亲属制度的冲突，即一个以单偶或对偶婚姻为基础的亲属制度与一个以集体的多偶婚姻为基础的亲属制度的冲突，其结果便产生出一种混合的制度。土人方面，因其在人数上占优势，所以在这种混合的制度上印上了图兰式的性质；而梵语的成分，亦在这种制度中加上了修正，使单偶制家族得免于非难。斯拉夫族也似乎是从这样的种族混合而产生出来的。因为他们有一种亲属制表现着野蛮与开化两种状态的形式，并突出一种第三种——但是进入文明以后的一种改变了的形式，这些都显露出一种持久不变的因素，大足以令我们注意。

关于建立在多妻制上面的父权家族，在这里无考察之必要。因为这种制度执行不广，所以在人类的事业上所留下的印象也不深。

关于野蛮人及开化人的室内生活的研究，尚不曾得到这一题目应该得到的注意。在居住于北美洲的印第安人诸部落间，其家族形态系对偶制，但是他们一般地居住于共同的房屋以内，在家族内实行共产主义的生活。当我们向下降至群婚家族与血缘家族时，则家族的团体愈形增大，更多的人们拥挤于一共同房屋之内。在委内瑞拉（Venezuela）沿海地方的诸部落中，他们的家族似乎是群婚形态，根据发现这些部落的人们的报告，当时他们居住于钟形的房屋内，各屋住一百六十人。[①] 夫与妻集体的居于同一房屋中，并且一般地都住在同一室内。因此，我们很有理由去推论这样的室内生活，在野蛮时代中是很普遍的。

---

① 厄累刺著《美洲史》第一章，二一六、二一八、三四八页。

　　关于此等亲属制的起源的解释，将在以下的各章中提出。这些解释是根据产生它们的婚姻与家族的各种形态而来的，这些婚姻及家族形态的存在，是假定的。因为如果对每一种亲属制度能够得到一种满意的说明，那么，关于其先存的每一种婚姻与家族形态便可从亲属制所说明的制度中加以推论出来。在最后一章中，将试图把对于家族的发展各连续形态中有所贡献的主要制度连接起来成一顺序。我们关于人类早期状况的知识是如此其有限，所以我们不得不利用我们所能获得的一最好的征兆。我们将要提出的顺序，一部分是假定的；但是，它是有一部分充分的证据作支持而值得考虑的。这种顺序的完全的建立，则必须待诸将来民族学上的研究的结果了。

# 第二章

## 血缘家族

### 血缘家族的存在——马来式亲属制的证明

血缘家族的存在，必须要由这种家族本身以外的证据来加以证明，而不一定要把这种家族举出来以实其事。因为它是家族制度的最初及最古的形态，甚至在最低级的野蛮人中，它早已不存在了。它是属于人类中最未进步的一部分人类所自出的一种社会状态中的。一兄弟与一姊妹结婚的孤例，在开化部落间，甚至于在文明民族间，曾出现于历史时期以内；但是这是与一群兄弟姊妹相互结婚、而在一种社会状态中这种婚姻是主要的形式、并且成为一社会体系基础的兄弟姊妹的结婚大为不同的。在坡里内西亚、巴布亚群岛以及澳洲，有些野蛮部落在表面上似乎距原始状态不远，但是他们的进步已超越血缘家族所暗示的社会状态之外了。讲到这里，我们可以问，像这样一种家族曾经存在于人类中的证据究竟在哪里呢？任何所引证的证据，必须是确凿的，否则，这一命题便不能成立。这种证据是在一种亲属制中找到的，这种亲属制的存在已经超过了它所发生中的婚姻习惯不知有若干世纪，现在还保存下来证明当这种制度形成的时候，这样一种家族是存在的。

这种亲属制即是马来制。马来制是规定在血缘家族制之下所存在的亲属关系的一种制度，并且它需要这样一种家族的存在来说明它自身的存在。再者，马来制肯定的证明当它形成的时候，血缘家族是实际存在的。

这种制度，是所发现的亲属制中最原始的一种制度，现在为了证明所提出的主要事实，拟从其亲属关系中提出讨论。这种家族制，也是在我所知道的家族制度中最原始的一种形态。

关于古代社会状况的这样一种特殊的记录，除了由于亲属制的特异的持续性而外，是无由保存到现在的。例如：雅利安亲属制差不多已经持续了至三千年之久并不曾有根本的变革，就是在将来，亦可维持至十万年之久而不变，只要它所阐释的亲属关系的单偶家族制能维持到这样的长时间而不变的话。雅利安制是描叙在单偶制之下所实际存在的亲属关系的制度，所以只要单偶家族照现在的组成形式继续存在的期间以内，它是决不会改变的。如果有一种新的家族形态出现于雅利安各民族之间，但在其未成为普遍的制度以前，它将不会影响现行的亲属制；不过在这种情况中，它对于亲属制的某些细节上可能予以改变，但不能予以推翻，除非新家族制在根本上与单偶制不同。

这种情形，恰巧与即在其前的图兰制是一样的，以发生的顺序上说，图兰制与其前的马来制亦是如此。与血缘家族而俱来的马来制，其所经历的时间之久长现在已不可知，当群婚家族出现以后它尚维持了一段很长的期间，后来因氏族组织的建立，在其他的部落中似乎为图兰制所代替。

## 夏威夷亲属制可作为马来制的典型及其五种范畴

坡里内西亚人是包括在马来族以内的。他们的亲属制曾称为马来制，虽然在马来人本部中的亲属制、在某些细节方面已经改变了。在夏威夷人与其他坡里内西亚部落间，现时尚保存一种日用的亲属制，其详见本章后面的附表，可以称之为人类中所知道的最古的亲属制。夏威夷及洛图马（Rotuman）①式将用作为这一亲属制的典型。它是最简单的，所以是类分式亲属制中是最古的形态，并且揭示后来的图兰制及加罗汪尼亚制所从生的原始形态。

很明显的，马来制不能从任何现存的亲属制派生出来，因为再没有一种制度使我们能够形成一种概念说比它更为简单。它们所承认的血缘关系只是基本的，其中有五种，而不区分性别。所有的血亲，不论远近皆依照此等亲属关系区分为五个范畴。因之，我自己、我的

---

① 洛图马亲属制的发表，以本书为第一次。它是由住在洛图马地方卫理公会（Wesleyan）的宣教师约翰·奥斯本（John Osborn）所记录下来的，并由澳洲悉德尼城的罗立马·斐逊牧师得到而寄予著者的。

兄弟和姊妹、我的从、再从、三从、以及更疏远的从兄弟姊妹、表兄弟姊妹等，都属于第一等亲或第一范畴。凡属于第一范畴中的个人，不加区别，都是我的兄弟姊妹。这里所说的从兄弟、从姊妹、表兄弟、表姊妹等称谓，是用作我们的意义的，这样亲属关系的概念坡里内西亚人是不知道的。我的父母，父母的兄弟姊妹、从兄弟姊妹、再从兄弟姊妹、表兄弟姊妹、从表兄弟姊妹、以及更疏远的从兄弟姊妹、表兄弟姊妹，都属于第二范畴。凡属于第二范畴中的个人，不加区别，都是我的父和母。我的祖父母、外祖父母，他们的兄弟姊妹、从兄弟姊妹、表兄弟姊妹、以及更疏远的从兄弟姊妹、从表兄弟姊妹，都属于第三范畴。凡属于第三范畴的个人，都是我的祖父母。在我以下，我的子女、以及他们的从、表兄弟姊妹等，如以前一样，都属于第四范畴。凡属于第四范畴的个人，不加区别，都是我的子和女。我的孙男孙女、及他们的从、表兄弟姊妹等，都属于第五范畴。凡属于第五范畴的个人，同样，都是我的孙男和孙女。再者，凡属于同一范畴的个人，彼此都互相为兄弟姊妹。照这种方法，某一个人在可能范围内的所有的亲属，都纳入于五个范畴之中了；而每一个人对于属于同一范畴内的其他每一个人，包括他或她自己在内，都使用同一亲属称谓。在这里，我们对于马来制的五个范畴须加以特别留意，因为同样的分类也出现于中国人的"九族"制之中。中国人的九族，系将亲属关系扩大另加上两代祖先与两代后裔而成的，这在另一地方要加以论及。因之，这两种亲属制的根本关联已被发现了。

夏威夷人对祖父母的称谓为 Kupǔnǎ；对父母的称谓为 Mäkǔa；

对子女的称谓为 Kaikee；对孙的称谓为 Moopǔnǎ。表示性别，加
Käna 则表示男性，加 Wäheena，则表示女性；所以 Kupǔnǎ Käna 等于
祖、男，Kupǔnǎ Wäheena 等于祖、女。它们是与祖父、祖母相等的
称谓，而具体地表显这种关系。祖以上的祖先和孙以下的后裔，如果
需要特别表示的时候，则用数字以区别之，一如一世、二世、三世
等。但是，普通的用法，Kupǔnǎ 则用于祖以上一切祖先；Moopǔnǎ 则
用于孙以下的一切子孙。

兄弟和姊妹的关系有长幼之别，即兄姊与弟妹的双重区别，而
各有不同的称谓，但其应用则不完全。从夏威夷语中我们可以举出以
下的例子：

兄—男子呼，为　Kaikǔaäna。

　　女子呼，为　Kaikǔnäna。

弟—男子呼，为　Kaikaina。

　　女子呼，为　Kaikǔnäna。

姊—男子呼，为　Kaikǔ wäheena。

　　女子呼，为　Kaikǔaäna。

妹—男子呼，为　Kaikǔ wäheena。

　　女子呼，为　Kaikaina。

这里我们可以注意到，一个男子称其兄为 Kaikǔaäna，女子亦用
此同样的称谓称其姊；男子称其弟为 Kaikaina，女子亦以此同样的
称谓称其妹。所以此等称谓是通性的，这就使我们联想到与在卡陵
（Karen）人亲属制中所发现的观念是一样的，即在出生的顺序上，一

个在先一个在后的意思。①男子用同一个称谓称姊和妹，女子称兄和弟也只用一个称谓。如此，男子对于兄弟虽有长幼之别，但对于姊妹则否；女子对于姊妹虽有长幼之别，但对于兄弟则否。所以，因而发展了两套称谓，一套为男子所用，一套为女子所用，这一特点，在其他一些坡里内西亚部落的亲属制之中也有之。②在野蛮及开化部落间，兄弟姊妹的关系，很少能够抽象的想象的。

马来制的实质，系包含在血亲的五种范畴之中；但是，其中亦有特别的特点须得注意的，这就需要将头三个旁系加以详细的举出方可。当列举之后，这种亲属制与一群兄弟姊妹——直系的和旁系的——间的集体的结婚的关联，便可在亲属关系的本身中显露出来。

第一旁系。在男支中，己身为男，我兄弟的子女，作为一个夏威夷人讲，即是我自己的子女，他们称我为父；他们的子女即是我之孙，他们称我为祖父。

在女支中，己身仍为男，我的姊妹的子女即是我自己的子女，他们称我为父；他们的子女即是我之孙，他们称我为祖父。己身为女，上面所举的各人的亲属关系，在男女两支中，均属相同，唯性别上则有相应的改变。

这些子和女的妻及夫，都是我的媳和婿；称谓则以通性用，加上男性或女性的附加词。

第二旁系。在父方的男支中，我父亲的兄弟我称为父，他称我

---

① 《人类的血族及姻族制》，四四五页。
② 同上书，五二五、五七三页。

为子；他的子女，是我的兄弟和姊妹；他们的子女，即是我的子女；后者的子女，即是我之孙。他们对我，亦按照这种关系采用相应的称呼。我父亲的姊妹，我称为母；她的子女，是我的兄弟和姊妹；他们的子女，是我的子和女；后者的子女，即是我之孙。

同一旁系在母亲方面，我的母亲的兄弟，我称之为父；他的子女，是我的兄弟和姊妹；他们的子女，是我的子女；后者之子女，是我之孙。我的母亲的姊妹，我称之为母；她的子女，是我的兄弟和姊妹；他们的子女，是我的子女；后者之子女，是我之孙。己身为女，上面所举的各人的亲属关系，在各系的男女各支中均属相同。

这些兄弟——直系的及旁系的——之妻，都是我之妻，同时也是他们之妻。当我称呼她们中的任何一个的时候，我称她为我的妻，用通常的称谓以表示这种关系。这些女子之夫，连我自己在内，彼此称为姻兄弟。己身为女，我的姊妹——直系的和旁系的——之夫，也都是我之夫，同时也是他们之夫。当我称呼他们中的任何一个的时候，我用通常称丈夫的那种称谓。这些丈夫之妻，连我也包括在内，彼此称为妯娌。

第三旁系。在父方的男支中，我祖父的兄弟，我称之为祖父；他的子女，我称之为父和母；他们的子女，是我的兄弟和姊妹；后者的子女，是我的子女；他们的子女，是我之孙。我祖父的姊妹，我称为祖母；她们的子女及后裔，在亲属关系上与以上者同。

同一旁系在母亲方面，我外祖母的兄弟，我称为祖父；他的姊妹，我称为祖母；他们各个的子女及后裔，在亲属关系上与这一旁系中的第一支中的人们同其范畴。

在这一旁系中，由婚姻而生的亲属关系与第二旁系相同；如此，则大大增加了由婚姻关系而结合的人数。

在更疏远的旁系中，以能追溯的血亲而言，这一制度则无所不包的，其类别的方法是同一的。因此，在第四旁系中的我的曾（伯、叔）祖父，是我的祖父；他的儿子亦是我的祖父；后者之子，是我之父；他的儿子，是我的兄弟；此等兄弟之子与其孙，亦是我的子与孙。

由此可以看出，各旁系，不拘是上行或下行，均将其归纳而并入于直系之中；所以我的旁系的兄弟姊妹的祖先及后裔，也就成为我的祖先及后裔了。这是类分式亲属制所具有的特征之一。没有一个亲属是被遗漏了的。

从这种制度的单纯性，就可以看出关于血亲间的关系是如何容易地被知道和被认识，对于他们的知识是如何的一代一代地保存下去。试举一种规则作为例证：譬如兄弟之子女，各自为兄弟姊妹；后者之子女，又各自为兄弟姊妹，照这样推演下去，以及于无穷。又譬如姊妹之子女及后裔，以及兄弟与姊妹之子女及后裔，也与此相同。

凡属于同一亲等中的成员，不问其世系之远近，在亲属关系上都归纳到同一水平之上；对于每一亲等中的个人，对于"己身"都处于同一的亲属关系之中。因之，关于亲等数字上的知识，便成为夏威夷亲属制中的一构成部分，若没有这种知识，每一个人的正确亲属关系是无由知道的。这种制度的单纯明晰性质这样明白的指向一群兄弟和姊妹——直系的及旁系的——之间的结婚的事实，是要引起注意的，这亦是它从之而发生的源泉。

至于语言的贫乏与对亲属关系的不重视，对于这种制度的形成并没有予以任何影响，这在以后的探究中便会明白。

这里所详细叙述的亲属制，除了夏威夷人及洛图马人而外，也在其他坡里内西亚的部落中发现，如马盔撒岛人，及新西兰的毛利人（Maoris）等。它也通行于萨摩亚人、库沙盐人（Kusaiens）及密克罗内西亚的金密尔群岛人（King's Mill Islanders of Micronesia）之间，[1]无疑地，太平洋中凡是有人的诸岛，除了接近图兰制的地区而外，都是流行这种制度的。

## 马来制的起源可以由一群兄弟姊妹的结婚来解释

根据这种制度，在其前存在的血缘家族以及属于血缘家族的婚姻制度，可以很明白的推演出来。这种亲属制可能地是一种自然的和真实的制度，在当它形成的时候，说明在子女的血统所能知道的范围以内实际所存在的亲属关系。在当时关于婚姻制度上所通行的习惯，在现在不一定也通行。而且，也并不需要它们在现在也应该流行来支持这一论断。如前面所说，当亲属制发生时的婚姻习惯早已一部或全部消灭以后，曾发现亲属制在本质上却保持未变，依然富有生机地存在着。在人类经验的漫长的时期中，只创造了少数独立的亲属制度一

---

① 《人类的血族及姻族制》第一章，图表第三,五四二、五七三页。

事实，即是它们的恒久性的充分证据。我们发现除非在与社会进步的大时代相关联时，亲属制的自身是不会发生变化的。为了说明马来制起源的目的，根据其世系的性质，我们有理由假定在一群直系及旁系的兄弟姊妹间的结婚之先行的存在；再者如果我们发现马来制所承认的主要亲属关系，即是在这种婚姻形态之下所应该实际存在的亲属关系，那么，马来制自身便成为这种婚姻制度存在的决定性的左证了。讲到这里，我们便可以明白地推断马来制起源于血亲间——其中包含同胞兄弟及同胞姊妹——的多偶婚姻；事实上，其最初系肇端于同胞兄弟与姊妹之间的结婚，后来当婚姻制度扩大时，才渐次的及于旁系的兄弟和姊妹。因时代之推移，于是对于同胞兄弟姊妹间的婚配的害处便发觉出来了；纵令不导致其直接的废弃，亦将导致此种亲等以外的婚配。在澳大利亚人之间，因婚姻级别的组织遂永远地将其废除了，而在图兰诸部落间，因氏族制的组成更加广泛地被禁止了。如果我们认定这种制度是一种自然的发展，则除掉上面所说的这种假设能加以说明外，再没有其他的假设可资说明；因为只有这种婚姻形态，才能提供解释这种制度的锁钥。在这种婚姻形态之下所组成的血缘家族，就男性而论，则为多妻，就女性而论，则为多夫，这可以视为是与人类社会同其久古的。这样的一种家族制，既没有什么不自然的地方，也没有什么可惊异的地方。在原始时代中，实难找出家族制的另外一种可能的开始。它在人类诸部落间尚以不完全的形式长期的存留着，倒是值得惊异的，因为当夏威夷人初次被发现时，这种家族制的痕迹尚没有完全消逝。

在本章中对于马来制的起源所提出的解释，以及次章中对于图兰制与加罗汪尼亚制的起源所给予的解释，马克楞喃——《原始婚姻》的著者——曾提出怀疑而加以否认。但是，我觉得没有什么理由来修改我在这里陈述的意见，它基本上是与在《人类的血族姻族制》一书中以及在我其他的著作中所提出的意见是相同的。但是，我请读者注意这里所重述的解释、以及第六章之末的附录，在其中曾对马克楞喃的反对意见加以辩驳。

如果将马来制中所承认的亲属关系与上面所叙述的婚姻形态作为参照，便可发现此等亲属关系是建立在一群直系和旁系的兄弟和姊妹之间结婚的基础之上的。

## 马来式亲属制例解

这里我们所应记着的，即是由家族组织所产生出的亲属关系是两种：一为由世系所决定的血亲，一为由婚姻所决定的姻亲。因为在血缘家族制之下有两种不同集团的人员，一为属于父方的，一属于母方的，子女对于这两个集团的关联则同样的密切，所以在其亲属制中由血统而生的亲属关系与由婚姻而生的姻戚关系的区别，是无从识别的。

（1）己身为男，我的各兄弟的子女，都是我自己的子女。

理由：作为一个夏威夷人讲话，我的各兄弟的妻子，同时也都是我的妻子。因之，将不可能区别我自己的子女与我兄弟的子女，如果我称其中的某一个为我的子女，我也必须称所有其余的为我的子女。因为其中的某一个与其余的都可能是我的子女。

（2）我的各兄弟的孙，都是我自己的孙。

理由：他们都是我的子女的子女。

（3）己身为女，前述的亲属关系还是不变。

这纯粹是一种由婚姻而生的亲属关系的问题。我的各兄弟都是我的丈夫，因此，他们由其他的妻子所生的子女，都是我丈夫的另出的子女（step-children），这种亲属关系在他们之中是未被承认的，所以便自然地划归到我自己的子女这一范畴之中了。不然的话，他们将会被置于亲属系统以外。在我们之间，也称继母（step-mother）为母，称前夫或前妻之子为子。

（4）己身为男，我的各姊妹——直系的及旁系的——的子女，都是我自己的子女。

理由：所有我的姊妹都是我的妻子，同时也是我的各兄弟的妻子。

（5）我的各姊妹的孙，都是我的孙。

理由：他们都是我的子女的子女。

（6）己身为女，我的各姊妹的子女，都是我的子女。

理由：我的姊妹的丈夫，同时也是我的丈夫。但是，有一种区别存在：我能够区别我自己的子女与我的姊妹的子女，对后者我是一继母。但是，因为这样的亲属关系是不加区别的，所以他们便都归纳在我的子女这一范畴里面了。不然，他们在亲属制度中将成为无所归属的分子。

（7）自己各兄弟的子女，他们彼此都是兄弟和姊妹。

理由：这些兄弟，都是这些子女的所有母亲的丈夫。子女能认识自己的生母，但不能认识自己的生父，所以就母亲的关系而言，其中有一部分是同胞兄弟和同胞姊妹，其他一部分则是异母兄弟和姊妹；但是，就父亲的关系而言，则他们都是可能的兄弟和姊妹。因为这些理由，他们便自然地也归纳在兄弟姊妹这一范畴中。

（8）这些兄弟和姊妹的子女，也彼此都是兄弟和姊妹；而且后者的子女，也彼此是兄弟和姊妹，这样的亲属关系在他们的后裔中间一直继续下去以至于无限。各姊妹的子女与其后裔，以及各兄弟与各姊妹的子女与其后裔，在亲属关系上也与此恰恰相同。像这样便造成一无限的系列，它是这种亲属制中的一基本部分。为得要说明这种系列，就必须更进一步的假定：凡是承认有兄弟姊妹亲属关系存在的地方，婚姻关系就扩展到什么地方；因此，一个兄弟有若干直系和旁系的姊妹，他就有若干妻子，一个姊妹有好些直系和旁系的兄弟，她就有好些丈夫。婚姻及家族似乎是并入于一等级或一范畴之中，二者是同其范围的。这种情况很明白地是这种广泛婚姻制度的起点，在以前曾一再提到过。

（9）我的父亲的一切兄弟，都是我的父亲；我的母亲的一切姊妹，都是我的母亲。

理由：与（1）（3）（6）三条相同。

（10）我的母亲的一切兄弟，都是我的父亲。

理由：他们都是我母亲的丈夫。

（11）我的母亲的一切姊妹，都是我的母亲。

理由：与（6）条相同。

（12）我的旁系的兄弟姊妹之子女，不加区别地都是我的子女。

理由：与（1）（3）（4）（6）四条相同。

（13）后者的子女，都是我的孙。

理由：与（2）条相同。

（14）我的父方和母方的祖父和祖母之兄弟和姊妹，都是我的祖父和祖母。

理由：他们都是我父母的父母。

在这种亲属制之下所承认的各种亲属关系，都可以根据建立一群兄弟姊妹间——直系的与旁系的——之结婚的血缘家族的性质而得到说明。关属于父方的亲属关系，在子女的血统所能知道的范围以内，能够追溯好远就追溯好远，可能的父亲，都视为是实际的父亲。属于母方的亲属关系，则由姻亲的原则而决定，丈夫其他妻子之子女则视为亲子女。

我们再由婚姻的亲属关系中，亦可获得复证的结果，下表即可证明：

| 亲属关系 | 东拉 | 夏威夷 |
|---|---|---|
| 我的兄弟之妻（男子呼） | unoho（我的妻） | waheena（我的妻） |
| 我妻的姊妹（男子呼） | unoho（我的妻） | waheena（我的妻） |
| 我丈夫的兄弟（女子呼） | unoho（我的夫） | kane（我的夫） |
| 我父亲的兄弟的儿子之妻（男子呼） | unoho（我的妻） | waheena（我的妻） |
| 我母亲的姊妹的儿子之妻（男子呼） | unoho（我的妻） | waheena（我的妻） |
| 我父亲的兄弟的女儿之夫（女子呼） | unoho（我的夫） | kaikoeka（我的姊妹之夫） |
| 我母亲的姊妹的女儿之夫（女子呼） | unoho（我的夫） | kaikoeka（我的姊妹之夫） |

　　凡妻的亲属关系处在旁系之中时，丈夫的关系必须是处在直系之中；反之，如果丈夫的亲属关系是处在旁系之中时，妻的关系必须是处在直系之中的。[①] 当这种亲属制开始实行的时候，此等亲属关系——现在尚依然保存——除了是实际存在的以外，绝不能是其他的，不管后来在婚姻习惯上起了些什么变化。

　　从这种亲属制所体现的证据，可以得出一种推论，即当这种亲属制形成的时候，血缘家族（有如在这里所规定者）存在于坡里内西亚诸部落的祖先之间。需要这样一种形态的家族，才能使这种亲属制的解释成为可能。再者，它对于每一种亲属关系提供了一种合理而准

---

① 在南非洲的加非尔（Kafirs）人间，我父亲的兄弟的儿子之妻，我父亲的姊妹的儿子之妻，我母亲的兄弟的儿子之妻，我母亲的姊妹的儿子之妻，都同样是我的妻，有如在他们的亲属制度中所表现者。

确的解释。

鄂斯加·柏瑟尔（Oscar Peschel）的下面一段话，是值得我们注意的："不拘什么时候和什么地方，在任何长时间内同一母亲所生的子女之间的自行性的繁殖，已经成为特别不能相信了，因为这已经是成立了的事实，就是在没有血液的有机体中，例如植物，同一双亲的后裔的交互受精，大半是不可能的。"[1]这里我们必须记着，由婚姻关系而结合的血缘团体，并不限于同胞兄弟与同胞姊妹；但是它也包括旁系的兄弟和旁系的姊妹。在婚姻关系上所承认的团体愈大，则近亲繁殖的弊害则愈少。

根据一般的考察，这样一种家族的古代的存在是可能的。血缘家族对于群婚家族、群婚家族对于对偶家族、以及对偶家族对于单偶家族的自然的而且必然的关系，每一种家族都必须先假定其前者一种的存在，直接地引向这一结论。它们相互处于一种逻辑的顺序之中，它们共同横贯几个文化时代，自野蛮一直到文明。

同样，与这三种基本的家族形态相关联的三大亲属制度，同样地彼此互相立于一种相连续的系列之中，它们与家族制平行，很明确地指示着人类的进步从野蛮到文明的一种同样路径。我们有理由推定雅利安、闪族以及乌拉尔诸族的远祖，当其在野蛮状态之中时都具有与马来制相同的亲属制，后来因氏族组织的建立改变而为图兰制，最后当单偶制家族出现时遂被覆灭而采用雅利安式亲属制。

关于血缘家族在夏威夷人中古代的存在，尽管我们已经提出了

---

[1]　《人类的种族》（Races of Man），Appleton，一八七六年版，二三二页。

高度可信的证据，然而尚有其他的证据，亦未应忽视。

## 散得维齿群岛中的早期社会状况

血缘家族以前的存在，由于散得维齿群岛中的社会状况开始充分地为世所知道时，使其更有可能了。在美国宣教会初次建立于散得维齿群岛时（一八二○年），他们发现一种社会状态，致令美国的宣教师们为之惊倒。两性间的关系与婚姻的习俗，激起了他们最大的惊异。宣教师们在这种情况之下，忽然之间仿佛置身于古代社会的另一变相之中，在那里不知有所谓单偶家族、也不知有所谓对偶家族；但是宣教师们在未曾了解这个有机体，便发现了群婚家族，在其中同胞兄弟和同胞姊妹尚没有完全被排除，男子营多妻的生活，女子营多夫的生活。这样的情形，在宣教师们看来，好像是他们发现了人类堕落最低的水平，更不必说伤风败德了。但是，天真的夏威夷人，他们在进步上尚不能自拔于野蛮状态，他们还生活于对于他们有法律力量的风俗与习惯之下，对野蛮人来说，无疑地是可敬的及纯洁的。或者夏威夷人在生活上忠实地遵守他们的规则，与善良的宣教师们之恪守其自己宗教上的规则是同其善良的。宣教师们对于他们的发现所感受的惊异，表示了文明人与野蛮人之间所存在的深渊。高度的道德意识和优雅的情感，是各时代中所发展的一种结果，现在与这些时代以前的野蛮人的低弱的道德意识和粗野的情感觌面相遇了。作为一种对比，它是整个的、全面的。亥兰·丙汉（Hiram Bingham）是老宣教师之一，他根据他自己的卓越研究，写了一部很好的散得维齿群岛的历史，他在这部书里面描写土人的生活实行着人类整个罪恶的总合。他说："多偶，包括多妻与多夫，通奸，淫乱，近亲相奸，杀害婴儿，夫妻相弃，背弃父母，抛弃儿女，妖术，贪婪，压制等恶习，广泛地风行着，好像为他们的宗教所不禁止一样。"[①]群婚与群婚家族、反驳了这种严重控诉中的主要罪状，而让夏威夷人能有一道德品质的机会。道德观念的存在，即令在野蛮人之间，也是不能不承认的，纵令其是属于低级的型范，因为在人类的经验中绝不能有道德的原则不存在的时期。根据丙汉的记载，夏威夷人名祖的祖先威克亚（Wakea），据传说娶了他自己的长女。当这些宣教师来到散得维齿群岛时，兄弟姊妹间的结婚是不受何等指摘的。丙汉更进而说道："在最高级的人们之间，兄弟姊妹间的结婚一时成为时髦，一直继续着直等到上帝所启示的意旨传给他们知道了以后。"[②]实则兄弟姊妹间的结婚当血缘家族已经转变而为群婚家族以后，在散得维齿群岛中有时尚残留着是不足为异的，因为他们还没有达到氏族组织的阶段，因为群婚家族从血缘家族的转移出来尚未有全部完成。虽然家族形态在大体上已成为群婚家族，但是同血缘家族而来的亲属制度，除了某些婚姻上的亲属关系稍有改变而外，尚保持未变。

在夏威夷人中所存在的实际家族，其范围或者没有由婚姻关系

①　丙汉著《散得维齿群岛》，一八四七年，Hartford版，二一页。
②　同上书，二三页。

所结合的团体那样广泛。需要将迫使他们分割为较小的团体而获得生活及相互的保护；但是每一较小的家族，将为这种团体的一种缩影。在群婚团体及血缘家族之中，很可能有些个人随意从一小区分转移到另一小区分里面去，因此在表面上有夫弃其妻、或妻背其夫、以及父母抛弃其子女一类现象的发生，有如丙汉所记述的那样。生活上的共产制，在需要上必然地通行于血缘家族与群婚家族之中，因为这是他们生活状况的必要条件。共产制尚一般地流行于野蛮及开化诸部落之间。

## 中国的"九族"

关于"中国的九族关系"，亦应略加论列。一位中国古代的著作家曾经说了以下的一段话。"举凡生在世上的人们，都有九族的关系。我自己的一代是一族，我父亲的一代，我祖父的一代，我曾祖父的一代，以及我高祖父的一代，各是一族；因此在我之上，共有四族；我的儿子的一代是一族，我的孙一代，我的曾孙一代，以及我的玄孙一代，也各是一族；因此在我之下，也共有四族；包括我自己的一族在内，共为九族。所属于各族中的人们，彼此都是兄弟，虽然每一族各自属于不同的支系或家族，然而他们都是我的亲族。这即是九族的关系。"

"一家族中的亲属关系，一如泉之有流，树之有枝；流虽有远近之别，枝亦有高下之分，但其干则一，其源则一。"①

夏威夷式亲属制，对于九族关系的实现（可想象夏威夷制曾除去了最上的两族与最下的两族，故只剩下五族），较之现在中国的亲属制更为完全。②中国的亲属制因为由于图兰制成分的输入，更因为由于欲区别数支旁系而加上的特殊规定，遂使发生了变化；至于夏威夷亲属制尚纯正简单的保存其基本的五族，也可以假定中国的亲属制原来也只具有这基本的五族。很明显，在中国亲属制中，与在夏威夷亲属制中一样，是由世代将血亲归纳入各范畴之中的；所有同一范畴中旁系亲属，彼此都是兄弟姊妹。再者，家族与婚姻是被视为系形成于此等范畴之内的，至少以夫与妻的关系而言，是限制于其范围之内的。试以夏威夷制的五种范畴来解释，这是完全可以理解的。同时，中国的亲属制指明在中国人的远祖之间有一种先在的情况，此种情况由这些断片还保存了一些知识，恰如由夏威夷亲属制所反映的一样。换言之，中国亲属制指明在此等范畴形成时的群婚家族的存在，而血缘家族则是一种必需的先行者了。

## 柏拉图理想国中的五等亲属关系

在柏拉图的《泰米阿斯》中，有对于同样的五等基本亲属关系

---

① 《人类的血族及姻族制》，四一五页。
② 同上书，四三二页，关于中国的亲属制度，详见此页。

的暗示的承认。在"理想国"的里面，一切的血亲概归纳于五个范畴之内，妇女成为共有之妻，子女也成为共有之子女。"但是，关于子女的生育，究竟应如何办呢？"苏格拉底对泰米阿斯说。"因为这个建议的新奇性，大概你是容易记着的；我们已经规定了婚姻的结合与子女对于一切的人应该都是共有的，我们特别注意不使任何人能够个别地区别他自己的子女，但是，一切的人都视为是他们自己的亲族；凡是与自己的年龄相等的人并在盛年的人，都视为是兄弟姊妹；同时，年龄较和更长的先辈，都视为是父母及祖父母，年龄在我之下的幼辈，都视为是子女及孙子女。"[①]柏拉图无疑地是熟习我们所不知道的希腊及皮拉斯吉族的传说的，这些传说一直上达到开化时代，并揭露希腊诸部落更古的社会状态的痕迹。柏拉图的理想家族，可能是从此等传说的描写中得来的，这一假设较诸说它是一种哲学的推理更为近于真实，我们可以注意到，柏拉图的五等亲属关系，恰恰是和夏威夷制相同的，家族是在每一种等亲内结成，其中的亲属关系是兄弟和姊妹；在团体内夫与妻实行共有。

最后，我们将要理会到由血缘家族制所指明的社会状态，它以逻辑的直接性指向在其前的一种杂交状态的存在。这种结论似乎是不可避免的，虽然曾为达尔文这样杰出的学者所怀疑。[②]在原始时代中的杂交，甚至在原始的游群中，亦不曾长久的继续下去，因为为着寻求生活计，这些游群不得不分割为更小的集团而成为血缘家族。关于

---

① 《泰米阿斯》第二章，Davis译本。
② 达尔文著《人类的起源》第二章，三六〇页。

这一困难的问题，最多所能说明无误的，即血缘家族是社会的第一种有组织的形态，而它必然地是从以前的无组织的状态改进而来的，不管以前的这种无组织的状态是什么。血缘家族显示出人类在阶梯的最下层，从之作为一个出发点，并且已经知道它是最低级的，我们便可以开始探索人类进步的历史，由家族制度、发明以及发现的发展，将其从野蛮时代一直追溯到文明时代。除了家族观念通过其连续形态中的发展以外，再没有一连串的事实，能使这种发展更为明显。把血缘家族的存在确立以后，为它所提出的证据，似乎已经充分时，其他的家族制便容易证明了。

## 夏威夷及洛图马亲属制度对照表

| 亲属关系 | 根据汤姆斯·密勒尔（Thomas Miller）所记录的夏威夷亲属称谓 | 译语 | 根据约翰·奥斯本所记录的洛图马亲属称谓 | 译语 |
|---|---|---|---|---|
| （1）我的曾祖父 | kŭpŭ'–na | 我的祖父母 | mä–pǐ–ga fä | 我的祖，男 |
| （2）我的曾祖父之兄弟 | kŭpŭ'–na | 我的祖父母 | mä–pǐ–ga fä | 我的祖，男 |
| （3）我的曾祖父之姊妹 | kŭpŭ'–na | 我的祖父母 | mä–pǐ–ga hon'–ǐ | 我的祖，女 |
| （4）我的曾祖母 | kŭpŭ'–na | 我的祖父母 | mä–pǐ–ga hon'–ǐ | 我的祖，女 |
| （5）我的曾祖母之姊妹 | kŭpŭ'–na | 我的祖父母 | mä–pǐ–ga hon'–ǐ | 我的祖，女 |
| （6）我的祖父 | kŭ–pŭ'–na | 我的祖父母 | mä–pǐ–ga fä | 我的祖，男 |
| （7）我的祖母 | kŭ–pŭ'–na | 我的祖父母 | mä–pǐ–ga hon'–ǐ | 我的祖，女 |
| （8）我的父 | mä–kŭ'–ǎ kä'–na | 我的双亲，男 | oi–fä | 我的父 |
| （9）我的母 | mä–kŭ'–ǎ wä–hee'–na | 我的双亲，女 | oi–hon'–ǐ | 我的母 |
| （10）我的子 | käi'–kee kä'–na | 我的子女，男 | le'–e fä | 我的子女，男 |
| （11）我的女 | käi'–kee wä'–hee'–na | 我的子女，女 | le'–e hon'–ǐ | 我的子女，女 |
| （12）我的孙男 | moo–pŭ'–nǎ kä'–na | 我的孙，男 | mä–pǐ–ga fä | 我的孙，男 |
| （13）我的孙女 | moo–pŭ'–na wä–hee'–na | 我的孙，女 | mä–pǐ–ga hon'–ǐ | 我的孙，女 |
| （14）我的曾孙男 | moo–pŭ'–nǎ kä'–na | 我的孙，男 | mä–pǐ–ga fä | 我的孙，男 |
| （15）我的曾孙女 | moo–pŭ'–nǎ wä–hee'–na | 我的孙，女 | mä–pǐ–ga hon'–ǐ | 我的孙，女 |
| （16）我的玄孙男 | moo–pŭ'–na kä'–na | 我的孙，男 | mä–pǐ–ga fä | 我的孙，男 |
| （17）我的玄孙女 | moo–pŭ'–nǎ wä–hee'–na | 我的孙，女 | mä–pǐ–ga hon'–ǐ | 我的孙，女 |

续表：

| 亲属关系 | 根据汤姆斯·密勒尔（Thomas Miller）所记录的夏威夷亲属称谓 | 译语 | 根据约翰·奥斯本所记录的洛图马亲属称谓 | 译语 |
|---|---|---|---|---|
| （18）我的兄（男子呼） | käi–kǔ–a–ä'–na | 我的兄 | sä–sǐ–gǐ | 我的兄 |
| （19）我的兄（女子呼） | käi–kǔ–nä'–na | 我的兄 | sag'–ve–ven'–ǐ | 我的兄 |
| （20）我的姊（男子呼） | käi–kǔ wä–hee'–na | 我的姊 | sag–hon'–ǐ | 我的姊 |
| （21）我的姊（女子呼） | käi–kǔ–a–ä'–na | 我的姊 | sa–sǐ–gǐ | 我的姊 |
| （22）我的弟（男子呼） | käi–ka–i'–na | 我的弟 | sa–sǐ–gǐ | 我的弟 |
| （23）我的弟（女子呼） | käi–kǔ–nä'–na | 我的弟 | sag–ve–ven'–ǐ | 我的弟 |
| （24）我的妹（男子呼） | käi–kǔ wä–hee'–na | 我的妹 | sag–hon'–ǐ | 我的妹 |
| （25）我的妹（女子呼） | käi–ka–i'–na | 我的妹 | sa–sǐ–gǐ | 我的妹 |
| （26）我的兄弟之子（男子呼） | käi'–kee–kä'–na | 我的子女，男 | le'–e fä | 我的子女，男 |
| （27）我的兄弟之子之妻（男子呼） | hǔ–no'–nǎ | 我的媳 | le'–e hon'–ǐ | 我的子女，女 |
| （28）我的兄弟之女（男子呼） | käi'–kee wä–hee'–na | 我的子女，女 | le'–e hon'–ǐ | 我的子女，女 |
| （29）我的兄弟之女之夫（男子呼） | hǔ–no'–nǎ | 我的婿 | le'–e fä | 我的子女，男 |
| （30）我的兄弟之孙男（男子呼） | moo–pǔ'–nǎ kä'–na | 我的孙，男 | mä–pǐ–ga fä | 我的孙，男 |

续表：

| 亲属关系 | 根据汤姆斯·密勒尔（Thomas Miller）所记录的夏威夷亲属称谓 | 译语 | 根据约翰·奥斯本所记录的洛图马亲属称谓 | 译语 |
|---|---|---|---|---|
| （31）我的兄弟之孙女（男子呼） | moo-pǔ-nǎ wä-hee'-na | 我的孙，女 | mä-pǐ-ga hon'-ǐ | 我的孙，女 |
| （32）我的兄弟之曾孙男（男子呼） | moo-pǔ-nǎ kä'-na | 我的孙，男 | mä-pǐ-ga fä | 我的孙，男 |
| （33）我的兄弟之曾孙女（男子呼） | moo-pǔ-nǎ wä-hee'-na | 我的孙，女 | mä-pǐ-ga hon'-ǐ | 我的孙，女 |
| （34）我的姊妹之子（男子呼） | käi'-kee kä'-na | 我的子女，男 | le'-e fä | 我的子女，男 |
| （35）我的姊妹之子之妻（男子呼） | hǔ-no'-nǎ | 我的媳 | le'-e hon'-i | 我的子女，女 |
| （36）我的姊妹之女（男子呼） | kǎi-kee wä-hee'-na | 我的子女，女 | le'-e hon'-i | 我的子女，女 |
| （37）我的姊妹之女之夫（男子呼） | hǔ-no-nǎ | 我的婿 | le'-e fä | 我的子女，男 |
| （38）我的姊妹之孙男（男子呼） | moo-pǔ'-nǎ kä'-na | 我的孙，男 | mä-pǐ-ga fä | 我的孙，男 |
| （39）我的姊妹之孙女（男子呼） | moo-pǔ'-nǎ wä-hee'-na | 我的孙，女 | mä-pǐ-ga hon'-ǐ | 我的孙，女 |
| （40）我的姊妹之曾孙男（男子呼） | moo-pǔ'-nǎ kä'-na | 我的孙，男 | mä-pǐ-ga fä | 我的孙，男 |
| （41）我的姊妹之曾孙女（男子呼） | moo-pǔ'-nǎ wä-hee'-na | 我的孙，女 | ma-pǐ-ga hon'-i | 我的孙，女 |
| （42）我的兄弟之子（女子呼） | käi-kee kä'-na | 我的子女，男 | le'-e fa | 我的子女，男 |

续表:

| 亲属关系 | 根据汤姆斯·密勒尔（Thomas Miller）所记录的夏威夷亲属称谓 | 译语 | 根据约翰·奥斯本所记录的洛图马亲属称谓 | 译语 |
|---|---|---|---|---|
| （43）我的兄弟之子之妻（女子呼） | hǔ–no′–nǎ | 我的媳 | le′–e hon′–ǐ | 我的子女，女 |
| （44）我的兄弟之女（女子呼） | käi′–kee wä–hee′–na | 我的子女，女 | le′–e hon′–ǐ | 我的子女，女 |
| （45）我的兄弟之女之夫（女子呼） | hǔ–no′–nǎ | 我的婿 | le′–e fä | 我的子女，男 |
| （46）我的兄弟之孙男（女子呼） | moo–pǔ′–nǎ kä′–na | 我的孙，男 | mä–pǐ–ga fa | 我的孙，男 |
| （47）我的兄弟之孙女（女子呼） | moo–pǔ′–nǎ wä–hee′–na | 我的孙，女 | mä–pǐ–ga fa | 我的孙，女 |
| （48）我的兄弟之曾孙男（女子呼） | moo–pǔ′–nǎ kä′–na | 我的孙，男 | mä–pǐ–ga fä | 我的孙，男 |
| （49）我的兄弟之曾孙女（女子呼） | moo–pǔ′–nǎ wä–hee′–na | 我的孙，女 | mä–pǐ–ga hon′–ǐ | 我的孙，女 |
| （50）我的姊妹之子（女子呼） | käi′–kee kä′–na | 我的子女，男 | le′–e fä | 我的子女，男 |
| （51）我的姊妹之子之妻（女子呼） | hǔ–no′–nǎ | 我的媳 | le′–e hon′–ǐ | 我的子女，女 |
| （52）我的姊妹之女（女子呼） | käi′–kee wä–hee′–na | 我的子女，女 | le′–e hon′–ǐ | 我的子女，女 |
| （53）我的姊妹之女之夫（女子呼） | hǔ–no′–nǎ | 我的婿 | le′–e fä | 我的子女，男 |
| （54）我的姊妹之孙男（女子呼） | moo–pǔ′–nǎ kä′–na | 我的孙，男 | mä–pǐ–ga fä | 我的孙，男 |
| （55）我的姊妹之孙女（女子呼） | moo–pǔ′–nǎ wä–hee′–na | 我的孙，女 | mä–pǐ–ga hon′–ǐ | 我的孙，女 |

续表：

| 亲属关系 | 根据汤姆斯·密勒尔（Thomas Miller）所记录的夏威夷亲属称谓 | 译语 | 根据约翰·奥斯本所记录的洛图马亲属称谓 | 译语 |
|---|---|---|---|---|
| （56）我的姉妹之曾孙男（女子呼） | moo–pǔ–nǎ kä′–na | 我的孙，男 | mä–pǐ–ga fa | 我的孙，男 |
| （57）我的姉妹之曾孙女（女子呼） | moo–pǔ–nǎ wä–hee′–na | 我的孙，女 | mä–pǐ–ga hon–ǐ | 我的孙，女 |
| （58）我的父亲之兄弟 | mä–kǔ′–ǎ kä′–na | 我的双亲，男 | oi–fä | 我的双亲，男 |
| （59）我的父亲之兄弟之妻 | mä–kǔ′–a wä–hee′–na | 我的双亲，女 | oi–hon′–ǐ | 我的双亲，女 |
| （60）我的父亲的兄弟之子（长于己者，男子呼） | käi′–kǔ–a–ä′–na | 我的兄 | sä–sǐ–gǐ | 我的兄弟 |
| （61）我的父亲的兄弟之子（幼于己者，男子呼） | käi′–ka–i–na | 我的弟 | sä–sǐ–gi | 我的兄弟 |
| （62）我的父亲的兄弟之子之妻 | wä–hee′–na | 我的妻 | sag–hon′–ǐ | 我的姉妹 |
| （63）我的父亲的兄弟之女（长于己者，男子呼） | käi′–ku wä–hee′–na | 我的姉 | sag–hon′–ǐ | 我的姉妹 |
| （64）我的父亲的兄弟之女（幼于己者，男子呼） | käi′–kǔ wä–hee′–na | 我的妹 | sag–hon′–ǐ | 我的姉妹 |
| （65）我的父亲的兄弟之女之夫 | käi′–ko–ee–kä | 我的姉妹之夫 | sä–sǐ–gǐ | 我的兄弟 |
| （66）我的父亲的兄弟之子之子 | käi′–kee kä′–na | 我的子女，男 | le′–e fä | 我的子女，男 |
| （67）我的父亲的兄弟之子之女 | käi′–kee wä–hee′–na | 我的子女，女 | le′–e hon′–ǐ | 我的子女，女 |
| （68）我的父亲的兄弟之女之子 | käi′–kee kä′–na | 我的子女，男 | le′–e fä | 我的子女，男 |

续表：

| 亲属关系 | 根据汤姆斯·密勒尔（Thomas Miller）所记录的夏威夷亲属称谓 | 译语 | 根据约翰·奥斯本所记录的洛图马亲属称谓 | 译语 |
|---|---|---|---|---|
| （69）我的父亲的兄弟之女之女 | käi'–kee wä–hee'–na | 我的子女，女 | le'–e hon'–ĭ | 我的子女，女 |
| （70）我的父亲的兄弟之曾孙男 | moo–pǔ'–nǎ kä'–na | 我的孙，男 | mä–pǐ–ga fä | 我的孙，男 |
| （71）我的父亲的兄弟之曾孙女 | moo–pǔ'–nǎ wä–hee'–na | 我的孙，女 | mä–pǐ–ga hon'–ĭ | 我的孙，女 |
| （72）我的父亲的兄弟之玄孙男 | moo–pǔ'–na kä'–na | 我的孙，男 | mä–pǐ–ga fä | 我的孙，男 |
| （73）我的父亲的兄弟之玄孙女 | moo–pǔ'–nǎ wä–hee'–na | 我的孙，女 | mä–pǐ–ga hon'–ĭ | 我的孙，女 |
| （74）我的父亲的姊妹 | mä–kǔ'–ǎ wä–hee'–na | 我的双亲，女 | oi–hon'–ĭ | 我的双亲，女 |
| （75）我的父亲的姊妹之夫 | mä–kǔ'–ǎ kä'–na | 我的双亲，男 | oi–fä | 我的双亲，男 |
| （76）我的父亲的姊妹之子（长于己者，男子呼） | käi'–kǔ–a–ä'–na | 我的兄 | sä–sǐ–gǐ | 我的兄弟 |
| （77）我的父亲的姊妹之子（幼于己者，男子呼） | käi'–ka–i–na | 我的弟 | sä–sǐ–gǐ | 我的兄弟 |
| （78）我的父亲的姊妹之子之妻 | wä–hee'–na | 我的妻 | sag–hon'–ĭ | 我的姊妹 |
| （79）我的父亲的姊妹之女 | käi'–kǔ wä–hee'–na | 我的姊妹 | sag–hon'–ĭ | 我的姊妹 |
| （80）我的父亲的姊妹之女之夫 | käi–ko–ee'–kä | 我的姊妹之夫 | sä–sǐ–gi | 我的兄弟 |
| （81）我的父亲的姊妹之子之子 | käi'–kee kä'–na | 我的子女，男 | le'–e fä | 我的子女，男 |
| （82）我的父亲的姊妹之子之女 | käi'–kee wä–hee'–na | 我的子女，女 | le'–e hon'–ĭ | 我的子女，女 |

续表：

| 亲属关系 | 根据汤姆斯·密勒尔（Thomas Miller）所记录的夏威夷亲属称谓 | 译语 | 根据约翰·奥斯本所记录的洛图马亲属称谓 | 译语 |
|---|---|---|---|---|
| （83）我的父亲的姊妹之女之子 | käi'-kee kä'-na | 我的子女，男 | le'-e fä | 我的子女，男 |
| （84）我的父亲的姊妹之女之女 | käi'-kee wä-hee'-na | 我的子女，女 | le'-e hon'-ĭ | 我的子女，女 |
| （85）我的父亲的姊妹之曾孙男 | moo-pǔ-nǎ kä'-na | 我的孙，男 | mä-pǐ-ga fä | 我的孙，男 |
| （86）我的父亲的姊妹之曾孙女 | moo-pǔ-nǎ wä-hee'-na | 我的孙，女 | mä-pǐ-ga hon'-ĭ | 我的孙，女 |
| （87）我的父亲的姊妹之玄孙男 | moo-pǔ-nǎ kä'-na | 我的孙，男 | mä-pǐ-ga fä | 我的孙，男 |
| （88）我的父亲的姊妹之玄孙女 | moo-pǔ-nǎ wä-hee'-na | 我的孙，女 | mä-pǐ-ga hon'-ĭ | 我的孙，女 |
| （89）我的母亲的兄弟 | mä-kǔ-ǎ kä'-na | 我的双亲，男 | oi-fä | 我的双亲，男 |
| （90）我的母亲的兄弟之妻 | mä-kǔ-ǎ wä-hee'-na | 我的双亲，女 | oi-hon'-ĭ | 我的双亲，女 |
| （91）我的母亲的兄弟之子（长于己者，男子呼） | käi'-kǔ-a-ä'-na | 我的兄 | sä-sǐ-gǐ | 我的兄弟 |
| （92）我的母亲的兄弟之子（幼于己者，男子呼） | käi'-ka-i'-na | 我的弟 | sä-sǐ-gǐ | 我的兄弟 |
| （93）我的母亲的兄弟之子之妻 | wä-hee'-na | 我的妻 | sag-hon'-ĭ | 我的姊妹 |
| （94）我的母亲的兄弟之女 | käi'-kǔ wä-hee'-na | 我的姊妹 | sag-hon'-ĭ | 我的姊妹 |
| （95）我的母亲的兄弟之女之夫 | käi-ko-ee'-kä | 我的姊妹之夫 | sä-sǐ-gǐ | 我的兄弟 |
| （96）我的母亲的兄弟之子之子 | käi-kee kä'-na | 我的子女，男 | le'-e fä | 我的子女，男 |

续表：

| 亲属关系 | 根据汤姆斯·密勒尔（Thomas Miller）所记录的夏威夷亲属称谓 | 译语 | 根据约翰·奥斯本所记录的洛图马亲属称谓 | 译语 |
|---|---|---|---|---|
| （97）我的母亲的兄弟之子之女 | käi–kee wä–hee′–na | 我的子女，女 | le′–e hon′–ĭ | 我的子女，女 |
| （98）我的母亲的兄弟之女之子 | käi′–kee kä′–na | 我的子女，男 | le′–e fä | 我的子女，男 |
| （99）我的母亲的兄弟之女之女 | käi′–kee wä–hee′–na | 我的子女，女 | le′–e hon′–ĭ | 我的子女，女 |
| （100）我的母亲的兄弟之曾孙男 | moo–pǔ′–na kä′–na | 我的孙，男 | mä–pǐ–ga fä | 我的孙，男 |
| （101）我的母亲的兄弟之曾孙女 | moo–pǔ′–nǎ wä–hee′–na | 我的孙，女 | mä–pǐ–ga hon′–ĭ | 我的孙，女 |
| （102）我的母亲的兄弟之玄孙男 | moo–pǔ′–nǎ kä′–na | 我的孙，男 | mä–pǐ–ga fä | 我的孙，男 |
| （103）我的母亲的兄弟之玄孙女 | moo–pǔ′–nǎ wä–hee′–na | 我的孙，女 | mä–pǐ–ga hon′–ĭ | 我的孙，女 |
| （104）我的母亲的姊妹 | mä–kǔ–ǎ wä–hee′–na | 我的双亲，女 | oi–hon′–ĭ | 我的双亲，女 |
| （105）我的母亲的姊妹之夫 | mä–kǔ–ǎ kä′–na | 我的双亲，男 | oi–fä | 我的双亲，男 |
| （106）我的母亲的姊妹之子（长于己者，男子呼） | käi′–kǔ–ä–ä′–na | 我的兄 | sä–sǐ–gǐ | 我的兄弟 |
| （107）我的母亲的姊妹之子（幼于己者，男子呼） | kai′–ka–i–na | 我的弟 | sä–sǐ–gǐ | 我的兄弟 |
| （108）我的母亲的姊妹之子之妻 | wä–hee′–na | 我的妻 | sag–hon′–ĭ | 我的姊妹 |
| （109）我的母亲的姊妹之女 | käi′–kǔ wä–hee′–na | 我的姊妹 | sag–hon′–ĭ | 我的姊妹 |

续表：

| 亲属关系 | 根据汤姆斯·密勒尔（Thomas Miller）所记录的夏威夷亲属称谓 | 译语 | 根据约翰·奥斯本所记录的洛图马亲属称谓 | 译语 |
|---|---|---|---|---|
| （110）我的母亲的姊妹之女之夫 | käi′-ko-ee′-kä | 我的姊妹之夫 | sä-sǐ-gǐ | 我的兄弟 |
| （111）我的母亲的姊妹之子之子 | käi′-kee kä′-na | 我的子女，男 | le′-e fä | 我的子女，男 |
| （112）我的母亲的姊妹之子之女 | käi′-kee wä-hee′-na | 我的子女，女 | le′-e hon′-ǐ | 我的子女，女 |
| （113）我的母亲的姊妹之女之子 | käi′-kee kä′-na | 我的子女，男 | le′-e fä | 我的子女，男 |
| （114）我的母亲的姊妹之女之女 | käi′-kee wä-hee′-na | 我的子女，女 | le′-e hon′-ǐ | 我的子女，女 |
| （115）我的母亲的姊妹之曾孙男 | moo-pǔ′-nä kä′-na | 我的孙，男 | mä-pǐ-ga fä | 我的孙，男 |
| （116）我的母亲的姊妹之曾孙女 | moo-pú-nǔ wä-hee′-na | 我的孙，女 | mä-pǐ-ga hon′-ǐ | 我的孙，女 |
| （117）我的母亲的姊妹之玄孙男 | moo-pǔ′-nä kä′-na | 我的孙，男 | mä-pǐ-ga fä | 我的孙，男 |
| （118）我的母亲的姊妹之玄孙女 | moo-pǔ′-na wä-hee′-na | 我的孙，女 | mä-pǐ-ga hon′-ǐ | 我的孙，女 |
| （119）我的父亲的父亲的兄弟 | kǔ-pǔ′-nä kä′-na | 我的祖，男 | mä-pǐ-ga fä | 我的祖，男 |
| （120）我的父亲的父亲的兄弟之子 | mä-kǔ′-ä kä′-na | 我的双亲，男 | oi-fä | 我的双亲，男 |
| （121）我的父亲的父亲的兄弟之女 | mä-kǔ′-ä wä-hee′-na | 我的双亲，女 | oi-hon′-ǐ | 我的双亲，女 |

续表：

| 亲属关系 | 根据汤姆斯·密勒尔（Thomas Miller）所记录的夏威夷亲属称谓 | 译语 | 根据约翰·奥斯本所记录的洛图马亲属称谓 | 译语 |
|---|---|---|---|---|
| （122）我的父亲的父亲的兄弟之孙男（长于己者） | käi′–kǔ–a–ä′–na | 我的兄 | sä–sǐ–gǐ | 我的兄弟 |
| （123）我的父亲的父亲的兄弟之孙女（长于己者） | käi′–kǔ wä–hee′–na | 我的姊 | sag–hon′–ǐ | 我的姊妹 |
| （124）我的父亲的父亲的兄弟之曾孙男 | käi′–kee kä′–na | 我的子女，男 | le′–e fä | 我的子女，男 |
| （125）我的父亲的父亲的兄弟之曾孙女 | käi′–kee wä–hee′–na | 我的子女，女 | le′–e hon′–ǐ | 我的子女，女 |
| （126）我的父亲的父亲的兄弟之玄孙男 | moo–pǔ–nǎ kä–na | 我的孙，男 | mä–pǐ–ga fä | 我的孙，男 |
| （127）我的父亲的父亲的兄弟之玄孙女 | moo–pǔ–nǎ wä–hee′–na | 我的孙，女 | mä–pǐ–ga hon′–ǐ | 我的孙，女 |
| （128）我的父亲的父亲的姊妹 | kǔ–pǔ′–nǎ wä–hee′–na | 我的祖，女 | mä–pǐ–ga hon′–ǐ | 我的祖，女 |
| （129）我的父亲的父亲的姊妹之子 | mä–kǔ′–ǎ kä′–na | 我的双亲，男 | oi–fä | 我的双亲，男 |
| （130）我的父亲的父亲的姊妹之女 | mä–kǔ′–ǎ wä–hee′–na | 我的双亲，女 | oi–hon′–ǐ | 我的双亲，女 |
| （131）我的父亲的父亲的姊妹之孙男（长于己者） | käi′–kǔ–a–ä′–na | 我的兄 | sä–sǐ–gǐ | 我的兄弟 |
| （132）我的父亲的父亲的姊妹之孙女（长于己者） | käi′–kǔ wä–hee′–na | 我的姊 | sag–hon′–ǐ | 我的姊妹 |
| （133）我的父亲的父亲的姊妹之曾孙男 | käi′–kee kä′–na | 我的子女，男 | le′–e fä | 我的子女，男 |
| （134）我的父亲的父亲的姊妹之曾孙女 | käi′–kee wä–hee′–na | 我的子女，女 | le′–e hon′–ǐ | 我的子女，女 |

续表：

| 亲属关系 | 根据汤姆斯·密勒尔（Thomas Miller）所记录的夏威夷亲属称谓 | 译语 | 根据约翰·奥斯本所记录的洛图马亲属称谓 | 译语 |
|---|---|---|---|---|
| （135）我的父亲的父亲的姊妹之玄孙男 | moo–pǔ′–nǎ kǎ′–na | 我的孙，男 | mä–pǐ–ga fä | 我的孙，男 |
| （136）我的父亲的父亲的姊妹之玄孙女 | moo–pǔ–nǎ wä–hee′–na | 我的孙，女 | mä–pǐ–ga hon′–ǐ | 我的孙，女 |
| （137）我的母亲的母亲的兄弟 | kǔ–pǔ′–nǎ kä′–na | 我的祖，男 | mä–pǐ–ga fä | 我的祖，男 |
| （138）我的母亲的母亲的兄弟之子 | mä–kǔ–ǎ kä′–na | 我的双亲，男 | oi–fä | 我的双亲，男 |
| （139）我的母亲的母亲的兄弟之女 | mä–kǔ–ǎ wä–hee′–na | 我的双亲，女 | oi–hon′–ǐ | 我的双亲，女 |
| （140）我的母亲的母亲的兄弟之孙男（长于己者） | käi′–kǔ–a–ä–na | 我的兄 | sä–sǐ–gǐ | 我的兄弟 |
| （141）我的母亲的母亲的兄弟之孙女（长于己者） | käi′–kǔ wä–hee′–na | 我的姊 | sag–hon′–ǐ | 我的姊妹 |
| （142）我的母亲的母亲的兄弟之曾孙男 | käi′–kee kä′–na | 我的子女，男 | le′–e fä | 我的子女，男 |
| （143）我的母亲的母亲的兄弟之曾孙女 | käi′–kee wä–hee′–na | 我的子女，女 | le′–e hon′–ǐ | 我的子女，女 |
| （144）我的母亲的母亲的兄弟之玄孙男 | moo–pǔ′–na kä′–na | 我的孙，男 | mä–pǐ–ga fä | 我的孙，男 |
| （145）我的母亲的母亲的兄感之玄孙女 | moo–pǔ′–nǎ wä–hee′–na | 我的孙，女 | mä–pǐ–ga hon′–ǐ | 我的孙，女 |
| （146）我的母亲的母亲的姊妹 | kǔ–pǔ′–nǎ wä–hee′–na | 我的祖，女 | mä–pǐ–ga hon′–ǐ | 我的祖，女 |

续表：

| 亲属关系 | 根据汤姆斯·密勒尔（Thomas Miller）所记录的夏威夷亲属称谓 | 译语 | 根据约翰·奥斯本所记录的洛图马亲属称谓 | 译语 |
|---|---|---|---|---|
| （147）我的母亲的母亲的姊妹之子 | mä–kǔ–ǎ kä′–na | 我的双亲，男 | oi–fä | 我的双亲，男 |
| （148）我的母亲的母亲的姊妹之女 | mä–kǔ–ǎ wä–hee′–na | 我的双亲，女 | oi–hon′–ǐ | 我的双亲，女 |
| （149）我的母亲的母亲的姊妹之孙男（长于己者，男子呼） | käi′–kǔ a–ä–na | 我的兄 | sä–sǐ–gǐ | 我的兄弟 |
| （150）我的母亲的母亲的姊妹之孙女 | käi′–kǔ wä–hee′–na | 我的姊 | sag–hon′–ǐ | 我的姊妹 |
| （151）我的母亲的母亲的姊妹之曾孙男 | käi′–kee kä′–na | 我的子女，男 | le′–e fä | 我的子女，男 |
| （152）我的母亲的母亲的姊妹之曾孙女 | käi′–kee wä–hee′–na | 我的子女，女 | le′–e hon′–ǐ | 我的子女，女 |
| （153）我的母亲的母亲的姊妹之玄孙男 | moo–pǔ′–nǎ kä′–na | 我的孙，男 | nä–pǐ–ga fä | 我的孙，男 |
| （154）我的母亲的母亲的姊妹之玄孙女 | moo–pǔ–na wä–hee′–na | 我的孙，女 | mä–pǐ–ga hon′–ǐ | 我的孙，女 |
| （155）我的夫 | kä′–na | 我的夫 | ve–ven′–ǐ | 我的夫 |
| （156）我的妻 | wä–hee′–na | 我的妻 | hoi–e–nä 及 hen | 我的妻 |
| （157）我的夫之父 | mä–kǔ′–ǎ–hǔ–nä–ai | 我的翁 | oi–fä | 我的父 |
| （158）我的夫之母 | mä–kǔ′–ǎ–hǔ–nä–ai | 我的姑 | oi–hon′–ǐ | 我的母 |
| （159）我的妻之父 | mä–kǔ′–ǎ–hǔ–nä–ai | 我的岳父 | oi–fä | 我的父 |

续表：

| 亲属关系 | 根据汤姆斯·密勒尔（Thomas Miller）所记录的夏威夷亲属称谓 | 译语 | 根据约翰·奥斯本所记录的洛图马亲属称谓 | 译语 |
|---|---|---|---|---|
| （160）我的妻之母 | mä-kǔ'-ǎ-hǔ-nä-ai | 我的岳母 | oi-hon'-ǐ | 我的母 |
| （161）我的婿 | hǔ-no'-nǎ kä'-na | 我的婿 | le'-e fä | 我的子女，男 |
| （162）我的媳 | hǔ-no'-nu wä-hee'-na | 我的媳 | le'-e hon'-ǐ | 我的子女，女 |
| （163）我的伯、叔（夫之兄弟） | kä'-na | 我的夫 | hom-fu'-e | 我的伯、叔 |
| （164）我的姊妹之夫（女子呼） | kä-na | 我的夫 | me-i | 我的姊妹之夫 |
| （165）我的姻兄弟（妻的姊妹之夫） | pǔ-na-lǔ-ä | 我的亲昵的伴侣 | | 我的姻兄弟 |
| （166）我的舅兄弟（妻的兄弟） | käi-ko-a'-kä | 我的舅兄弟 | me-i | 我的舅兄弟 |
| （167）我的姨姊妹（妻的姊妹） | wä-hee'-na | 我的妻 | hom-fu'-e | 我的姨姊妹 |
| （168）我的姑（夫的姊妹） | käi-ko-a'-kä | 我的夫之姊妹 | me-i | 我的夫之姊妹 |
| （I69）我的嫂、弟妇（兄弟之妻） | wä-hee'-na | 我的妻 | hom-fu'-e | 我的嫂、弟妇 |
| （170）我的嫂、弟妇（兄弟之妻，女子呼） | käi-ko-a'-kä | 我的嫂、弟妇 | hom-fu'-e | 我的嫂、弟妇 |
| （171）我的妯娌（夫的兄弟之妻） | pǔ-na-lǔ-ä | 我的亲昵的伴侣 | | |
| （172）我的舅嫂，舅弟妇（妻的兄弟之妻） | wä-hee'-na | 我的妻 | | |

**续表：**

| 亲属关系 | 根据汤姆斯·密勒尔（Thomas Miller）所记录的夏威夷亲属称谓 | 译语 | 根据约翰·奥斯本所记录的洛图马亲属称谓 | 译语 |
|---|---|---|---|---|
| （173）我的继父 | mä–kǔ′-a kä′-na | 我的双亲，男 | oi-fä | 我的双亲，男 |
| （174）我的继母 | mä–kǔ′-a wä-hee′-na | 我的双亲，女 | oi – hon′-ǐ | 我的双亲，女 |
| （175）我的继子 | käi′-kee kä′-na | 我的子女，男 | le′-e fä | 我的子女，男 |
| （176）我的继女 | käi′-kee wä-hee′-na | 我的子女，女 | le′-e hon′-i | 我的子女，女 |

发音规则：

（1）a的发音，等于英文aie中的a，

（2）ǎ的发音，等于英文at中的a，

（3）ä的发音，等于英文father中的a，

（4）ǐ的发音，等于英文it中的i，

（5）ǔ的发音，等于英文food中的oo。

注意：kä–na表示男性，wä-hee′-na表示女性。

# 第三章

# 群婚家族

## 群婚家族之代替血缘家族——其过渡及其如何产生

群婚家族制（punaluan family）曾在历史期间存在于欧洲、亚洲及美洲，在坡里内西亚则存留到现世纪以内。在野蛮状态中，它在人类的各部落间流行极广，有时尚保存于已经进到开化的低级状态的部落间；而在布立吞（Britons）人间则保存于已经到达开化中级的部落间了。

在人类进步的过程中，群婚家族制继血缘家族制而起，并取其地位而代之，群婚家族制是血缘家族制的一种修改。由血缘家族制过渡到群婚家族制是逐渐地把同胞兄弟姊妹由婚姻关系中排除出去而完成的，因为这种婚姻的弊害终究不能永远逃避人类的察觉。现在固然不能恢复导致这种解放的各个事实，但是我们并不是没有若干证据。

虽然这些结论所根据的诸事实其性质是枯燥无味而难以了解的，除了以忍耐的和精密的研究而外，在这些事实中所包含的知识是无从探究出来的。

今试假定血缘家族的存在，在其婚姻关系中包含着同胞兄弟姊妹，同时又包含着旁系的兄弟姊妹，要从血缘家族转变为群婚家族，只需从婚姻团体中排除前者而保留后者便已够了。但在婚姻关系中要实现排除一类的兄弟姊妹而保留其他的一类，则是一种困难的过程，因为它牵涉到家族组成中的根本改变，不必说家庭生活的古代方案中的变化了。它也需要一种特权的放弃，这在野蛮人中不是一朝一夕所能做到的。我们可以假设，这种改变发端于几个孤立的场所，其利益逐渐被认识，它在漫长的时期中不过作为一种实验而保留下来；起初部分地为人们所采用，既而渐成为普遍，最后遂通行于进步的诸部落间，当时尚未脱离野蛮状态，这种婚姻改革运动也就是在其中开始的。这种改革提供了自然淘汰原则作用的一良好的例证。

澳大利亚人的级别制对于这一问题又重新显露其意义了。就这种级别形成的方式以及其关于婚姻与世系的法则上看，很明白的，澳大利亚人的主要目的是在排斥同胞兄弟姊妹于婚姻关系之外，而保留旁系兄弟姊妹于婚姻关系之内。前一目的，则由一外在的法律施于级别之上而达到了；而后一目的，在组织的表面上是不大明了的，但试追溯他们的世系时便会使其明白了。[①] 如此，所以他们的从兄弟姊

① 依摆与卡波达都是以团体结婚的。依摆生穆利，而穆利复生依摆；同样，卡波达生马达，而马达复生卡波达；所以依摆与卡波达之孙，他们复都是依摆及卡波达，同时又都是旁系的兄弟姊妹；因为有这种关系，所以他们生来便是夫妇。（译者按：请参看第二编第二章。）

妹、再从兄弟姊妹以及更疏远的兄弟姊妹，他（她）们在他们的亲属制之下都是旁系的兄弟姊妹，都永远地被纳入于婚姻关系之中；反之，同胞兄弟姊妹则被除外。澳大利亚式的群婚团体所包含的人数，较之夏威夷式的群婚团体所包含的人数为多，其组成上亦略有差异；但是在两者之中有一显著的事实存在，即在一团体中丈夫的兄弟关系形成为婚姻关系的基础，在另一团体中妻子的姊妹关系则形成为婚姻关系的基础。但是在夏威夷人中存在有一不同的地方，即在必须结婚的人们之间，似乎没任何级别的存在。因为澳大利亚的级别制产生了群婚团体，其中它包含有氏族的萌芽，所以它暗示着以两性为基础的级别组织曾经通行于所有后来有氏族组织的人类部落之间的可能性。如果夏威夷人在某一以前的时期中曾具有这种级别组织的话，这就将不足为异了。

在人类制度中的三种最重要而且最广泛的制度，即群婚家族、氏族组织以及图兰式亲属制，都根源于类似群婚团体的先行的组织，在其中可以找出每一种制度的萌芽，这似乎是可惊异的。关于这一命题的真实性的若干证据，将在这种家族制的论述中提供出来。

因为群婚婚姻产生群婚家族，当现存的亲属制度一经改革过来表现这种家族中实际存在的亲属关系时，群婚家族便必定产生图兰式亲属制。但是为得要产生这样的结果，于群婚团体之外还须有其他的条件，质言之，即需要氏族组织之出现：氏族组织借一种有机的法律把从来包含在婚姻关系中的兄弟姊妹永远地从婚姻关系中予以排除。当这种排除完全做到时，则在依靠这种婚姻的一切亲属关系中势必发生变化，当亲属制的改革到了与新的亲属关系状况相吻合的时候，图兰制就将取马来制的地位而代之了。夏威夷人有群婚家族，但是他们没有氏族制的组织也没有图兰式亲属制。夏威夷人对于血缘家族旧制度的保存，致使我们怀疑到——这一怀疑已为丙汉的记载所证实——他们时常把同胞兄弟姊妹包含在群婚团体之中，所以致使原来的亲属制的改革成为不可能。夏威夷式的群婚团体是否能与澳大利亚的级别制同其久古，这却是可疑的；因为澳大利亚的级别制较我们所知道的任何其他社会结构更为原始。但是这两种类型的群婚团体的任何一种的存在，是氏族制发生所必不可缺少的条件，正如氏族制为产生图兰式亲属制所必不可缺少的条件一样。这三种制度，在以下将分别讨论。

## 群婚家族制

一种风俗能在其具体的形态中发现，而能用来作为打开古代社会若干神秘的锁钥、以及说明从来所不能完全理解的东西，像这样的事例是不多见的。夏威夷人的普拉努亚（Pǔnalǔa）就是这样的一种风俗。一八六〇年，火奴鲁鲁（Honolulu）的推事罗灵·安德鲁兹（Lorin Andrews）在一封信中附有夏威夷亲属制图表，并对夏威夷人的亲属称谓中的一种名称作了如下的注释："普拉努亚这一名称所表示的关系是颇为混杂的。这一名称，是从二个或二个以上的兄弟对于各人的妻室、以及二个或二个以上的姊妹对于各人的丈夫，具有一种共有的倾向而产生的；但是现在这一名称的用法，则为亲爱的朋友或亲密的伙伴的意思。"安德鲁兹推事所说的他们倾向于所做的，可能是一种在衰落中的风俗，但是他们的亲属制却证明这种风俗曾一般地通行于他们之间。已故的牧师阿提木斯·比沙普（Artemus Bishop）是夏威夷群岛上最老的宣教师之一，他也于一八六〇年寄给了著者一种相同的图表，并对同一问题作了如次的说明："亲属关系的混乱，乃系由于亲属之间实行夫妻共有这一古代风俗的结果。"在前面有一章中曾引到丙汉的论述，他所说的多偶制之风，"实包括同时多夫与同时多妻"。此外，巴特勒特（Bartlett）博士亦叙及了同样的事实。他说："土人们所具有的羞耻之心，几去动物无几。一夫有多数之妻，一妻有多数夫，并彼此随意交换。"[①] 他们这些人所发现的婚姻形态，即构成一群婚团体，在这种团体里面，多数之夫与多数之妻是互相集体婚配的。每一个这样的团体，并包括由婚姻中所生的子女，即是一群婚家族；一种群婚家族系由几个兄弟与他们的妻子而成，另一种则系由几个姊妹与她们的丈夫而成。

如果我们现在将图表中所记载的夏威夷亲属制检阅一下，便可发现一个男子称他的妻子的姊妹为他的妻子。他的妻子的所有的姊妹，不拘为直系和旁系的，都是他的妻子。但是，他的妻子的姊妹之夫，他则称为普拉努亚，即他的亲密的伙伴；他的妻子的各姊妹的所

---

① 《散得维齿群岛传道事业史的概述》等等（Historical Sketch of the Missions，etc，in the Sandwich Islands，etc.）五页。

有之夫，也都如此。他们在团体中是集体互相结婚的。这些丈夫，可能地，不是兄弟；如果他们果系兄弟的话，则血缘关系将会自然地胜过婚姻关系；但是，他们的妻子则是姊妹，直系的及旁系的。在这种情况之中，妻子们的姊妹关系便成为这种团体所依以形成的基础，而她们的丈夫彼此则处于普拉努亚的关系之中。在另一种团体之中，则以丈夫的兄弟关系为其形成的基础，一女子称她的丈夫的兄弟为她自己的丈夫。她的丈夫的所有的兄弟，不拘直系的和旁系的，也都是她的丈夫。但是，她的丈夫的兄弟的妻子，她则称为普拉努亚，她的丈夫的各兄弟的妻子，对于她都处于普拉努亚的关系之中。这些妻子彼此不一定是姊妹，其理由与上面在其他一情况中所述者相同，然在这一风俗的两种情况中，无疑地有例外存在。所有这些妻子，相互之间都处于普拉努亚的关系之中。

群婚家族系由血缘家族转变而成，这是很明显的事实。兄弟们不复娶他们的同胞姊妹为妻子了，等到氏族组织的结果普遍于社会以后，娶旁系的姊妹为妻之风也终止了。但是在过渡期间，兄弟则共同享有他们的妻室。同样，姊妹们不复与她们的同胞兄弟结婚了，经过长久的时间以后，她们也不与旁系的兄弟结婚了；但她们仍然共同享有他们的丈夫。社会从血缘家族制进展到群婚家族制，是一种向上的巨大运动的发轫，为逐渐引向对偶家族制而最后达到单偶家族制的氏族制开辟道路。

关于群婚风俗的另外一件显著的事实，即是在图兰及加罗汪尼亚族系中当他们的亲属制形成的时候，这种风俗在他们的祖先中有普遍存在的必要性。其理由是简单而肯定的。群婚团体中的婚姻，能够说明这种亲属制中的亲属关系。可以认定此等亲属关系在这种亲属制形成的当时，是实际存在的。所以这种亲属制的存在，便以先存的群婚婚姻与群婚家族普遍流行为其必要条件。进而到文明的诸民族中，凡是具有氏族组织者——如希腊人、罗马人、日耳曼人、克勒特人、希伯来人等——在他们的远祖之间，群婚团体的古代的存在，似乎也有同等的必要性，因为在氏族制之下所发生的人类中所有的家族形态直到单偶家族制的实施，在其前代，莫不具有从群婚团体中所产生出来的图兰式亲属制，这是可以合理地确定的。由此便可知道由群婚团体的形成而发端的这种大运动，大体上由组织成氏族而完成，而氏族制在单偶制的兴起以前，一般地都具有图兰式的亲属制。

群婚风习的痕迹，在有些地方一直保存到开化时代的中级期，在特殊情况中在欧洲、亚洲以及美洲的诸部落间亦可发现。恺撒关于古代布立吞人的婚姻风俗的记载，是一最显著的例证。他道："由十个和由十二个丈夫共同享有他们的妻子；特别是在兄弟与兄弟之间和父母与他们的子女之间。"①

上面的这一段记载，显示由普拉努亚所说明的一种集体结婚的风俗。在开化时代的母亲，就一般言之，不能期望其有十个或十二个儿子，即令在特殊情况下也是罕见的；但是在图兰式亲属制之下，我们有理由假定在布立吞人之间是具有这种亲属制的，总有人数很多的兄弟团体，因为从兄弟——不论远近——与己身都同属于兄弟这一

---

① 《高卢战役》，第五，一四。

范畴。根据恺撒，在布立吞人之间各兄弟都共同享有他们的妻子。这里我们发现了群婚风俗的一支，既纯粹而简单。这种风俗所假定的一种相应的团体，即各姊妹共同享有其丈夫的团体，恺撒没有直接地提示；但是它可能存在作为第一种团体的一种补充。恺撒于第一种团体之外还叙及了另外一事，即父子共妻之事。这些妻子未必不是姊妹。

恺撒的这种叙述，是否是指婚姻制度上的另一种团体，这是我们所不明白的；不过这一记载标出了存在于布立吞人之间的集体的多偶婚姻的范围；这也是引起这位有名的观察者的注意的突出的事实。凡是在各兄弟与他们的妻子互相婚配的地方，这些妻子也是与她们的丈夫互相婚配的。

希罗多德言及关于处在开化中级状态中的马萨择提人（Massagetæ）时，说他们中的每一个男子都各有一妻，但是他们的妻子是共有的。[①] 从这一叙述中，可以推测对偶家族已开始代替群婚家族了。每一个丈夫与一个妻子相配，她成为他的主妻，但是在团体的范围内，夫与妻还保持着共有的风习。如果希罗多德的意图是暗示一种杂交的状态，而这种状态可能是不存在的。马萨择提人虽然缺乏关于铁的知识，但是他们具有牛羊群，在马上作战，用铜制的战斧和铜制的矛，制造并使用四轮车（amaxa）。我们不能够假设生活于杂交之下的一种民族，能够达到这样进步的程度。希罗多德也言及阿加择尔西人（Agathyrsi），他们与马萨择提人可能是处在同一文化状态之中的，他说他们的妻子都是共有的，这些共有妻子的人们可能是兄

---

① 《希罗多德》，第一,二一六。

弟，因为彼此都是同属于一共同家族的成员，所以相互之间并无嫉妒也无憎恶。[①]集体的普拉努亚婚姻对于希罗多德在这里所叙述的以及他关于其他部落所叙述的相类似的风俗，较诸多偶制或杂交之说，提供了一更为合理的及满意的说明。希罗多德的记载，对于说明存在于马萨择提人与阿加择尔西人之间的社会的实际状态是太简略了。

群婚风俗的痕迹，在南美洲土著中若干最不进步的部落间曾经注意到；不过其情形不详。例如最初探访栖息于委内瑞拉海岸地方诸部落的航海者，发现一种社会状态，提示群婚团体可供其说明。"他们在结婚上不遵守任何法律和规则，男子要娶若干妻子就娶若干妻子，女子要嫁若干丈夫就嫁若干丈夫，彼此愿意离异时便行离异，并不认为对任何一方有所损害。在他们之间，不知嫉妒为何事，各人只是尽情的生活，彼此之间互不侵犯……他们所住的房屋是共有的，其广阔足以容纳一百六十人，虽然覆以棕榈叶，但建筑坚固，外形如钟。"[②]这些部落因为使用陶器，所以他们进化程度是处在开化时代的初期，但是依据上面的记载，他们则仅仅能脱离野蛮状态。这一段记载，以及希罗多德的一些记载，其所根据的观察皆不免失之肤浅。但它至少显明关于家族及婚姻关系的一种低下状况。

当北美洲的各部分初次被发现时，群婚家族似乎已经全部消灭

---

① 《希罗多德》，第四，一〇四。

② 厄累剌著《美洲史》第一卷，第一章，二一六页。厄累剌对于居住于巴西（Brazil）海岸的诸部落进而说道："他们居住于Bohios之中，即大茅屋之中，每一村庄中约有八个，其中充满了人和他们就寝时所用的巢和吊床……他们的生活与兽类无异，不知有所谓正义与礼节。"——见同书第四章，九四页。加锡拉梭·德·拉·维格对于秘鲁的某些在进化上最低的部落间的婚姻关系，也给予了一种与上面同样不利的叙述。——《秘鲁王国》（Royal Com of Peru）第一章，一〇、一〇六页。

了。就我所知道的而言，在他们之间，没有保存关于古代通行群婚风俗的传说。家族制一般地已经脱离了群婚形态而转到了对偶的形态；但是，在家族制之上尚笼罩着一种古代婚姻制度的痕迹，指向已往的群婚团体的存在。有一种风俗，可以确定不移地认为是起源于群婚团体的，这种风俗在北美印第安人的部落中至少有四十个部落现在还在通行。即一个男子与某一家族的长女结了婚以后，由于习惯，凡是他的妻妹达到结婚的年龄的时候，他享有把她们全体娶作妻子的权利。不过因为由于男子要维持几个家庭的困难，这种权利很少有见诸实行的。我们在这一风俗中，发现了在他们的远祖之间所存在的群婚风俗的遗迹。无疑地，在他们之中有一个时期各姊妹们在姊妹关系的基础上共同加入婚姻的关系；一个姊妹的丈夫即是姊妹全体的丈夫，但他却不是唯一的丈夫，因为在团体之中还有其他的男子与他结合起来成为她们的丈夫的缘故。在群婚家族绝灭以后，此种权利保持下来为长女的丈夫所享有，如果他想实现这一权利的话，他就可以成为他的妻子的所有姊妹的丈夫。我们视这种风俗是古代群婚风俗的真正的遗留，我认为是有理由的。

在人类部落间这种家族制的其他痕迹，在历史著作中尚可征引许多例子，它们倾向于证明这种家族制不仅在古代的存在而且是广泛通行的。现在没有多加引证的必要，因为凡是具有或曾经具有图兰式亲属制的部落，便可根据这种亲属制的自身推论出在他们的祖先之间的群婚家族的先行存在。

# 氏族制的起源

在前面曾经提示过，氏族制发生的时期是在野蛮时代，第一、因为在开化时代的初期发现这种制度正处在全面的发展之中；第二、因为在野蛮时代发现这种制度处在部分的发展之中。不仅如此，氏族制的萌芽，可以明显地在澳大利亚人的级别制之中发现，也同可以在夏威夷人的群婚团体之中发现一样。氏族亦在澳大利亚人之间发现，它根据于级别，而很明显地是由级别产生而出的。像氏族这样一种特殊的制度，决不能期待其一发生时就很完备，或凭空而产生，在其发生以前没有由自然发展而先行形成的基础。氏族制的起源，必须从社会既存的要素中求之；它的成长，必须期待于其发生以后经过了很久的时间方能出现。

氏族在其原始形态中的两个基本原则，在澳大利亚的级别制之中发现了，即兄妹之间结婚的禁止与女系世系。后一个原则，当氏族制出现后表现得极其显明，因为子女在当时是发现属于母亲的氏族之中的。级别制的由自然的适应而产生氏族制，很充分地明白提示着氏族制的发生实际上是这样的可能性。加之，这种可能性由于氏族制与一先行存在的及更原始的组织——级别制——相联发现，使其益为加强，这种组织在当时还是社会制度的一种单位，其地位是应该属于氏族的。

现在我们回头来看夏威夷的群婚团体，在同样的成分中也发现包含着氏族的萌芽。但这种萌芽，仅限于女子的一支方面，即几个姊妹，同胞的和旁系的，共同享有她们的丈夫。这些姊妹与其子女，以及其女系的后裔，便是一个原始形态氏族中的适合的成员。世系必然是由女系追溯，因为子女的父亲在当时是不能准确地确定的。这种特殊的婚姻形态在一团体中一经成为确定的制度时，作为一个氏族的基础也就随之而出现了。于是只需要运用人类的智能来把这种自然的群婚团体转变为一种组织，其中的人员只限于这些母亲和他们的子女以及其女系的子孙之中。在夏威夷人中虽存在有这种团体，可是没有提升到氏族的概念。但是，氏族的起源恰恰不能不归诸这种以母亲的姊妹关系为基础的团体，或同样结合原则为基础的相类似的澳大利亚的团体。氏族制即将这种团体——有如其所发现者——中的某些成员及某些后裔，在血缘的关系上组织成一个氏族。

以准确方式说明氏族发生中的情况，当然是不可能的。因为这些事实与情况，都是属于遥远的古代的。但是氏族则可以追溯到适合于其发生的一种古代社会的情况，这即是我所企图要做的。氏族的起源，属于人类发展的一低级阶段，属于社会的一极古的状况；虽然比群婚家族的最早的出现要晚些。氏族制之发源于群婚家族，是十分明显的，因为构成一群婚团体的人员，基本上是与一氏族的成员相符合的。

氏族制对于古代社会的影响是保守的同时又是向上的。当氏族制成为充分地发展及扩张于广大的地域以后，当其经过了足够长的时间使其势力能充分地影响于社会以后，妻子的数量便由以前的众多而变为稀少，因为氏族制倾向于缩小群婚团体的范围，而最后将其推翻。到了氏族组织在古代社会中占优势以后，对偶家族便逐渐地在群婚家族中产生。关于这种进步的一些过渡阶段虽不能十分确定；但是，如果假定群婚家族是在野蛮阶段，对偶家族制是在开化的低级阶段，则家族制由一种形态转到另一种形态的进步中的事实，就可以相当准确地推论出来。这是当对偶家族开始出现及群婚团体开始消灭以后，妻子才由购买及掳掠的方法而取得。不必须要讨论现在尚能得到的证据，已经是一种很明显的推论，即氏族组织是在野蛮时代中使群婚家族的最后覆灭及使庞大的婚姻制度逐渐缩小的有力的原因。虽然我们必须假设氏族组织起源于群婚团体，但是它却将社会带出了群婚的水平以上。

## 图兰式或加罗汪尼亚式的亲属制

此种亲属制和氏族制当其在原始形态中的时候，每每相并发现。它们并不是互相依存的；但是它们在人类进步中出现的顺序或者相距不远。但是各种亲属制与各种家族形态则是处于直接关系中的。家族制代表一种主动的原则。它从来不是静止的，当社会由低级状态演进到高级状态时，家族制亦随之由低级形态向高级形态而演进，最后脱离低级的形态而达到另一高级的形态。反之，亲属制则是被动的；它在时间的长距离中记录家族制所经历的进步，只在当家族制发生根本改变的时候，它才发生根本的改变。

除非群婚婚姻与群婚家族在当时的存在，图兰制是不能形成的。在一个社会中，由于一般的风俗，几个姊妹集体的与彼此的丈夫结婚，几个兄弟也集体地与彼此的妻子结婚，这样，为创成图兰制的条件便存在了。任何为表现实际存在于这种家族制度之下的亲属关系所形成的亲属制，必然地是图兰制；其自身即证明当其形成时的这样一种家族制的存在。

现在我们建议把这种特殊的亲属制——如其现在仍然存在于图兰及加罗汪尼亚族系中者——作为证明当其成立时的群婚家族存在的证据。这种亲属制当它们所起源的婚姻习尚已经消灭以后，及当家族制已由群婚形态演进到对偶形态以后，它们尚在两大陆中继续保持到现代。

为了体会这种证据，就有把这种亲属制的详节加以讨论的必要。辛尼加·易洛魁人的亲属制将用作为美洲加罗汪尼亚系各部落的典型，南印度坦密耳人的亲属制将用作为亚洲图兰系部落的典型。这两种形式亲属制的关于同一个人两百种以上基本相同的亲属关系，在本章之末的表解中可以找到。在我以前的一种著作中[1]，我曾详细记录了约七十种美洲印第安人部落的亲属制；在亚洲的部落及民族中，则有南印度的坦密耳人、特鲁古（Telugu）人与卡拉里司（Canarese）人的亲属制；所有这些人的亲属制，有如表解中所记载者，到现在还是日常实际使用着的。在不同的部落和民族之间也有差异，但其基本的特点则是不变的。通通一样，在所有这些部落和民

---

① 《人类的血族及姻族制》，《斯密逊研究所对于知识的贡献》第十七卷。

族中都以亲属称谓相致敬，但有这样一种不同之点，即在坦密耳人之间，如果被称呼者，其年龄较幼于称呼者，则必须用亲属称谓；如果被称呼者的年龄较长，则可用亲属称谓或用个人的名称来致敬，这可由称呼者自己选择。反之，在美洲土著之间，在称呼上则必须使用亲属称谓。他们在称呼中使用这种制度，因为这是一种亲属制度。直等到单偶制破坏图兰制以前，这也是古代氏族中每一个人之所以能够追溯他自己与他的氏族中其他各个成员之间所存在的关系的一种方法。在很多情况中我们可以看出，同一个人对于"己身"的亲属关系，由"己身"的性别改变后而不同。因为这种理由，所以问题往往需要重提，即一次为男子呼，再一次为女子呼。虽然由这种情况在亲属关系上造成了差异，但亲属制通体都是逻辑一致的。为了显露这种亲属制的性质，就必须通过它的各支系来加以说明，有如我们研究马来制一样。辛尼加·易洛魁人的亲属制将用作为例子。

祖父（Hoc'-sote）和祖母（Oc'-sote），孙男（Ha-yä'-da）和孙女（Ka-yä'–da），是他们在上行系列或下行系列中所承认的最远的亲属关系。在祖父祖母以上的祖先，和在孙男孙女以下的后裔，都各归入其同一范畴中。

兄弟和姊妹的亲属关系，并不是抽象地表明的，而是分为长幼双重形式的；且各有特殊的称谓，其称谓如下：

兄——Ha'-ge

弟——Ha'-gǎ

姊——Ah'-jé

妹——ka′-gǎ

此等称谓，可男女通用，适用于较称呼者之年长或年少的一切这样的兄弟或姊妹。在坦密耳人中，有两套称谓以表示此种亲属关系，但在现在，则男女不分两性通用了。

第一旁系——己身为男，并作为一个辛尼加·易洛魁人称呼，我兄弟的儿子和女儿是我自己的儿子和女儿（Ha-ah′-wuk和Ka-ah′-wuk），他们称我为父亲（Hä′-nih）。这是这种亲属制的第一种指明性的特征。它把我兄弟的子女置于我自己的子女的同一范畴之内。他们是我的子女，同时又是我兄弟的子女。我的兄弟的孙是我的孙男和孙女（Ha′-yä′-da与Ka-yä-da单数），他们称我为祖父（Hoc′-sote）。这里所举出的亲属关系是其所承认及所应用者，在此以外则不知道了。

某些亲属关系将区别出来作为指明性的亲属关系。它们通常控制其前的和其后的亲属关系。当他们在不同部落的亲属制度中相吻合时——甚至在人类的不同族系中如图兰族系加罗汪尼亚种族系——它们就建立了在它们之间的基本相同点。

在这一旁系的女系支派中，己身还是一个男性，我姊妹的儿子和女儿，我称为外甥和外甥女（Ha-yǎ′-wan-da与Ka-yǎ′-wan-pa），他们称我为舅父（Hoc′-no′seh）。这是这种亲属制的第二种指明性的特征。它将外甥与外甥女的亲属关系限制于一个男子的嫡系和旁系的姊妹的子女之内。至于外甥与外甥女的子女，和上面一样，都是我的孙，他们对我各用其相应的适当称谓。

己身为一个女子，此等亲属关系的一部分就因而反过来了。我兄弟的子女，我称为内侄和内侄女（Ha-soh′-neh 和 Ka-soh′-neh），他们称我为姑母（Ah-ga′-huc）。内侄和内侄女的子女，我称为孙。在女系的支派中，我姊妹的子女我称为子女，他们称我为母亲（Noh-yeh′）；他们的子女我称为孙，他们称我为祖母（Oc′-sote）。

我兄弟的儿子以及姊妹的儿子的妻，我都称为媳（Ka′-sä）。我兄弟的女儿以及姊妹的女儿的丈夫，我都称为婿（Oc-na′-hose，这两个称谓都是单数），他们各称我以相应的称谓。

第二旁系——在这一旁系的男支中，属于父方者，不拘"己身"是男性或是女性，我父亲的兄弟都是我的父亲，他们称我为儿子（如果我是男子）或女儿（如果我是女子）。这是这种亲属制的第三种指明性的特征。由这一特征，一个父亲的所有的兄弟便都归入于父亲这一亲属关系之中了。他们的子女都是我的兄弟姊妹，我用我称呼同胞兄弟姊妹的同一的称谓称呼他们。这是这种亲属制的第四种指明性的特征。这一特征把各个兄弟的子女都置于兄弟姊妹的亲属关系之中。这些兄弟的子女，如果己身是一个男子，都是我的子女，他们的子女都是我的孙；至于这些姊妹的子女，则是我的外甥和外甥女；后者的子女，亦都是我的孙。但是，如果己身是一个女子，则这些兄弟的子女便是我的内侄和内侄女，而这些姊妹的子女则是我的子女；兄弟的子女的子女和姊妹的子女的子女，一样地都是我的孙。由此可以看出，第一旁系中所应用的类别法，复运用到第二旁系中来了，这种类别法，就是在第三旁系或更疏远的旁系中，只要在血缘关系能够追溯的范围以内，都可适用。

　　我父亲的姊妹是我的姑母，如果己身是一个男子，她称我为内侄。这是这种亲属制的第五种指明性的特征。姑母的亲属关系只限于父亲的姊妹，以及对我处于父亲关系的这些人的姊妹，我母亲的姊妹则被除外。我父亲的姊妹的子女，是我的表兄弟（Ah-gare′-seh 单数），他们亦称我为表兄弟。如果己身是一个男子，我表兄弟的子女都是我的子女，我的表姊妹的子女则是我的表侄和表侄女。但是，如果己身是一个女子，则最后的这一类亲属关系将反转过来。表兄弟和表姊妹之子女的子女，都是我的孙。

　　在母亲方面，如果己身是一个男子，我母亲的兄弟是我的舅父，他称我为甥。这是这种亲属制的第六种指明性的特征。舅父的亲属关系只限于我母亲的兄弟——直系的和旁系的——我父亲的兄弟则被除外。舅父的子女是我的表兄弟姊妹，表兄弟的子女都是我的子女，表姊妹的子女则是我的表侄和表侄女。但是，如果己身是一个女子，则最后这一类的亲属关系便将反转过来。所有后者的子女，都是我的孙。

　　在同一旁系的女支中，我母亲的姊妹，都是我的母亲。这是第七种指明性的特征。所有各姊妹，不拘直系和旁系的，她们对于彼此的子女都处于母亲的地位。我母亲的姊妹的子女都是我的兄弟姊妹。这是第八种指明性的特征。由于这一特征，便确立了各姊妹的子女之间的兄弟姊妹关系，这些兄弟的子女都是我的子女，这些姊妹的子女都是我的外甥和外甥女；所有后者的子女都是我的孙。如果己身是一个女子，这些亲属关系，如以前一样，都将反转过来。

这些兄弟以及表兄弟之妻，都是我的 Ah-ge-ah′-ne-ah（兄弟之妻），她们称我为 Ha-yǎ′-o（姊妹之夫）。前一称谓的正确意义，我们尚不明白。这些姊妹以及表姊妹之夫，都是我的姊妹之夫，他们对于我各用相应的适当称呼。群婚风俗在美洲的土著间的痕迹，在有些地方尚保存于亲属关系之中，例如己身与各兄弟之妻之间，以及己身与各姊妹之夫之间等。在曼旦族中，我的兄弟的妻即是我的妻，在坡尼族和阿里加里族中，也是如此。在克洛族中，我丈夫的兄弟之妻，我称为"我的伴侣"（Bot-ze′-no-pä-che）；在克里克族中，称为"现住者"（Chu-hu′-cho-wä）；在猛西族中称为"我的朋友"（Nain-jose′）。在文尼伯哥族及阿茶迪里族（Achaotinne）中则称为"我的姊妹"。我的妻子的姊妹之夫，在某几种部落之间称为"我的兄弟"；在有些部落间则称为"妻姊妹之夫"；在克里克族中则称为"小分离者"（Un-kä′-pu′-che），不管这一称呼的意义是什么。

第三旁系——因为第三旁系的各支派中的亲属关系，除了增加了一段祖先的亲属关系而外，与第二旁系中各个相当的支派是相同的，所以仅将四支派中的一个支派提示出来，便已足够。我父亲的父亲的兄弟是我的祖父，他称我为孙。这是第九个指明性的特征，也是最后的一个。这一特征把父亲的父亲的兄弟，都归入于祖父的关系之中，因之防止了旁系的上行祖先漏出亲属关系之外。这一原则将旁系的上行系列及下行系列的亲属都并入于直系之中。所以此一祖父的儿子即是我的父亲，他的子女即是我的兄弟姊妹；这些兄弟的子女即是我的子女，这些姊妹的子女即是我的外甥和外甥女；所有他们的子女都是我的孙。如果己身是一个女子，这些亲属关系，和上面的一样，将反转过来。再者，对于所有这些亲属关系，都使用相应的称呼。

第四旁系——与上面所陈述的理由一样，仅将这一旁系中举一支派来说明便已足够。我祖父之父的兄弟是我的祖父，我祖父之父的兄弟的儿子亦是我的祖父；后者的儿子是我的父亲；他的子女是我的兄弟姊妹；此等兄弟姊妹之子女及其孙，对于己身的亲属关系与前面所说者相同。第五旁系中在各个支派中的亲属的分类，是和第二旁系中各个相当支派中的相同的，不过，只更加上几段祖先的亲属关系而已。

因之，从这种亲属制度的性质而言，对于血族的数字上的亲等的知识，是对亲属进行适当分类的必要条件。但是日常习于应用这种制度的印第安人土著，对于这种显然迷乱的亲属关系，并不感觉什么困难。

在余下的婚姻亲属关系中，在辛尼加·易洛魁人间有称妻父的称谓（Oc-na'-hose），有称夫父的称谓（Hä-gä'-sä）。前一个称谓，亦可用以称呼女儿的丈夫，因之证明它是一种互称词。此外对于继父（Hoc'-no-ese）和继母（Oc'-no-ese）、继子（Ha'-no）和继女（Ka'-no）也各有称谓。在有一些部落间，有互相关联的双重岳父母及翁姑，并有称谓来表示这种关系。称谓上的繁复，虽然由于这种亲属制上的区分严密而有其必要，然而，却是值得令人惊异的。关于辛尼加·易洛魁人及坦密耳人亲属制的详节，读者可参阅图表。这两种亲属制是属于一种类型的，只要一看图表便可明白。它不但证明在其形成的当时，群婚婚姻制通行于他们的远祖之间，并且证明这种婚姻形态对于古代社会所给予的深刻印象。同时，这种亲属制是保存在人类经验中、人类心灵的自然逻辑应用于社会制度事实上的最特别的实践之一。

图兰制及加罗汪尼亚制是移接于以前的一种马来制之上的制度（或者是在所有基本方面与马来制相同的制度），现在已经证明了。在所列举的所有亲属关系中，在二者中约有半数是相同的。如果我们将辛尼加及坦密耳的亲属称谓之不同于夏威夷的亲属关系称谓者加以检核，即可发现两者间的这些不同之处，乃是缘于兄弟姊妹间通婚关系之有无而来的。例如，在前二者中，我的姊妹的儿子是我的外甥，在后者中则是我的儿子。这两种亲属关系，表示着血缘家族制与群婚家族制之间所存在的差异。由群婚婚姻制代替血缘婚姻制所诱起的亲属关系上的变化，其结果则为改变马来制而为图兰制。但是，讲到这里，我们可以问，为什么具有群婚家族制的夏威夷人不曾依照他们家族制来改进他们的亲属制呢？关于这一问题的解答，在前面已经陈述过了；但是，在这里不妨还可重述一次。家族形态的进步，总在亲属制的前面。在坡里内西亚家族制已经进到群婚的形态，而亲属制还是保存着马来式的形态；在美洲的家族制已经进到对偶的形态，而亲属制还是保存图兰式的形态；又如在欧洲及亚洲西部家族制已经进到了单偶的形态，而亲属制似乎一时尚保存着图兰式的形态，但不久以后即行衰落而为雅利安制所代替。不仅如此，虽然家族制经过了五种形态，但就现在所知道的而言，则仅创成了三种不同的亲属制。关于已经确立了的亲属制要予以根本的改变，那就需要一种在社会中达到异常广泛范围的有机的变革。我想我们将要明了，氏族组织具有充分的力量与足够的普遍性来改变马来制而为图兰制；又单偶制，当其在比较进步的人类支派充分地成立了的时候，它与财产制的力量，便足够推翻图兰制而代之以雅利安制。

## 图兰制中的亲属关系在其起源中的解释

现在所剩下来的问题，就是要说明图兰制中那些所以不同于马来制中的亲属关系的起源问题。群婚婚姻制与氏族组织，将成为这种说明的基础。

（一）己身是一个男子，我的各兄弟——直系的和旁系的——的子女，都是我的子女。

理由：作为一个辛尼加人称呼，我的各兄弟的妻，一方面是他们的妻，同时也是我的妻。我们现在是就图兰制形成的当时而言。这是与马来制相同的，其理由，在其下曾经举出了。

（二）己身是一个男子，我的各姊妹——直系的和旁系的——的子女，都是我的外甥和外甥女。

理由：在氏族制之下，这些姊妹，依据氏族法，不能成为我的妻了。所以她们的子女不能复是我的子女，但他们对于我，则处于比较疏远的亲属关系的地位。因之，外甥和外甥女这种新的亲属关系便产生出来了。这是与马来制不同的地方。

（三）己身是一个女子，我的各兄弟——直系的和旁系的子女，是我的内侄和内侄女。

理由：与第二条相同。这也是与马来制不同的地方。

（四）己身是一个女子，我的各姊妹——直系的和旁系的——的子女，以及各从姊妹的子女，都是我的子女。

理由：所有她们的丈夫，同时也都是我的丈夫。严格言之，此等子女是我的继（另出）子女，在阿吉布洼与其他阿尔衮琴诸部落间便是如此称呼的。但是，在辛尼加·易洛魁及坦密耳人中，他们还是依照古来的分类法，把他们归纳在我的子女这一范畴中，其理由，详见马来制项下。

（五）这些子女的子女，都是我的孙。

理由：他们都是我的子女的子女。

（六）这些外甥和外甥女的子女，亦都是我的孙。

理由：这些亲属关系在马来制之下都是同一个人的一些亲属关系，而马来制则是假定在图兰制之前的。图兰制对于这种亲属关系不曾发明新的称呼，故旧称呼得保存下来。

（七）我父亲的兄弟——直系的和旁系的——都是我的父亲。

理由：他们都是我母亲的丈夫。这一点，是与马来制相同的。

（八）我父亲的姊妹——直系的和旁系的——都是我的姑母。

理由：在氏族制之下，她们不可能为我的父亲之妻；所以从前的母亲的那种亲属关系就不能容许了。因此，便需要一种新的亲属关系：姑母的称谓便从而产生了。

（九）我母亲的兄弟——直系的和旁系的——都是我的舅父。

理由：他们已不复是我母亲的丈夫了，所以他们对于己身必须要处于一种比父亲较为疏远的亲属关系之上：因之便产生舅父的新亲属关系。

（十）我母亲的姊妹——直系的和旁系的——都是我的母亲。

理由：与第四条相同。

（十一）我父亲的兄弟——直系的和旁系的——的子女，以及我母亲的姊妹——直系的和旁系的——的子女，都是我的兄弟姊妹。

理由：此是与在马来制中相同的，理由详见马来制项下。

（十二）我的各舅父及各姑母——直系的和旁系的——的子女，都是我的表兄弟姊妹。

理由：在氏族制之下所有这些舅父和姑母，都被排除于我的父亲和母亲的婚姻关系以外，所以他们的子女不能像在马来制之下一样与我处于兄弟姊妹的关系之上，必须处于比较疏远的地位：因之，表兄弟、表姊妹的这种新的亲属关系便由之产生。

（十三）在坦密耳人中，己身是一个男子，我的从兄弟的子女都是我的侄子和侄女，而我的从姊妹的子女却是我的子女。这恰恰与辛尼加·易洛魁人中的法则相反。这种事实倾向于证明在坦密耳人之间当图兰制出现的时候，我的从姊妹都是我的妻；反之，从兄弟之妻已不复是我的妻了。在这两种亲属制之间，对于己身的约近二百种的亲属关系之中，只有这一些亲属关系上的变异，这是值得注意的唯一重要的事实。

（十四）我祖父母的兄弟姊妹，都是我的祖父母。

理由：这是与马来制相同的，理由详见马来制项下。

照以上所述各项看来，我们可更加明白属于同一性质的图兰式及加罗汪尼亚式的两种亲属制，是继原有的马来制而起的一种制度；并且在马来族移住于太平洋上的诸岛以前，马来制必定一般地通行于亚洲。不仅如此，我们有正当的理由相信此种亲属制是以马来制的形态由同一亚洲的泉源随着血统而传递于三大种族的祖先的，后来经过图兰族系及加罗汪尼亚族系的远祖之手，将其改变而为现在的形态。

关于图兰制的主要亲属关系，我们已经就其起源而予以说明了。我们发现这些亲属关系是在子女的血统所可能知道的范围以内、曾实际存在于群婚家族之中的。此种制度说明它本身即是一种有机的发展，因为如果没有充实的原因，它是无从发生的；所以图兰制是由群婚家族制创成的这一推论，就成为正当而且必要的了。但是，由婚姻而生的某几种亲属关系已经发生了变化，这是要加以留意的。

图兰制把所有的兄弟作为是彼此之妻的丈夫，把所有的姊妹当为是彼此之夫的妻室，如同一种集体式的婚姻。在这种制度形成的当时，如果某一个男子多找到一个直系或旁系的兄弟（实则有这种兄弟关系的人数却是很多的），那么，他在他那一兄弟的妻室之中，便多找到一个他自己的妻室。同样，如果某一个女子多找到一个直系或旁系的姊妹（有这种姊妹关系的人数同样也是很多的），那么，她在她的那一姊妹的丈夫之中便多找到一个她自己的丈夫。丈夫的兄弟关系与妻子的姊妹关系，形成为这种婚姻关系的基础。夏威夷的普拉努亚风俗便把这种事实充分地说明了。就理论上言，这一时期的家族的范围之大小，应该是与由婚姻关系而结合的团体是一致的；但在实际上，因为为着居住上与生活上的便利，这种家族必定分成为多数的小家族。譬如在布立吞人之间，由十个或十二个兄弟成为一个团体，彼此各互相以各人之妻为妻，这可以视为是群婚团体通常所具有的小区分的范围。原始共产主义式的生活，大抵是由于血缘家族制的必要而起的，它经过群婚家族制而传递与美洲土著间所行的对偶家族制，在他们之中一直保留到他们被发现的时候。在他们之中现在已没有群婚婚姻了，但由这种婚姻制而创成的亲属制，在它所依以而发生的风俗已经废灭以后，它还残留下来。野蛮部落间的家族生活与居住的方式，其研究是很不完全的。然而关于他们在这些方面的习惯以及他们生活样式的知识，对于现在所讨论的各问题将给与以有力的阐明，这是用不着多说的。

关于家族制的两种形态，现在已根据与之相平行的二种亲属制就其起源而予以说明了。证据似乎是肯定的。这一说明提供了人类自拔于比较低级的状态而进到组成血缘家族有机体以后的人类社会的出发点。从第一形态过渡到第二形态是一种自然的趋势；也就是通过人类的观察与经验由低级社会状态而进到高级社会状态的一种发展。这种发展，是属于人类的可以改进的心灵与道德本质的一种结果。血缘家族制与群婚家族制，乃是代表人类通过野蛮时代中大部分期间所创成的进步的实质。虽然第二种家族形态较诸第一种家族形态是一种伟大的进步，但是，离单偶家族制的距离尚远。若是我们把家族制的诸形态一为比较，便可以对于野蛮时代进步率的缓慢得到一种印象，与在此时代中为上升的工具之微渺，与各种障碍之可畏。一时代复一时代的度过，几乎等于停滞的生活，时而前进，时而后退，无疑地标志了这一时代的进程；但社会的一般的动向却是由低级的状态进向高级的状态的，不然的话，人类势必尚停滞在野蛮状态之中。发现一种人类走上他伟大的及可惊异的进步历程的可靠的出发点，纵令这种出发点是极其接近于人类进化的最低层，甚至于只限于像血缘家族这样特殊的家族形态，但能够将它正确地发现出来，这总算是一桩有价值的事体。

### 纽约州辛尼加·易洛魁印第安人与操达罗毗茶语坦密耳
### 方言的南印度人之亲属制度对照表

| 亲属关系 | 辛尼加·易洛魁的亲属称谓 | 译语 | 坦密耳的亲属称谓 | 译语 |
|---|---|---|---|---|
| （1）我的曾祖父之父 | hoc'–sote | 我的祖父 | En muppáddan | 我的第三代祖父 |
| （2）我的曾祖父之母 | oc'–sote | 我的祖母 | En muppáddi | 我的第三代祖母 |
| （3）我的曾祖父 | hoc'–sote | 我的祖父 | En pûddan | 我的第二代祖父 |
| （4）我的曾祖母 | oc'–sote | 我的祖母 | En pûddi | 我的第二代祖母 |
| （5）我的祖父 | hoc'–sote | 我的祖父 | En păddăn | 我的祖父 |
| （6）我的祖母 | oc'–sote | 我的祖母 | En păddi | 我的祖母 |
| （7）我的父 | hä'–nih | 我的父 | En tăkkăppăn | 我的父 |
| （8）我的母 | no–yeh' | 我的母 | En táy | 我的母 |
| （9）我的子 | hâ–ah'–wuk | 我的子 | En măkăn | 我的子 |
| （10）我的女 | ka–ah'–wuk | 我的女 | En măkăl | 我的女 |
| （11）我的孙男 | ha–yä'–da | 我的孙男 | En pêrăn | 我的孙男 |
| （12）我的孙女 | ka–yä'–da | 我的孙女 | En pêrtti | 我的孙女 |
| （13）我的曾孙男 | ha–yä'–da | 我的孙男 | En irandám pêrăn | 我的第二代孙男 |
| （14）我的曾孙女 | ka–yä'–da | 我的孙女 | En irandám pêrtti | 我的第二代孙女 |
| （15）我的玄孙男 | ha–yä'–da | 我的孙男 | En mŭndam pêran | 我的第三代孙男 |
| （16）我的玄孙女 | ka–yä'–da | 我的孙女 | En mŭndam pêrtti | 我的第三代孙女 |
| （17）我的兄 | hä'–je | 我的兄 | En tamaiyăn, b annăn | 我的兄 |
| （18）我的姊 | ah'–je | 我的姊 | En akkàrl,b tămăkay | 我的姊 |

续表：

| 亲属关系 | 辛尼加·易洛魁的亲属称谓 | 译语 | 坦密耳的亲属称谓 | 译语 |
|---|---|---|---|---|
| （19）我的弟 | ha'-gǎ | 我的弟 | En tambi | 我的弟 |
| （20）我的妹 | ka'-gǎ | 我的妹 | En tangaichchi,b tangay | 我的妹 |
| （21）我的兄弟们 | da-yä-guä-dan'-no-dä | 我的兄弟们 | En sǎkothǎree | 我的兄弟们（梵语） |
| （22）我的姊妹们 | da-yä-guä-dan'-no-dä | 我的姊妹们 | En sǎkothǎrckǎl | 我的姊妹们（梵语） |
| （23）我的兄弟之子（男子呼） | ha-ah'-wuk | 我的子 | En mǎkǎn | 我的子 |
| （24）我的兄弟之子之妻（男子呼） | ka'-säh' | 我的媳 | En mǎrumǎkǎl | 我的外甥女 |
| （25）我的兄弟之女（男子呼） | ka-ah'-wuk | 我的女 | En mǎkǎl | 我的女 |
| （26）我的兄弟之女之夫（男子呼） | oc-na'-hose | 我的婿 | En mǎrǔmǎkǎn | 我的婿或外甥男 |
| （27）我的兄弟之孙男（男子呼） | ha-yä'-da | 我的孙男 | En pêrǎn | 我的孙男 |
| （28）我的兄弟之孙女（男子呼） | ka-yä'-da | 我的孙女 | En pêrtti | 我的孙女 |
| （29）我的兄弟之曾孙男（男子呼） | ha-yä'-da | 我的孙男 | En irandám pêrǎn | 我的第二代孙男 |
| （30）我的兄弟之曾孙女（男子呼） | ka-yä'-da | 我的孙女 | En irandám pêrtti | 我的第二代孙女 |
| （31）我的姊妹之子（男子呼） | ha-yǎ'-wan-da | 我的外甥男 | En mǎrǔmǎkǎn | 我的外甥男 |
| （32）我的姊妹之子之妻（男子呼） | ka'-sä | 我的媳 | En mǎkǎl | 我的女 |

续表：

| 亲属关系 | 辛尼加·易洛魁的亲属称谓 | 译语 | 坦密耳的亲属称谓 | 译语 |
|---|---|---|---|---|
| （33）我的姊妹之女（男子呼） | ka-yä'-wan-da | 我的外甥女 | En mǎrǔmǎkǎl | 我的外甥女 |
| （34）我的姊妹之女之夫（男子呼） | oc-nà'-hose | 我的婿 | En mǎkǎn | 我的子 |
| （35）我的姊妹之孙男（男子呼） | ha-yä'-da | 我的孙男 | En pêrǎn | 我的孙男 |
| （36）我的姊妹之孙女（男子呼） | ka- yä'-da | 我的孙女 | En pêrtti | 我的孙女 |
| （37）我的姊妹之曾孙男（男子呼） | ha-yä'-da | 我的孙男 | En irandám pêrǎn | 我的第二代孙男 |
| （38）我的姊妹之曾孙女（男子呼） | ka-yä'-da | 我的孙女 | En irandám pêrtti | 我的第二代孙女 |
| （39）我的兄弟之子（女子呼） | ha-soh-neh | 我的内侄男 | En mǎrǔmǎkǎn | 我的外甥男 |
| （40）我的兄弟之子之妻（女子呼） | ka'-sä | 我的媳 | En mǎkǎl | 我的女 |
| （41）我的兄弟之女（女子呼） | ka-soh'-neh | 我的内侄女 | En mǎrǔmǎkǎl | 我的外甥女 |
| （42）我的兄弟之女之夫（女子呼） | oc-na'-hose | 我的婿 | En mǎkǎn | 我的子 |
| （43）我的兄弟之孙男（女子呼） | ha-yä'-da | 我的孙男 | En pêrǎn | 我的孙男 |
| （44）我的兄弟之孙女（女子呼） | ka-yä'-da | 我的孙女 | En pêrtti | 我的孙女 |
| （45）我的兄弟之曾孙男（女子呼） | ha-yä'-da | 我的孙男 | En irandám pêrǎn | 我的第二代孙男 |
| （46）我的兄弟之曾孙女（女子呼） | ka-yä'-da | 我的孙女 | En irandám pêrtti | 我的第二代孙女 |

续表：

| 亲属关系 | 辛尼加·易洛魁的亲属称谓 | 译语 | 坦密耳的亲属称谓 | 译语 |
|---|---|---|---|---|
| （47）我的姊妹之子（女子呼） | ha-ah′-wuk | 我的子 | En măkăn | 我的子 |
| （48）我的姊妹之子之妻（女子呼） | ka′-sä | 我的媳 | En mărŭmăkăl | 我的外甥女 |
| （49）我的姊妹之女（女子呼） | ka-ah′-wuk | 我的女 | En măkăl | 我的女 |
| （50）我的姊妹之女之夫（女子呼） | oc-na′-hose | 我的婿 | En măkăn | 我的子 |
| （51）我的姊妹之孙男（女子呼） | ha-yä′-da | 我的孙男 | En pêrăn | 我的孙男 |
| （52）我的姊妹之孙女（女子呼） | ka-yä′-da | 我的孙女 | En pêrtti | 我的孙女 |
| （53）我的姊妹之曾孙男（女子呼） | ha-yä′-da | 我的孙男 | En irandám pêran | 我的第二代孙男 |
| （54）我的姊妹之曾孙女（女子呼） | ka- yä′-da | 我的孙女 | En irandám pêrtti | 我的第二代孙女 |
| （55）我的父亲之兄弟 | hä′-nih | 我的父 | En periya tăkkappăn　En seriya tăkkappan | 我的伯父（长于父者）我的叔父（幼于父者） |
| （56）我的父亲的兄弟之妻 | uc-no′-ese | 我的婶母 | En táy | 我的母 |
| （57）我的父亲的兄弟之子（长于己者） | hä′-je | 我的兄 | En tămaiyăn | 我的兄 |
| （58）我的父亲的兄弟之子（幼于己者） | ha′-gă | 我的弟 | En tambi | 我的弟 |
| （59）我的父亲的兄弟之子之妻 | ah-ge-ah′-ne-ah | 我的兄弟之妻 | En maittuni( o.)aṇṇi ( y.) | 我的表姊妹，弟妇 |

**续表：**

| 亲属关系 | 辛尼加·易洛魁的亲属称谓 | 译语 | 坦密耳的亲属称谓 | 译语 |
|---|---|---|---|---|
| （60）我的父亲的兄弟之女（长于己者） | ah'–je | 我的姊 | En akkarl b,tamakay | 我的姊 |
| （61）我的父亲的兄弟之女（幼于己者） | ka'–gǎ | 我的妹 | En tangaichchi b,tangay | 我的妹 |
| （62）我的父亲的兄弟之女之夫 | ha–yǎ–o | 我的姊妹之夫 | En mǎittǔnǎn | 我的姊妹夫或表兄弟 |
| （63）我的父亲的兄弟的子之子（男子呼） | ha–ah'–wuk | 我的子 | En mǎkǎn | 我的子 |
| （64）我的父亲的兄弟的子之子（女子呼） | ha–soh'–neh | 我的内侄男 | En mǎrǔmǎkǎn | 我的外甥男 |
| （65）我的父亲的兄弟的子之女（男子呼） | ka–ah'–wuk | 我的女 | En mǎkǎl | 我的女 |
| （66）我的父亲的兄弟的子之女（女子呼） | ka–soh'–neh | 我的内侄女 | En mǎrǔmǎkǎl | 我的外甥女 |
| （67）我的父亲的兄弟的女之子（男子呼） | ha–yǎ'–wän–da | 我的外甥男 | En mǎrǔmǎkǎn | 我的外甥男 |
| （68）我的父亲的兄弟的女之子（女子呼） | ha–ah'–wuk | 我的子 | En mǎkǎn | 我的子 |
| （69）我的父亲的兄弟的女之女（男子呼） | ka–yǎ–wän–da | 我的外甥女 | En mǎrǔmǎkǎl | 我的外甥女 |
| （70）我的父亲的兄弟的女之女（女子呼） | ka–ah'–wuk | 我的女 | En mǎkǎl | 我的女 |
| （71）我的父亲的兄弟之曾孙男 | ha–yä'–da | 我的孙男 | En pêrǎn | 我的孙男 |
| （72）我的父亲的兄弟之曾孙女 | ka–yä'–da | 我的孙女 | En pêrtti | 我的孙女 |
| （73）我的父亲的姊妹 | ah–ga'–huc | 我的姑母 | En attai | 我的姑母 |

**续表：**

| 亲属关系 | 辛尼加·易洛魁的亲属称谓 | 译语 | 坦密耳的亲属称谓 | 译语 |
|---|---|---|---|---|
| （74）我的父亲的姊妹之夫 | hoc-no′-ese | 我的继父 | En ma′man | 我的舅父 |
| （75）我的父亲的姊妹之子（男子呼） | ah-gǎre′-seh | 我的表兄弟 | En attán b,mǎittǔnǎn | 我的表兄弟 |
| （76）我的父亲的姊妹之子（女子呼） | ah-gǎre′-seh | 我的表兄弟 | En mǎchchǎn | 我的表兄弟 |
| （77）我的父亲的姊妹之子之妻 | ah-ge-ah′-ne-ah | 我的兄弟之妻 | En tangay | 我的妹 |
| （78）我的父亲的姊妹之女（男子呼） | ah-gǎre′-seh | 我的表姊妹 | En mǎittuni | 我的表姊妹 |
| （79）我的父亲的姊妹之女（女子呼） | ah-gǎre′-seh | 我的表姊妹 | En mǎchchi b,mǎchchǎrl | 我的表姊妹 |
| （80）我的父亲的姊妹之女之夫 | ha-yǎ-o′ | 我的姊妹之夫 | En aṇṇan（o.）tambi（y.） | 我的兄或弟 |
| （81）我的父亲的姊妹的子之子（男子呼） | ha-ah′-wuk | 我的子 | En mǎrǔmǎkǎn | 我的外甥男 |
| （82）我的父亲的姊妹的子之子（女子呼） | ha-soh′-neh | 我的内侄男 | En mǎkǎn | 我的子 |
| （83）我的父亲的姊妹的子之女（男子呼） | ka-ah′-wuk | 我的女 | En mǎrǔmǎkǎl | 我的外甥女 |
| （84）我的父亲的姊妹的子之女（女子呼） | ka-soh′-neh | 我的内侄女 | En mǎkǎl | 我的女 |
| （85）我的父亲的姊妹的女之子（男子呼） | ha-yǎ′-wän-da | 我的外甥男 | En mǎkǎn | 我的子 |
| （86）我的父亲的姊妹的女之子（女子呼） | ha-ah′-wuk | 我的子 | En mǎrǔmǎkǎn | 我的外甥男 |
| （87）我的父亲的姊妹的女之女（男子呼） | ka-yǎ′-wän-da | 我的外甥女 | En mǎkǎl | 我的女 |

**续表：**

| 亲属关系 | 辛尼加·易洛魁的亲属称谓 | 译语 | 坦密耳的亲属称谓 | 译语 |
|---|---|---|---|---|
| （88）我的父亲的姊妹的女之女（女子呼） | ka-ah'-wuk | 我的女 | En mărŭmăkăl | 我的处甥女 |
| （89）我的父亲的姊妹之曾孙男 | ha-yä'-da | 我的孙男 | En pêrăn | 我的孙男 |
| （90）我的父亲的姊妹之曾孙女 | ka-yä'-da | 我的孙女 | En pêrtti | 我的孙女 |
| （91）我的母亲的兄弟 | hoc-no'-seh | 我的舅父 | En mamăn | 我的舅父 |
| （92）我的母亲的兄弟之妻 | ah-gă-ně-ah | 我的舅母 | En măme | 我的舅母 |
| （93）我的母亲的兄弟之子（男子呼） | ah-găre'-seh | 我的表兄弟 | En măittŭnăn | 我的表兄弟 |
| （94）我的母亲的兄弟之子（女子呼） | ah-găre'-seh | 我的表兄弟 | En măchchăn | 我的表兄弟 |
| （95）我的母亲的兄弟之子之妻 | ah-ge-ah'-ne-ah | 我的兄弟之妻 | En tăngay | 我的妹 |
| （96）我的母亲的兄弟之女（男子呼） | ah-găre'-seh | 我的表姊妹 | En măittŭni | 我的表姊妹 |
| （97）我的母亲的兄弟之女（女子呼） | ah-găre'-seh | 我的表姊妹 | En măchchärl | 我的表姊妹 |
| （98）我的母亲的兄弟之女之夫 | ha-yä'-o | 我的姊妹之夫 | En annan（o.）tambi（y.） | 我的兄或弟 |
| （99）我的母亲的兄弟的子之子（男子呼） | ha-ah'-wuk | 我的子 | En mărŭmăkăn | 我的外甥男 |
| （100）我的母亲的兄弟的子之子（女子呼） | ha-soh'-neh | 我的内侄男 | En măkăn | 我的子 |
| （101）我的母亲的兄弟的子之女（男子呼） | ka-ah'-wuk | 我的女 | En mărŭmăkăl | 我的外甥女 |

续表：

| 亲属关系 | 辛尼加·易洛魁的亲属称谓 | 译语 | 坦密耳的亲属称谓 | 译语 |
|---|---|---|---|---|
| （102）我的母亲的兄弟的子之女（女子呼） | ka-soh'-neh | 我的内侄女 | En măkăl | 我的女 |
| （103）我的母亲的兄弟的女之子（男子呼） | ha-yă'-wän-da | 我的外甥男 | En măkăn | 我的子 |
| （104）我的母亲的兄弟的女之子（女子呼） | ha-ah'-wuk | 我的子 | En mărŭmăkăn | 我的外甥男 |
| （105）我的母亲的兄弟的女之女（男子呼） | ka-yă'-wän-da | 我的外甥女 | En măkăl | 我的女 |
| （106）我的母亲的兄弟的女之女（女子呼） | ka-ah'-wuk | 我的女 | En mărŭmăkăl | 我的外甥女 |
| （107）我的母亲的兄弟之曾孙男 | ha-yă'-da | 我的孙男 | En pêrăn | 我的孙男 |
| （108）我的母亲的兄弟之曾孙女 | ka- yă'-da | 我的孙女 | En pêrtti | 我的孙女 |
| （109）我的母亲的姊妹 | no-yeh' | 我的母 | En { pêriyă táy（长于母者） sĕriyă táy（幼于母者） | 我的长母 我的少母 |
| （110）我的母亲的姊妹之夫 | hoc-no'-ese | 我的继父 | En tăkkăppăn（长或少） | 我的父（伯父或叔父） |
| （111）我的母亲的姊妹之子（长于己者） | hä'-je | 我的兄 | En tămăiyăn, b, aṉṉan | 我的兄 |
| （112）我的母亲的姊妹之子（幼于己者） | ha'-gă | 我的弟 | En tambi | 我的弟 |
| （113）我的母亲的姊妹之子之妻 | ah-ge-ah'-ne-ah | 我的兄弟之妻 | En măittŭni | 我的嫂弟妇或表姊妹 |
| （114）我的母亲的姊妹之女（长于己者） | ah'-je | 我的姊 | En akkàrl,b,tămăkay | 我的姊 |

续表：

| 亲属关系 | 辛尼加·易洛魁的亲属称谓 | 译语 | 坦密耳的亲属称谓 | 译语 |
|---|---|---|---|---|
| （115）我的母亲的姊妹之女（幼于己者） | ka'-gǎ | 我的妹 | En tǎngǎichchi,b,tangay | 我的妹 |
| （116）我的母亲的姊妹之女之夫 | ha-yǎ'-o | 我的姊妹之夫 | En mǎittǔnǎn | 我的姊妹夫或表兄弟 |
| （117）我的母亲的姊妹的子之子（男子呼） | ha-ah'-wuk | 我的子 | En mǎkǎn | 我的子 |
| （118）我的母亲的姊妹的子之子（女子呼） | ha-soh'-neh | 我的内侄男 | En mǎrǔmǎkǎn | 我的外甥男 |
| （119）我的母亲的姊妹的子之女（男子呼） | ka-ah'-wuk | 我的女 | En mǎkǎl | 我的女 |
| （120）我的母亲的姊妹的子之女（女子呼） | ka-soh'-neh | 我的内侄女 | En mǎrǔmǎkǎl | 我的外甥女 |
| （121）我的母亲的姊妹的女之子（男子呼） | ha-yǎ'-wän-da | 我的外甥男 | En mǎrǔmǎkǎn | 我的外甥男 |
| （122）我的母亲的姊妹的女之子（女子呼） | ha-ah'-wuk | 我的子 | En mǎkǎn | 我的子 |
| （123）我的母亲的姊妹的女之女（男子呼） | ka-yǎ'-wän-da | 我的外甥女 | En mǎrǔmǎkǎl | 我的外甥女 |
| （124）我的母亲的姊妹的女之女（女子呼） | ka-ah'-wuk | 我的女 | En mǎkǎl | 我的女 |
| （125）我的母亲的姊妹之曾孙男 | ha-yä'-da | 我的孙男 | En pêrǎn | 我的孙男 |
| （126）我的母亲的姊妹之曾孙女 | ka-yä'-da | 我的孙女 | En pêrtti | 我的孙女 |
| （127）我的父之父的兄弟 | hoc'-sote | 我的祖父 | En pǎddǎn（单数及复数） | 我的祖父,伯或叔 |
| （128）我的父之父的兄弟之子 | hä'-nih | 我的父 | En tǎkkǎppǎn（单数及复数） | 我的父,伯或叔 |

续表：

| 亲属关系 | 辛尼加·易洛魁的亲属称谓 | 译语 | 坦密耳的亲属称谓 | 译语 |
|---|---|---|---|---|
| （129）我的父之父的兄弟的子之子（长于己者） | hä'–je | 我的兄 | En aṇṇan,b,tămăiyăn | 我的兄 |
| （130）我的父之父的兄弟的子之子（幼于己者） | ha'–gǎ | 我的弟 | En tambi | 我的弟 |
| （131）我的父之父的兄弟的子之子之子（男子呼） | ha-ah'–wuk | 我的子 | En măkăn | 我的子 |
| （132）我的父之父的兄弟的子之子之子（女子呼） | ka-soh'–neh | 我的内侄男 | En mărŭmăkăn | 我的外甥男 |
| （133）我的父之父的兄弟的子之子之女（男子呼） | ka-ah'–wuk | 我的女 | En măkăl | 我的女 |
| （134）我的父之父的兄弟的子之子之女（女子呼） | ka-soh'–neh | 我的内侄女 | En mărŭmăkăl | 我的外甥女 |
| （135）我的父之父的兄弟之玄孙男 | ha-yä'–da | 我的孙男 | En pêrăn | 我的孙男 |
| （136）我的父之父的兄弟之玄孙女 | ka-yä'–da | 我的孙女 | En pêrtti | 我的孙女 |
| （137）我的父之父的姊妹 | oc'–sote | 我的祖母 | En păddi（单数及复数） | 我的祖母,伯或叔 |
| （138）我的父之父的姊妹之女 | ah-ga'–huc | 我的姑母 | En táy（单数及复数） | 我的母，大或小 |
| （139）我的父之父的姊妹的女之女（男子呼） | ah–găre'–seh | 我的表姊妹 | En tămăkăy(o.) tăngăy(y.) | 我的姊或妹 |
| （140）我的父之父的姊妹的女之女（女子呼） | ah–găre'–seh | 我的表姊妹 | En tămăkăy(o.) tăngăy(y.) | 我的姊或妹 |
| （141）我的父之父的姊妹的女之女之子（男子呼） | ha-yă'–wän-da | 我的外甥男 | En mărŭmăkăn(?) | 我的外甥男 |

续表：

| 亲属关系 | 辛尼加·易洛魁的亲属称谓 | 译语 | 坦密耳的亲属称谓 | 译语 |
|---|---|---|---|---|
| （142）我的父之父的姊妹的女之女之子（女子呼） | ha-ah'-wuk | 我的子 | En măkăn(?) | 我的子 |
| （143）我的父之父的姊妹的女之女之女（男子呼） | ka-yǎ'-wän-da | 我的外甥女 | En mărŭmăkăl(?) | 我的外甥女 |
| （144）我的父之父的姊妹的女之女之女（女子呼） | ka-ah'-wuk | 我的女 | En măkăl(?) | 我的女 |
| （145）我的父之父的姊妹之玄孙男 | ha-yä'-da | 我的孙男 | En pêrăn | 我的孙男 |
| （146）我的父之父的姊妹之玄孙女 | ka-yä'-da | 我的孙女 | En pêrtti | 我的孙女 |
| （147）我的母之母的兄弟 | hoc'-sote | 我的祖父 | En păddăn（单数及复数） | 我的祖父，伯或叔 |
| （148）我的母之母的兄弟之子 | hoc-no-seh | 我的舅父 | En măman | 我的舅父 |
| （149）我的母之母的兄弟的子之子（男子呼） | ah-gǎre'-seh | 我的表兄弟 | En măittŭnăn | 我的表兄弟 |
| （150）我的母之母的兄弟的子之子（女子呼） | ah-gǎre'-seh | 我的表兄弟 | En măchchăn | 我的表兄弟 |
| （151）我的母之母的兄弟的子之子之子（男子呼） | ha-ah'-wuk | 我的子 | En mărŭmăkăn | 我的外甥男 |
| （152）我的母之母的兄弟的子之子之子（女子呼） | ha-soh'-neh | 我的内侄男 | En măkăn | 我的子 |
| （153）我的母之母的兄弟的子之子之女（男子呼） | ka-ah'-wuk | 我的女 | En mărŭmăkăl | 我的外甥女 |

续表：

| 亲属关系 | 辛尼加·易洛魁的亲属称谓 | 译语 | 坦密耳的亲属称谓 | 译语 |
|---|---|---|---|---|
| （154）我的母之母的兄弟的子之子之女（女子呼） | ka–soh'–neh | 我的内侄女 | En măkăl | 我的女 |
| （155）我的母之母的兄弟之玄孙男 | ha–yä'–da | 我的孙男 | En pêrăn | 我的孙男 |
| （156）我的母之母的兄弟之玄孙女 | ka–yä'–da | 我的孙女 | En pêrtti | 我的孙女 |
| （157）我的母之母的姊妹 | oc'–sote | 我的祖父 | En păddi（单数及复数） | 我的祖母，伯或叔 |
| （158）我的母之母的姊妹之女 | no–yeh' | 我的母 | En táy（单数及复数） | 我的母，大或小 |
| （159）我的母之母的姊妹的女之女（长于己者） | ah'–je | 我的姊 | En tămăkăy | 我的姊 |
| （160）我的母之母的姊妹的女之女（幼于己者） | ka'–ga | 我的妹 | En tăngăy | 我的妹 |
| （161）我的母之母的姊妹的女之女之子（男子呼） | ha–yă'–wän–da | 我的外甥男 | En mărumăkăn | 我的外甥男 |
| （162）我的母之母的姊妹的女之女之子（女子呼） | ha–ah'–wuk | 我的子 | En măkăn | 我的子 |
| （163）我的母之母的姊妹的女之女之女（男子呼） | ka–yă'–wän–da | 我的外甥女 | En mărŭmăkăl | 我的外甥女 |
| （164）我的母之母的姊妹的女之女之女（女子呼） | ka–ah'–wuk | 我的女 | En măkăl | 我的女 |
| （165）我的母之母的姊妹之玄孙男 | ha–yä'–da | 我的孙男 | En pêrăn | 我的孙男 |
| （166）我的母之母的姊妹之玄孙女 | ka–yä'–da | 我的孙女 | En pêrtti | 我的孙女 |

续表：

| 亲属关系 | 辛尼加·易洛魁的亲属称谓 | 译语 | 坦密耳的亲属称谓 | 译语 |
|---|---|---|---|---|
| （167）我的父之父之父的兄弟 | hoc′–sote | 我的祖父 | En irandám pǎddan | 我的第二代祖父 |
| （168）我的父之父之父之兄弟之子 | hoc′–sote | 我的祖父 | En pǎddan（单数及复数） | 我的祖父，伯或叔 |
| （169）我的父之父之父的兄弟之子之子 | hä′–nih | 我的父 | En tǎkǎppǎn（单数及复数） | 我的父，伯或叔 |
| （170）我的父之父之父的兄弟的子之子之子之子（男子呼） | ha–ah′–wuk | 我的子 | En mǎkǎn | 我的子 |
| （171）我的父之父之父的兄弟的子之子之子之子之子 | ha–yä′–da | 我的孙男 | En pêrǎn | 我的孙男 |
| （172）我的父之父之父的姊妹 | oc′–sote | 我的祖母 | En irandám pǎddi | 我的第二代祖母 |
| （173）我的父之父之父的姊妹之女 | oc′–sote | 我的祖母 | En pǎddi（单数及复数） | 我的祖母，伯或叔 |
| （174）我的父之父之父的姊妹的女之女 | no–yeh′ | 我的母 | En táy（单数及复数） | 我的母，大或小 |
| （175）我的父之父之父的姊妹的女之女之女之女（男子呼） | ah′–je | 我的姊 | En tǎmǎkǎy b, tǎngǎy(?) | 我的姊或妹 |
| （176）我的父之父之父的姊妹的女之女之女之女 | ha–soh′–neh | 我的内侄女 | En mǎrǔmǎkǎl | 我的外甥女 |
| （177）我的父之父之父的姊妹的女之女之女之女之女 | ha–yä′–da | 我的孙女 | En pêrtti | 我的孙女 |
| （178）我的母之母之母的兄弟 | hoc′–sote | 我的祖父 | En irandám pǎddan | 我的第二代祖父 |
| （179）我的母之母之母的兄弟之子 | hoc′–sote | 我的祖父 | En pǎddan（单数或复数） | 我的祖父，伯或叔 |

续表：

| 亲属关系 | 辛尼加·易洛魁的亲属称谓 | 译语 | 坦密耳的亲属称谓 | 译语 |
|---|---|---|---|---|
| （180）我的母之母之母的兄弟的子之子 | hoc-no'-seh | 我的舅父 | En mămăn | 我的舅父 |
| （181）我的母之母之母的兄弟的子之子之子（男子呼） | ah-gǎre'-seh | 我的表兄弟 | En măittǔnăn | 我的表兄弟 |
| （182）我的母之母之母的兄弟的子之子之子之子（女子呼） | ha-ah'-wuk | 我的子 | En mărǔmăkăn | 我的外甥男 |
| （183）我的母之母之母的兄弟的子之子之子之子之子 | ha-yä'-da | 我的孙男 | En pêrăn | 我的孙 |
| （184）我的母之母之母的姊妹 | oc'-sote | 我的祖母 | En irandám păddi | 我的第二代祖母 |
| （185）我的母之母之母的姊妹之女 | oc'-sote | 我的祖母 | En păddi（单数或复数） | 我的祖母，伯或叔 |
| （186）我的母之母之母的姊妹的女之女 | no-yeh' | 我的母 | En táy（单数或复数） | 我的母，大或小 |
| （187）我的母之母之母的姊妹的女之女之女（长于己者） | ah'-je | 我的姊 | En akkárl | 我的姊 |
| （188）我的母之母之母的姊妹的女之女之女之女（男子呼） | ka-yǎ'-wän-da | 我的外甥女 | En măkăl | 我的女 |
| （189）我的母之母之母的姊妹的女之女之女之女之女 | ka-yä'-da | 我的孙女 | En pêrtti | 我的孙女 |
| （190）我的夫 | da-yake'-ne | 我的夫 | En kănăvan,b,purnshan | 我的夫 |
| （191）我的妻 | da-yake'-ne | 我的妻 | En măinavi, b, pernchátti | 我的妻 |

续表：

| 亲属关系 | 辛尼加·易洛魁的亲属称谓 | 译语 | 坦密耳的亲属称谓 | 译语 |
|---|---|---|---|---|
| （192）我的夫之父 | hä-ga'-sä | 我的翁 | En mámǎn,b,mámanär | 我的舅父或翁 |
| （193）我的夫之母 | ong-ga'-sä | 我的姑 | En mámi,b,mánnai | 我的舅母或姑 |
| （194）我的妻之父 | oc-na'-hose | 我的岳父 | En mǎmǎn | 我的舅父或父 |
| （195）我的妻之母 | oc-ná-hose | 我的岳母 | En mámi | 我的舅母 |
| （196）我的婿 | oc-ná-hose | 我的婿 | En mápillai,b,mǎrǔmǎkǎn | 我的婿或外甥男 |
| （197）我的媳 | ka'-sä | 我的媳 | En mǎrǔmǎkǎl | 我的外甥女 |
| （198）我的继父 | hoc-no'-ese | 我的后父 |  | （寡妇不得再嫁） |
| （199）我的继母 | oc-no'-ese | 我的后母 | En seriya táy | 我的小母 |
| （200）我的妻之前夫之子，或夫之前妻之子 | há-no | 我的继子 | En mǎkǎn | 我的子 |
| （201）我的妻之前夫之女，或夫之前妻之女 | ká-no | 我的继女 | En mǎkǎl | 我的女 |
| （202）我的异父或异母兄弟 |  |  | En aṉṉan(o.)tambi(y.) | 我的兄或弟 |
| （203）我的异父或异母姊妹 |  |  | En akkárl (o.) tǎngǎy(y.) | 我的姊或妹 |
| （204）我的夫之兄弟 | ha-yǎ'-o | 我的伯、叔 | En mǎittǔnǎn | 我的表兄弟 |
| （205）我的姊妹之夫（男子呼） | ah-ge-ah'-ne-o | 我的姊夫和妹夫 | En mǎittǔnǎn | 我的表兄弟 |
| （206）我的姊妹之夫（女子呼） | ha-yǎ'-o | 我的姊夫和妹夫 | En attan(o.)maichchǎn | 我的表兄弟 |
| （207）我的妻之兄弟 | ah-ge-ah'-ne-o | 我的舅兄弟 | En mǎittǔnǎn | 我的表兄弟 |

续表：

| 亲属关系 | 辛尼加·易洛魁的亲属称谓 | 译语 | 坦密耳的亲属称谓 | 译语 |
|---|---|---|---|---|
| （208）我的妻之姊妹之夫 | 亲族之外 | | En salăkăn | 我的连襟 |
| （209）我的夫之姊妹之夫 | 亲族之外 | | En sakotaran | 我的兄弟们 |
| （210）我的妻之姊妹 | ka-yǎ′-o | 我的姨姊、姨妹 | En korlunti(o.)măittŭini | 我的表姊妹 |
| （211）我的夫之姊妹 | ah-ge-ah′-ne-o | 我的小姑 | En nattănae | 我的小姑 |
| （212）我的兄弟之妻（男子呼） | ka-yǎ-o | 我的嫂、弟妇 | En anni(o.)măittŭni(y.) | 我的表姊妹 |
| （213）我的兄弟之妻（女子呼） | ah-ge-ah′-ne-o | 我的嫂、弟妇 | En anni(o.)măittŭni(y.) | 我的表姊妹 |
| （214）我的夫之兄弟之妻 | 亲族之外 | | En orakatti | 我的妯娌 |
| （215）我的妻之兄弟之妻 | 亲族之外 | | En tămăkăy(o.)tăngăy(y.) | 我的姊妹 |
| （216）寡妇 | go-no-kw′-yes′-hä-ah | 寡妇 | En kiempun | 寡妇 |
| （217）鳏夫 | ho-no-kw′-yes′-hä-ah | 鳏夫 | | |
| （218）双生子 | tas-geek′-hǎ | 双生子 | Dithambathie | 双生子（梵语） |

〔注意〕表中的 En 即"我的"之意。

# 第四章

# 对偶家族及父权家族

## 对偶家族及其特征

当美洲的土著初次被发现时，其中之处在开化低级状态中的一部分，他们的家族形态已经进到了对偶家族制。婚姻关系中的大团体——这种团体在以前的时代中必定是存在的——已经消逝了；继之而起者则为成对的婚配，形成区分明确、虽然只是部分地个别化的家族。在这种家族之中，可以发现单偶制家族的萌芽，不过在若干基本特点上则在单偶制之下。

对偶家族是一种特殊的及奇异的家族制度。通常几个这样的家族住居于一个住宅之中，形成一个共同的大家族，在其日常生活中实行共产主义的原则。几个这样的家族结合于一个共同的大家族之中的这一事实，其自身即显示着这种家族是一种很薄弱的组织，不足以单独抵御人类生活上所遇着的艰辛。虽是如此，这种家族的基础却建立在一男一女之间的婚姻关系之上，而具有单偶家族制的若干特征。到了这一时期，妇女不仅只是她丈夫的主要的妻子了；她是他的伴侣，是他的饮食的炊爨者，她是他子女的母亲，对于这些子女他现在才有一些自信认为是他自己亲生的子女。对子女的生育以及共同地对子女的养护，倾向于使这种结合凝固而臻于永久。

但是这种婚姻制度正如这种家族制度一样，也是特异的。男子之求妻，并不是像在文明社会中一样，本诸爱情；爱情为何事，在他们之中是不知道的，因为这需要一种比他们所达到的进步程度较为更高的发展。所以婚姻并不是建立在情感之上，而是以方便及需要之上。实际上，子女的婚姻都是由其母亲安排的，一般地说，母亲之为子女议婚，事前并不让结婚的当事者知悉，亦不需要征得他们的同意。因为这个缘故，所以每每两个全不相识的男女倏忽之间便结合在婚姻的关系之中了。当到适当的时期，他们被通知结婚了，并举行一种简单的结婚仪式。这即是在易洛魁人及其他许多印第安人部落中所通行的结婚风俗。服从母亲所定的婚约是一种义务，结婚的当事者鲜有拒绝的。在结婚以前，男方对于新妇氏族亲属中的最亲近者，赠以礼物，含有一种购买赠礼的性质，这是这种婚姻手续中的一个特色。虽是如此，婚姻关系只能保持到结婚当事者所愿意继续的期间为止，不能出此以外。这就是因为这种原因，所以适当地将其区分出为对偶家族。丈夫可随意离弃他的原妻而另娶一妻，人亦不视为不义；妻亦享有同等的权利，可随意离弃她的原有的丈夫而另嫁一丈夫，也并不违反她氏族与部落的习惯。但是，到了后来，反对这种两性间互相离弃的公共的感情，渐次地形成而发展成为一种力量了。如果婚配的男女间发生了意见而离异迫在眉睫时，他们双方氏族中的亲族便出来试图和解，亦往往得到成功；万一他们间的困难无法排除，也只好听随他们分离。于是妻子便携带她的子女——这些子女都视为是她所有的——以及她个人的财产，离开她丈夫的家庭，她的丈夫对于这些财物不能有任何要求；如果在共同住宅内妻的亲族占着多数——通常的情形都是如此——那么，丈夫便离开他妻子的家庭。[①] 如此，婚姻关系的继续与否，实以当事者的个人的意志而定。

在这种婚姻关系上还有另外一种特点，显示着在开化低级状态中的美洲土著还没有达到单偶制所要求的道德上的发展。譬如在易洛魁人间，他们是精神发展程度很高的开化部落，以及在一般与易洛魁人有同等进步的印第安人诸部落间，男子可用严厉的惩罚来对他的妻子要求贞操，但男子自身却不承认有相互的义务。然而，只要求片面的贞操而不要求对方的贞操，是不能维持恒久的。再者，多妻则普遍

---

① 已故的来特牧师，是多年在辛尼加部落间的一个传教师，关于这个问题他在一八七三年写给著者如下："至于他们的家族制度，当他们居住在旧式的长屋之中时，大约是某一个氏族占着优势，妇女从其他的氏族招赘丈夫，有时为着新奇，他们的儿子们当中的某些人，将他们的年青妻子，当她感觉到有充分的勇气离开她们的母亲的时候，把她们带进长屋中来同居。通常是女子们支配长屋，无疑地，她们是十分偏狭的。各种贮藏品都是共有的；但是，那些不幸的丈夫或爱人，若是他太无筹划而不能供应其日常生活的一份时，他就糟糕了。不管他有多少子女，不管他有多少物品放在这个屋内，他可以随时被命令收拾起他的被盖，而自己滚蛋。当这种命令发出以后，如果他企图反抗，那么对于他将是很不舒服的。他妻的家将使他不可一日居，除非某一姑母或祖母出来居间调停，他只好回到他自己的氏族中去；或者，如通常人们所做的一样，去另寻新欢。妇女在氏族中，和在其他的地方一样，握有强大的势力。在情况需要之下，她们毫不踌躇地从酋长的头上'摘下角来'（有如其专门术语所说）把他送回到普通武士的行列中去。酋长选举的最初提名，总是掌握在她们的手中的。"上面的一些记载，可以说明巴可芬在其《母权》一书中所讨论的妇女政治。

地认为是男子的特权，虽然这种风尚由于男子的无力供给这种纵肆而受到限制。此外，尚有其他的风俗，进一步地显示着他们是在单偶制这个伟大制度所正确范围的概念以下的，这些风俗不必一一的列举了。例外是很可能存在的。但是我相信在一般开化诸部落间，将被发现是同等真实的。区别对偶家族于单偶家族的主要特征——虽然有陷于很多例外的危险——则是在对偶家族中缺乏一种独占的同居。旧有的婚姻制度——其记录仍然保存在他们的亲属制度之中——无疑地是残留了下来，但是，是在缩小与限制的形态之下残留下来的。

在开化中级状态中的村落印第安人间，就我们所知道的事实而言，也没有什么本质上的差异。将美洲土著间关于结婚与离婚的风俗一为比较，便可发现其间所存在的高度一致性，足以证明这种风俗原来是同一的。在这里只能举出少数的例证。克拉微嘿洛说在阿兹忒克人中："父母是所有婚姻的决定人，从来没有过没有经父母承诺的婚姻。"① "一个祭司将新娘的长外衣的一端与新郎的大衫的一端系接起来，在这种仪式中婚约就算主要地完成了。"② 厄累剌在叙述了同样的仪式以后，说道："新娘携来的所有物品，都是牢牢地记着的，如果遇到离婚的时候——离婚在他们当中是常有的事——新娘的物品可以分开来还她；在离婚时男子取所生的女儿，妻则取男儿，从此以后双方婚嫁自由。"③

---

① 《墨西哥史》第二章，九九页，Cullen 译，一八一七年费城版。
② 同上书，一〇一页。
③ 《美洲史》第一卷，第三章，二一七页。

　　照上面所引的例证看来，便可以明白在阿兹忒克印第安人间对于妻子的选择，并不较在易洛魁人间为一种个人之事。在这两个部落间关于婚姻的问题与其说是属于个人的事件，毋宁说是属于公众的或氏族的事件，因为这个缘故，所以婚姻问题还是停留在亲权的绝对支配之下的。在印第安人的生活中，未婚男女间的社交关系是极其罕见的；因为没有恋爱的发生，所以也没有恋爱被这种婚姻所妨碍的，在这种婚姻中，个人的愿望是不加考虑的，事实上也不重要。进而，在阿兹忒克部落间一如在易洛魁部落间一样，妻的所有品是分别保管的，如遇离婚的时候——如上面所引著者所记是常有的现象——她可以依照印第安人的一般习惯，保留她的物品。最后，在易洛魁人中当离婚之际，妻子携去其所有的子女，而在阿兹忒克人间则为夫取其女，妻取其子；这是古代风俗的一种修改，并暗示在一个以前的时代中，易洛魁印第安人的法则在阿兹忒克人的祖先中是存在过的。

　　厄累刺在一般地论到关于犹嘎旦地方的居民后，进而说道："从前他们的年龄达到二十岁的时候方才结婚，后来仅到十二岁或十四岁时便结婚了，他们对于他们的妻子并没有爱情，每每因些极小的事件而至离婚。"[1]犹嘎旦的玛雅人在文化上及发展上都高于阿兹忒克人；但是他们的婚姻是由需要的原则所支配，而不是由个人的选择而决定，所以两性关系的不固定以及离婚随着任何一方的意志而行之，也就不足惊异了。还有一层，在村落印第安人间，多妻一般认为是男子的权利，而且多妻之风在他们之间的流行较诸进步程度较低的其他诸

————————————

[1]　《美洲史》第四章，一七一页。

部落间似乎要普遍一些。关于纯粹印第安人的制度的一瞥，同时也是开化人的制度的一瞥，以有力的方式揭露了在相对进步的土著中的实际情况。像婚姻关系这种纯属个人的事件，当事者的愿望与选择尚且不加以咨询，这些人民的开化的情况并不需要更好的证据也就可以明了了。

## 氏族制对于对偶家族的影响

其次，我们将讨论由群婚家族所产生出来的情况对于发展对偶家族的某些影响。在群婚家族制度之下由于当时社会情状的必要，多少已有一些一男一女结成配偶的事实，每一个男子在其群妻之中有一个主妻，每一个女子在其群夫之中有一个主夫，所以在群婚家族一开始时就有走向对偶家族的倾向。

氏族组织是完成这种结果的主要媒介，不过是通过长期的及逐渐的过程的。第一，氏族制并没有立即打破由习惯而成立的团体内婚；而只是禁止在氏族中同胞兄弟姊妹的结婚以及同胞姊妹的子女的结婚；因为他们都是属于同一氏族的。同胞兄弟还是仍然可以共有他们的妻室，同胞姊妹也可以共有她们的丈夫；因之，氏族制除了缩小其范围而外并不曾直接干涉群婚婚姻。但是，氏族制却把氏族内每一个祖先的一切女系后裔，永久地从婚姻关系中予以排除，这种事实是在以前的群婚团体之上的一个重大的革新。当氏族再行分割之时，这种婚姻的禁令亦随之而带到其各支之中去了，并且经过了长期的时间，有如我们曾经在易洛魁人中所发现的一样。第二，氏族制在机构上及原则上，倾向于造成一种反对血亲结婚的偏见，因为由于氏族外婚的实行，无血缘关系者相互间结婚的利益次第为人所发现了。这种偏见似乎日益发展，直至最后唤起一种反对血族结婚的公共情绪，在美洲土著中当其被发现时，这种情绪已经变成极其普遍了。[①]例如，在易洛魁人中，在亲属表内所列举的血亲中，没有一个是能够结婚的。这样一来，于是男子求妻便不能不求之于自己所属的氏族以外，其结果，由交涉或购买的风气便继之而起。当氏族制的影响变成普遍的时候，它必定一步一步地从以前妻子的众多引向妻子的缺乏；其结果遂逐渐地缩小了群婚团体中的人数。这种结论我认为是合理的，因为我们有充分的根据来假定在图兰式亲属制形成的时候这种团体是存在的。虽然这种亲属制尚存在，可是这种团体现在却已经消灭了。这种团体必定是渐次衰落的，最后随着对偶家族的普遍地成立遂至消灭于无形。第三，在求妻的时候，他们并不限于他们自己的部落以内，甚至于也不限于与他们有友好关系的部落以内，亦可从敌对的部落中用武力俘获妇女作为妻室。这就为印第安人对于女性俘虏保全其生命、而对于男性俘虏则处以死刑的风俗，提供了一种理由。当妻子变为由购买或俘获而得到的时候，愈变为由努力与牺牲而得到的时候，那么他们将绝不轻易地把妻子与他人共享了。这种现象，至少会引起

---

① 在佘安人（Shyans）中的一个酋长告诉了著者一件事情，即在他们之间，有从兄妹二人违反了他们部落习惯而结了婚。在佘安人中对于这种行为并没有什么处罚；不过后来不断地遭遇到他们的伙伴的嘲笑，于是他们不能与这种偏见作斗争，遂自动地离婚了。

与生存上无直接参于关系而纯属于理论上的团体中的那一部分从婚姻关系中予以除外，因之，更形缩小家族的大小与婚姻制度的范围。实际上，这种团体从一开始也就倾向于限制它自身于同胞兄弟以内，他们彼此共有他们的妻室；及同胞姊妹以内，她们彼此共有她们的丈夫。第四，氏族制创造了一种比以前所知道的社会的较高的有机组织，把它作为一种社会制度而论，具有进到文明以前足以顺应人类需要的发展上的机能。同着社会在氏族制度之下的进步，便为对偶家族制的出现准备好了途径。

这种新习惯的影响，它把没有血缘关系的人们带入婚姻关系以内，必定给予了社会以一种异常的冲动。这种习惯倾向于创造出一种在心身上比较健强活跃的种族。在各不同种族的结合增益中所获得的利益，曾在人类的发展上给予了强大的影响。当两个具有健强心身特征的向前进展的部落，由于开化状态生活中的偶然事件，使其合拢来而混合成为一个民族时，其新生的头骨与脑髓将增阔及增长而达到两者能量的总合。像这样的一个种族，将是两个部落上的一种改良，其优越性将在其智能及数目的增加上把它自身表现出来

## 对偶的倾向是一种后期的发展

由上面的讨论便可知道现在在文明种族之间如此强烈发展的对偶的倾向，等到群婚婚姻制开始消灭以前，在人类心灵中一直未有形

成。固然，在习惯允许这种特权的地方，无疑地例外是有的；但是，它在对偶家族出现以前却没有形成为一般的现象。所以，这种倾向对于人类不能称为是正常的，它也如人类心灵的其他一切强大的情欲以及力量一样，是由经验发展而来的一种结果。

倾向于阻碍对偶家族制发展的另外一种势力，现在可加以论述。在开化人之间，由于武器的改良与战争诱因的增强，所以战争对于生命的毁灭较之在野蛮人之间更为加甚。不拘在那一时期与那一种社会状态里面，男子总是从事战斗任务的，这种事实倾向于改变男女两性间的平衡而使女子过剩。这样就很明显地造成加强由集体婚姻所建立的婚姻制度的趋势。同时，由于这种事实对于两性关系及对于女子的人格与尊严，维持着一种低级的情绪，所以也阻碍了对偶家族制的进步。

在另一方面，在美洲土著间继玉蜀黍及其他植物的栽培所引起的生活上的改善，必定有利于家族制度的一般的进展。它将人们引向定居，引向更多技术的利用，房屋建筑的改善以及一种更合理的生活。勤劳与俭约——固然在程度上是有限制的——及生活保障之增加，由一对男女所构成的家族亦必随之而形成。当这些利益愈被认识，这样一种的家族制将愈益变成巩固，其个性也将愈益增加。在以前受着共同大家族的保护，在其中这样一群的家族继群婚团体而起，现在却能从其自身得到支持，从其大家族、从其夫妻各自所属的氏族，得到支持。从野蛮时代到开化低级状态的过渡所显示的社会方面的伟大的进展，与之随而俱来的必定有一种相应的家族状态的改善，而家族制度发展的途程则是稳步向上走向单偶制的。如果对偶家族的存在不曾被知道的话，假定一端是群婚家族，其他一端是单偶家族，像对偶家族这样一种中间形态的出现是可以预料的。对偶家族在人类的经验中是经过了一个长久的时期的。它发端于野蛮时代与开化时代相交的期间，经过了开化时代的中期和晚期的一大部分，当其时为一种低级形态的单偶家族所代替。这种家族制为当时的婚姻制度所隐蔽着，由于社会的次第进步它才为人们所认识。人类的自私，有如从女性方面所显示者，推迟了严格的单偶制的实现，直等到将人类导入文明的心灵上的伟大沸腾时期。

在对偶家族以前曾出现了两种家族形态，并创造了两种大亲属制度——或者毋宁说是同一制度的两种不同的形态；但是，这种第三种家族，既未产生出一种新的亲属制，也不曾对旧有的亲属制予以显著的改变。由婚姻而生的某些亲属关系似乎曾经改变而与新家族制中的婚姻亲属关系相一致，但是，亲属制的基本要素则保持未变。事实上，对偶家族制在一无法知道的长时期中，为一种假的及与现存的大部分亲属关系不相符的亲属制所笼罩，它却无力来将其打破，这即是对偶家族较单偶家族为低下的一种充分的理由，单偶制则是能够融解这种亲属机构的新生力量。虽然对偶家族制没有一种特殊的亲属制度来证明它的存在，但它与在其前的家族制一样，在历史期间曾存在于地球上的一大部分之上，并且现时尚存在于很多的开化部落之间。

# 各种家族形态出现的相对顺序

关于各种家族形态的相对顺序，有如上面明确地予以叙述者，或不免有引起误解之虞。我的意思并不是说，某一种家族制在某一种社会状态中以完全的形式出现，普遍地绝对地繁荣于处在同一社会状态之中的一切人类的部落之间，随后即消逝于另一种次起的高一级的家族形态之中。实在说来，在特殊的情况中，群婚家族可以出现于血缘家族之间，而血缘家族也可以出现于群婚家族之间；在特殊的情况中，对偶家族可以出现于群婚家族之间，群婚家族也可以出现于对偶家族之间；又单偶家族，在特殊的情况中可以出现于对偶家族之间，对偶家族也可出现于单偶家族之间。甚至于在特殊的情况之中，单偶家族有时可以出现于低下的群婚家族之间，而对偶家族亦可以出现于更下的血缘家族之间。再者，有一些部落之达到某一种特定的家族形态较之其他更为进步的部落在时间上有时还要早些；例如易洛魁部落，他们在开化低级状态中便有了对偶家族制，但是在开化中级状态中的布立吞人，仍然还是处在群婚家族之中。地中海沿岸的高级文明，曾将其技术与发明传布到不列颠，而这些技术及发明实远超过栖息于其地的克勒特人的精神发达程度以上，而不能完全加以利用。克勒特人在他们的头脑中似乎还是野蛮人，但在表面上却穿上了一层比较进步部落的技术外衣。我所试图要证实的一点，即是家族制开始于低下野蛮时代的血缘家族之中，其后由于累进的发展，通过两种区划判然的中间形态而达到单偶制家族。为证实这一点的证据，似乎是很充分的。每一种家族制当其初次为人类所采用时都是部分的，其次成为一般的，最后遂普及于广泛的地域；从此以后，逐渐地消逝于继起的次一家族形态之中；而这种新起的家族制，起初也是部分的，其次成为一般的，最后遂普遍于同一广泛的地域之中。在这种连续形态的进化中，其进步的主要方向是从血缘家族到单偶家族的。除掉人类在通过这几种家族形态的进步上一致性中的变异而外，就一般言之，血缘家族与群婚家族则是属于野蛮状态的——前者属于其最低期，后者属于其最高期——而群婚家族则继续延展到开化时代的初期之中；对偶家族是属于开化时代的初期及中期的，而延续至其晚期；单偶家族属于开化时代的晚期，而继续到文明时代。

根据旅行者及观察者的不完全的叙述，来探索对偶家族制在开化诸部落间的一般情况，纵令在篇幅上许可，亦没有其必要。只好让每个读者依据所举出的标准应用到他自己所知道的事实中去了。处在开化低级状态中的美洲土著，当其被发现的时代，对偶家族制在他们之中是通行的形式。在开化中级状态中的村落印第安人中，虽然西班牙的著作家们所给予我们材料是空泛及一般性的，但是这种家族制在他们之间是通行的形式则是无可怀疑的。他们的联合住宅的共有性质，其本身便是他们的家族尚没有脱离对偶形态的有力的证据。在他们的家族里面，既没有单偶家族制所包含的个体性，也没有其独占性。

# 古代社会应该在发现其最高例证的地方加以研究

在东半球的一些地区中因为外来文化的成分与土著文化的混合，产生了一种社会的变态状态，在这些地方，文明生活的技术重新被改铸而与野蛮人及开化人的素性与欲求相适合了。①严格营游牧生活的部落也有从他们的特殊生活样式中所产生的社会特点，不过现在还没有完全被了解。有很多部落由于受了进化较高的种族所给予的影响，他们固有的文化受到了阻碍，其文化被搀杂的程度，甚至有改变他们进步的自然路径的。其结果，他们的制度与社会状态都发生了变化。

关于野蛮部落及开化部落的状况，应该在其正常发展及其制度系纯粹的地域中加以研究，这对于民族学中系统的进步上是极关紧要的，我在前面曾经提出过，坡里内西亚及澳洲系研究野蛮社会的最适当的地域。差不多关于野蛮生活的全部理论，都可从他们的制度、习惯与风俗、发明与发现中推论出来。当南北美洲被发现时，为研究开化时代初期及中期的社会状态提供了最好的机会。除掉依士企摩人而外，这些土著都是属于同一种族同一血统的，他们赢得了一个大陆的占领，其中对于人类居住所赋予的自然资源，除了可供驯养的家畜而外，较诸东半球的各大陆为更丰富。这个大陆供给了他们以独自发展的丰富条件。他们占有这个大陆时很明显地是在野蛮状态之中，但他

---

① 在非洲的一些部落中，霍屯督（Hottentots）部落也包含在内，就我们所知道的而言，他们就能从矿石中炼取铁。他们自从由外族获得的粗笨冶金术能够提炼铁以后，他们便能制造粗笨的工具及武器了。

们所创立的氏族组织却使他们具有了希腊人及罗马人的祖先所具有的进步方面的主要萌芽。[①]他们在很早的时期就与其他的人类隔绝、与后来人类进步的主流失掉了一切联系，他们在新大陆中以野蛮人的粗朴心灵与道德禀赋开始他们的事业。他们与他们所带去的基本观念的独立的进化，在保证不受外界影响的条件下开始了。这对于政治、家族、家庭生活、财产以及生活技术诸观念都是真实的。他们的制度、发明与发现从野蛮时代经过开化时代的初期及中期都是纯一的，并且还显示着一种由同一的本原观念发展的连续性。

在近代中，地球上再没有其他的地方能够找到比易洛魁部落以及美国密西西比河以东其他诸部落所提供的、对于开化时代初期的更为完全的例证。以他们固有的、没有其他掺杂的技术，以及以他们纯一的、同质的制度，对这一时期的文化，不拘在其范围方面、构成的成分方面以及在其可能性方面，都提供了最充分的例证。所以在这些事实尚未让其湮灭以前，我们对于以上的各问题，应该作出有系统的诠释。

关于更高一级的开化时代中期的文化状况，有如表现于新墨西哥、墨西哥、中央亚美利加、格拉那达（Granada）、厄瓜多尔（Ecuador）和秘鲁的村落印第安人中者，对于以上所述各点都可视为是真实的。在十六世纪中地球上再没有其他的地方能够找到这种状态

---

① 美洲的土著系来自亚洲，是一种假定。但是，这一假定是从人类起源的一致性——另一种假定——而来的；不过人类学上所有的事实都倾向于证明这一假定。有很多具有说服性的证据都支持这两种结论。自然，这些土著之来到美洲，决不能是出于一种有计划的移民的结果；但是，必定是缘于海洋的偶然事件以及由于亚洲流向美洲西北岸的大洋流所致。

中的社会的像这样一种的展示，与其进步的技术与发明，改善了的建筑，初生的制造工业，与其初期的科学。在这一富于研究资料的地域中，美国的学者们所做的工作是不多的。实际上，这是古代社会的一种已经湮灭了的状态，由于美洲的发现猝然之间展示于欧洲的观察者们之前了；但是他们未有认识它的意义，或确定它的机构。

此外尚有开化时代晚期社会的伟大状态，在现时存在的民族中还找不出适当的示例；但是，可以在希腊罗马以及在后来的日耳曼诸部落的历史与传说中发现出来。虽然关于这一时代的文化保存有大量的说明材料，尤其是保存在荷马的诗篇里面的，但是，其主要的部分却要从他们的各种制度、发明及发现中推论出来。

## 父权家族

关于闪部落的父权家族，依据以前提示的理由，只需稍一叙述即可；并且只限于其定义方面而略为加详。这种家族制属于开化时代的晚期，到文明开始后尚保存了一短时期。至少，酋长是多妻的；但是，这一点并不是父权制度的重要原则。将多数的人们，自由民与奴隶，为着土地的领有与牛羊群的牧养，在父权之下组成一个家族，则是这种家族制的基本特征。那些被沦为奴隶的，那些被雇用为仆役的，都生活于这种婚姻关系之中，并以家长作为他们的酋长，如此便形成为一个父权家族。家长支配家族成员的权力以及支配财产的权力，则为重要事实。将多数的人们合并于奴役的及附属的关系之中——这在这个时代以前是不知道的——而并非多妻主义，才给父权家族以一种独创制度的特性。在闪族社会内产生这种家族的伟大运动中，其所追求的目的，即为支配这种团体的父权；与其相伴而来的则为各个人的较高的个性。

恰恰是同样的动机，产生了在父权（patria potestas）支配之下的罗马家族；父亲对于其子女及其后裔的生杀予夺之权，与其对于家族中的奴隶与仆役的生杀予夺之权，使他成为家族的核心并供给了此种家族的名称；并且他对于他们所创造出来的一切财产有绝对的所有权。虽不是多妻，但是家族之父（pater familias）即是家长，在他支配之下的家族即是父权家族。父权家族标志着人类进步中的一特别时期，当其时个人的个性开始升张于氏族之上，在从前则是湮没于氏族之中的，热烈地追求一独立的生活，与一为个人活动的更广泛的领域。这种家族制的一般的影响，强烈地倾向于单偶家族的建立，因为这对它所追求的目的的实现则是必须的。父权家族的这些突出的特点，与以前所知道的各种家族形态大异其趣，所以给了这种家族以优越的地位；不过希伯来人及罗马人的家族形态，在人类的经验中却是例外的。在血缘家族及群婚家族之中，家长的权力不但不知道而且也不可能；在对偶家族制之下这种权力才以微弱的势力开始表现出来；但是，当家族逐步成为更个体化的时候，这种权力亦随之不断地增加；由于在单偶制之下子女的亲权得到了确定，父权遂完全地成立了。在罗马型的父权家族之中，家长的权力实超越了理性的范围以外而流入于过分的专制。

　　希伯来人的父权家族没有创立一种新的亲属制。图兰式亲属制可以与其一部分的亲属关系相调和；但是，因为这种家族形态不久即归于消灭而单偶制即成为家族一般的形态，所以闪族式的亲属制便继之而起，正如希腊人及罗马人的亲属制为雅利安制所代替一样。这三个伟大的制度——马来制、图兰制和雅利安制——都各自指示着社会的一种完成了的有机运动，并且每一种都各自以明确的性质证明它所记录的亲属关系的家族形态的存在。

# 第五章

# 单偶家族

## 单偶家族是比较近代的产物

因为每每把社会的起源都追溯到单偶家族上面去，所以现在我们所给予单偶家族的比较晚近的年代，则不免令人发生新奇之感。曾以哲学的见地去研究过社会起源的那些著作家们，以为除掉认为家族是社会的单位以外而欲想象社会的存在，或者家族的自身除掉单偶制以外，都是难于想象的事实。他们又发现必须认为成为婚配的一对男女，乃系一种人们集团的核心，其中的一部分是处于隶属的地位的，而其全部则皆处于其权力之下；于是他们就达到以为当社会初次组织的时候必以父权家族而开始的结论。在事实上，像这样的父权家族也实是我们由拉丁、希腊、希伯来诸部落间所知道的一种最古的家族形态。因之，从关联上讲，父权家族便成为原始社会的典型的家族制，不是想象其为拉丁形态即是为希伯来形态；而父亲的权力便成了这种家族组织的实质了。

氏族制度，有如其出现于开化时代的晚期中者，是业经充分地理解了的，但是，却错误地被认为在时间上乃系在单偶制之后。对于开化部落甚至对于野蛮部落的诸制度的一些知识，在作为说明我们自己的各种制度的手段上，很明显地已日益变为必需了。因为所作的假定是：单偶家族是社会体制中的组织单位，氏族是家族的一种集合体，部落是氏族的集合体，民族则是部落的集合体。这种假定的谬误，在于第一命题。曾经证明，氏族全体加入于胞族，胞族全体加入于部落，部落全体加入于民族；但是，家族却不能全体加入于氏族，因为夫与妻必然地是属于各自相异的氏族的。直到最后的时期，妻还自己认为她是属于她父亲的氏族的，在罗马人之间，她袭用她父亲的氏族名称。因为所有的部分必须加入于整体，所以家族便不能成为氏族组织的单位。社会组织的这种单位的地位，则为氏族所占有。还有一层，父权家族，不拘其为罗马型抑或为希伯来型，在整个的野蛮时代以及在整个的开化时代的初期，都是全然不知道的，或许在开化时代的中期及其晚期的最后时期，也是不知道的。自从氏族制出现以后，不知道经过了许多世代，甚至于不知经过了许多时期，单偶家族方才出现。直等到文明时代开始以后，单偶家族才固定地建立。

# 家族（Familia）一词的意义及其性质

单偶家族在拉丁诸部落间的挽近的出现，可以从家族（family）一词的意义上推测出来。家族一词系出自 familia，familia 与 famulus 一样，都含有同一的成分，即都具有"仆从"之意；familia 一词以为系起源于阿斯堪（Oscan）语的 famel，即等于 servus，一个奴隶。[①] 从家族一词的本源意义来看，它与成婚配的一对男女或其子女并无关系可言，而是指在家族的父亲（pater familias）权力之下从事劳役以维持家族的奴隶及仆役的集团而言。familia 一词在某些执行遗嘱处分时，用以与 patrimonium 一词相等，即将遗产转渡与继承者之谓。[②] Familia 一词之开始用于拉丁社会中，系用以范围一种新的组织体，这种组织体的首领拥有其妻室儿女及在父权之下的从属人们的集团。蒙森用"仆役的集团"一语来说明 familia 拉丁语的意义。[③] 所以 familia 一词及其所代表的意义并不比拉丁诸部落的严酷的家族制要早些，而这种家族制是在农业发生以后，奴隶制合法化以后，以及希腊人与拉丁人分离以后所发生的制度。如果对于在这以前的家族曾经给予任何名称的话，现在则无从确定。

在血缘家族和群婚家族两种形态之中，父权的行使是不可能

---

① Famuli（奴隶）的语源，出自阿斯堪族，在阿斯堪人之间，所谓奴隶，就称为 famuli，由此就发生 familia 这一名词。见《Festus》八七页。

② 把自己的 familia 的财产，即把自己的父方的财产，给予所爱顾的奴隶，是通常的事情。——给雅斯编《法典》第二篇，一〇二项。

③ 《罗马史》第一卷，第一章，九五页。

的。当氏族在群婚团体之中出现的时候，它把各姊妹及她们的子女以及女系的后裔都永远的结合于一个氏族之内了，氏族便成为由它所创立的社会体制中的组织单位。从这样的情状之中，对偶家族便逐渐地演化出来了，父权的萌芽也随之而俱来。父权的发展，在起初是微弱而且是波动的；但一俟开始以后，随着社会向上的进步，家族制愈益获得单偶制的特征，父权便不断地增长。当财产开始大量的生产，与想把财产传给子女的欲望将世系由女系改变为男系时，父权的真实的基础才第一次被奠定。在希伯来与拉丁诸部落间，当其初为世人所知道时，希伯来式的父权家族已在希伯来人中存在，罗马式的父权家族已在拉丁人中存在；这两种家族都是建立在多数人与其家族的有限制的或是绝对的奴役基础之上的；所有这些人，家长的妻室儿女在一边，父权家族中的其他人员在另一边，都受父权的支配。在罗马家族中父权的过分的发展却是例外的，它不只不是一般的，而主要的仅限于以上所述的民族之间。给雅斯宣称罗马的父亲对于其子女所具有的权力，即对罗马人来说也是特殊的，一般地来说，在其他民族中找不出与这样相同的权力。[①]

关于早期单偶家族的性质，只需从古典著作家中举出少数例证使能得到一种印象便已足够。单偶制在开化时代的晚期以一定的形态而出现。在这一时期遥为以前的时候，单偶制的某些特征无疑地曾附着于以前的对偶家族之上；但是，单偶制的基本要素，一绝对的独占

---

① 我们的子女，系处于我们的权力之下，这种权力系由正当的结婚而生育出来的，这是罗马公民所特有的法律。这就是因为再没有其他的地方有一种像我们对子女所拥有的这般大的权力的国民。给雅斯编《法典》第一篇，五五项。在这些权力之外，他们还拥有生杀予夺之权——jus vitæ necispue。

同居，是不能在对偶家族之中申展的。

## 古代日耳曼人的家族制

关于单偶家族最早的而且最有兴趣的例证之一，可于古代日耳曼人的家族制中发现出来。日耳曼人的制度是纯粹的而且是固有的；他们也正向着文明之域迈进。塔西佗只用几行文字描叙他们关于婚姻的习惯，没有说及他们家族的组成或阐明其性质。塔西佗在叙述了日耳曼人对于婚姻是非常严格的，并宣称其是可赞扬的以后，他更进而说日耳曼人在开化人之中几乎是唯一的以一个妻室为满足的——有极少数的除外，他们有多数的妻子，但不是由于情欲而是由于他们的地位所致。妻子不携带嫁奁给她的丈夫，而丈夫却要给他的妻子……一装配齐整的马、一楯、一枪以及一剑。由于这些礼物便与妻子结婚了。[1]这些礼物，系属于购买妻子的礼物的性质，在以前的社会情况中这些礼物或者系赠与新娘所属氏族的亲族的，现在便赠与新娘了。

在另外一处，塔西佗举出了两件重要的事实，从其中可找出单偶制的实质。[2]第一，每一个男子都以一个妻室为满足（singulis uxoribus contenti sunt）；第二，女子则生活于防范森严的贞操之中

---

① 《日耳曼尼亚》（Germania）第十八章。
② 同上书第十九章。

（septæ pudicitia agunt）。从各不同文化时期中所已知道的家族情况而言，古代日耳曼人的家族制似乎还是过于薄弱的组织，不能单独地克服生活上的艰难；其结果，便托庇于由许多具有亲属关系的家族所组成的一共同大家族之中。当奴隶制成为一种制度之后，这种共同大家族的生活也将逐渐地消逝。要之，当时日耳曼人社会进步的程度，尚未达到足以出现高级形态的单偶家族的阶段。

## 荷马时代的希腊家族制

关于荷马时代的希腊人，其家族虽然是单偶制，但是属于低级型的。丈夫对于其妻要求贞节，他对于妻子也用某种程度的隔离来实现这种要求；但是，丈夫却不承认有相互的义务。只有承认这种相互的义务，贞操才能永久地获得。荷马诗篇中出现有许多的例证，证明女子有很少的权利是为男子所必须尊重的。希腊诸酋长在其远征特罗城的途中时，对于装载在他们船上的女性俘虏，恬不知耻的、毫无抑制的、尽情纵欲取乐。不管诗篇里面所叙述的事件是否是真实或是虚构，必须视为是当时社会的真实写照。纵令这些女子是俘虏，它却反映了当时社会对于女子的评价之低。女子的尊严是未被承认的，女子的个人权利是不稳固的。为得要缓和阿溪里（Achilles）的愤怒，阿加绵农在一希腊酋长会议中建议：除掉给予阿溪里的其他物品以外，还要给予他七个美艳超群的勒斯比亚（Lesbian）女子——这七个女子是从该城中掠得的战利品，阿加绵农留与他自己享受的——连布赖栖易斯（Briseis）也包括在七名之内；并且如果特罗城被攻下时，阿溪里还有权挑选仅次于亚吉夫·赫伦（Argive Helen）以下的最美丽的特罗妇女二十名。[①]"美人与战利品"（Beauty and Booty），是希腊英雄时代公开的毫不知耻的口号。他们对于女性俘虏的待遇反映着当时文化对于女子的一般态度。人们不尊重敌人的亲权、婚姻权以及个人权，当然对于他们自己的这些权利也就不能达到何种高度的观念了。

荷马在描叙未结婚的阿溪里及其友人帕特洛克拉（Patroclus）的营幕生活时，他以为这是适合于做酋长的阿溪里的性格及尊严的，他说明阿溪里睡在他结构精美的营幕的深处，在他的旁边睡着一个女人，这就是面颊美丽的带奥米第（Diomede），是他从勒斯堡（Lesbos）俘获而来的。在另一侧睡着帕特洛克拉，在他的旁边也躺着腰身纤细的易斐斯（Iphis），她是慷慨的阿溪里从锡罗斯（Scyros）俘获而来赠与帕特洛克拉的。[②]关于未婚及已婚男子的这样的习惯和风俗，当时的大诗人还称许地记载着，亦为公众的情感所支持，这一点倾向于说明在当时纵有任何单偶制存在的话，也不过是对于妻子的强力压制所支持而已，而她们的大多数的丈夫则不是单偶主义者。像这样的家族制，其所具的对偶家族制的特征与其单偶家族制的特征，从程度上言是相等的。

---

① 《易利亚德》第九章，一二八节。
② 同上书，六六三节。

# 文明时代的希腊家族制

英雄时代的女子的地位，有人以为较诸文明时代初期、甚至较诸以后在她们的最高的发展之下要有利些，在家庭中的地位也较尊贵些。这种情况，在世系尚未转移为男系以前遥远的时代中，也可能是真实的，不过在上面所述的英雄时代中却似乎没有作这种推定的余地。从生活的方法与方式上讲，确发生了向好的方面的巨大的变化，不过这种变化只能作为通过开化时代的晚期对女子的真实评价使其更显著而已。

在本书的另一处，曾指出当世系由女系转变为男系时，对于妻子及母亲的地位与权利曾经起了损害作用的这一事实。女子的子女由她自己所属的氏族而转移到了她丈夫所属的氏族，她随着结婚而丧失了她父方的权利，而不曾取得相等的补偿。在这种转变未发生以前，她自己氏族的成员，十之八九在大家族中占着多数，这就给母系的联系以充分的力量，女子则更较男子而成为家族的中心。当这种转变以后，女子在丈夫的家族中变成了孤立，她和她自己氏族的亲族隔离了。这一事实，必定曾削弱母系纽带的势力，在降低女子的地位及阻碍她在社会地位上的进展，必定起了强大的作用。在生活优裕的阶级之间，妇女的被强制隔离的境遇，加之以结婚的公认的主要目的，即在合法的婚姻下生育子女，导出这样一个结论，即在英雄时代的女子的地位，较诸我们所知道要多得多的后一时代中要恶劣些。

在希腊人之间，从始至终存在着一种利己主义或蓄意的自私主义在男子之中作祟，致使降低了对于妇女的尊重，这就是在野蛮人之间也属罕见的。这种主义表现于他们家庭生活的方法中，在高级阶级之中，将妻子与外人隔离来强制一种独占的同居，在丈夫方面却不承认有相互的义务。这一事实暗示着在他们之间存在有属于图兰式的前代的婚姻制度，而这种方法便是为防范此种婚姻制度而创立的。维持到无数世纪之久的这种习惯，在希腊妇女的心理上印上了一种强烈的自卑感，一直到希腊霸权的最后时期尚未有恢复过来。这或者是向妇女界所要求的牺牲之一，来将人类的这一部分带出对偶家族而进入单偶家族制。像这样一个种族，以他们所具的伟大禀赋，足以将其精神生活铭印于全世界之上，而在他们的文明最高期中对于女子的待遇，基本上还保留着开化人的观念，这还是一种不可解之谜。女子并未遭受虐待，在对她们所容许的权利范围以内，她们也未受到粗暴的待遇；但是，女子所受的教育是肤浅的，与异性的交际是被否认的，女子的劣等性是作为一种原则而灌输的，驯至女子自身也就承认这种劣等性乃系一种事实。妻子不是她丈夫的伴侣，也不是她丈夫的平齐者，妻子对于丈夫的关系，有如女儿之对于父亲的关系；如此，就否定了单偶制的基本原则——这种基本原则是单偶制在其最高形态中所必须了解如此的。从个人的权利上和社会的地位上，她都必然地是她丈夫的平齐者。因此，我们便可以发现人类在经验上付出了何等的代价与忍耐，才获得近代社会的这一伟大制度。

我们对于历史期间希腊妇女及希腊家族状况的知识，是相当丰富而确切的。柏刻——其卓越的研究在他的著作中是有名的——搜集了关于这些主要事实，并以明确而有力的方式将其发表出来了。①
柏刻的叙述，虽然对于历史期间的家族状况没有提供一个全貌，但是
足以指明希腊家族与近代文明家族之间的巨大差异，并且也足以说明

① 以下的摘要，系摘自Charicles（《注释》，十二，Longman 版，Metcalf译本），其中包含说明这一题目的主要的事实。柏刻在说明了荷马时代的妇女在家庭中所处的地位较诸历史时期的妇女在家庭中所处的地位为优越一见解以后，他关于在希腊文化最高期中的妇女的地位，尤其是关于雅典与斯巴达的妇女的地位，作了以下的叙述。他说，希腊人认为妇女唯一胜人之处的，与一忠实的奴隶所去无几（四六四页）；妇女的完全缺乏独立性，致使在她毕生中被视为是未成年的人；既无教育女子的学校，在家庭中又无教养女子的私人教师，她们整个的教养，都委诸于母亲及保姆之手，只限于纺织及其他属于女性的职业（四六五页）；对增进女性教养的最基本的机能，即和异性的社交，差不多完全被剥夺了；陌生的人，固属不用说，就是最亲近的亲族，也完全使之和女子隔离；甚至女子的父亲和丈夫，也很少会见她们，男子的生活多半是在外方，即使在家，也只住在自己的居室里面；闺房（gynaeconitis），严格的说，虽不是一牢狱，或是一锁闭的后宫（harem），却是规定的家庭中的毕生所居住的幽闭处所；特别是对于未嫁的女子更为严格，一直到结婚时，都过着严格地和他人隔离的生活，有如说，女子经常处于锁钥之下（四六五页）；年少的妻室，不告诉她丈夫而离开家庭，这是不合礼的，事实上，她也很少离开家庭；因之，她的社会范围，仅限于女奴仆之中；她的丈夫，如果他要行使的话，有权把她幽闭起来（四六六页）；在那些专为女子而举行的（男子被除外）节会中，妇女们有一机会得以互相见面，因为她们平日的相互隔离，所以她们对于这样的宴会特别感到兴趣；由于这些特殊的限制，妇女要从她们的家庭外出是很困难的；具有身份的妇女，如果没有她丈夫所派定给她陪伴女仆陪伴着，她是决不会外出的（四六九页）；对妇女的这样的待遇方法，其结果，致使少女养成一种极度的羞怯心，甚而矫作贞淑；就是业已出嫁的女子，如果从窗外为男子所注视，她便即时赧颜退缩（四七一页）；希腊人以子女的生育为婚姻的必要条件，并且强制地认为生育子女乃系女子对于神、对于国家、对于祖先的责任；一直到最后的时期，至少，他们对婚姻没有赋予更高的观念，强烈的爱情也不是结婚经常的原因（四七三页）；纵令他们中存在有爱情的话，也不过出自情欲；夫妇之间除掉性欲而外，不知有所谓其他的东西（四七三页）；其在雅典，或许在其他的希腊诸邦也是一样，子女的生育，都无不认为是结婚的主要目的；新娘的选择，很少根据以前的，或至少亲密的相知：他们所特别注意的是闺女家族的地位，是新娘嫁奁的多少，至于新娘个人的品质，却是不注意的；像这样的婚姻当然不适宜于真实情感的存在，从而，冷淡、漠不关怀、不满等弊病，便为经常现象（四七七页）；除开没有外来的其他男子与家主会食外，妻与夫则共食，因为没有任何妇女自甘被视为妓侍，故甚至在她自己家庭中也决不想列席男子的宴会，或者丈夫偶然带着朋友到家中共餐时而参加其间（四九〇页）；妻子的职责范围，为全部家事的管理，以及子女的教养——男孩直等到他们就师时为止，女孩直等到他们出嫁时为止；对于妻子的不贞，处理极为严酷；可以想象处在这样严格和外人相隔离的生活之下的女子，一般地可以防止其逾闲荡检，然而，女子却时常找得到方法来欺骗她们的丈夫；法律对于贞操则课以极不平等的义务，因为丈夫对于妻室，得要求其严格地保持贞操，如有任何不贞，则严厉处理，但是，丈夫却可以与艺妓们（hetæræ）交往，这种行为虽不是严格地认为正当，可是，也没有什么公开的非难，更说不上认为于婚姻权利有什么破坏了（四九四页）。

单偶家族在其早期发展中的状况。

在柏刻所叙述的事实中，有两项值得加以注意：第一，宣言结婚的主要目的就是在合法的婚姻中生育子女；第二，妇女和他人隔离即是为了确保这一结果。这两项是密切相关联的，并且对于它们所从出的前代的状况亦予以若干阐明。第一，性爱的热情在开化人之间是不知道的。情感是文明的产儿，是高度修养的产儿，开化人却没有达到这种情感的地步。一般的希腊人，有如他们的婚姻习惯所表示的一样，尚没有到达这种热情的知识，虽然在他们之间自然也存在有多数的例外。从希腊人对于女子的评价来看，肉体的价值是女性之所能有的一切美德的标准。所以婚姻不是以情感为基础，而是以必要与义务为根据。这些也是支配易洛魁人与阿兹忒克人的观念，在事实上，这些观念发源于开化状态之中，并且显示希腊诸部落的祖先的以前的开化状态。这样的观念在希腊文明之中能够满足希腊人对于家族关系的理想，似乎是一件奇异的事体。财产观念的发达以及将财产传给子女的欲望，实际上，是产生单偶制以确保合法的继承人、并限制他们的人数于结婚的一对夫妇的真实后裔以内的动力。在对偶家族之下，对于子女生父的知识即已开始被察觉，而希腊式的家族明明是从对偶家族而派生出来的；但是，因为古代婚姻法（jura conjugialia）的某些部分还残留着，所以希腊的家族还没有到达精确肯定子女生父的程度。这一点，说明这种新习惯出现于开化的高级状态之中的原因，即将妻子和他人隔离的习惯。从这种情况便发生出一种揣测，即在当时必定存在着有将妻室和他人相隔离的必要，而这种情况似乎是如此的可惧，所以在文明的希腊人之间的家庭生活的方式，实际上是一种幽闭及约束女性的制度。虽然以上所援引的这些事实大半都是特别关系于富裕阶级的家族间的生活情况的事实，但是它所显示的精神，无疑地，却是一般的。

## 罗马的家族制

其次，我们再看罗马的家族。妇女的境遇虽比较良好，然而她的从属地位仍是一样。

妇女受着尊敬的待遇，与在雅典略无二致，但是在罗马家族中，她的影响与权力却要大一些。作为家族的母亲（mater familias），她是一个家族的主妇，妇女可以自由地到市街上去，并不受到她丈夫方面的约束，并且经常同男子出入剧院及赴节日宴会。在家庭中妇女并不局限于特殊的居室之内，也不被排除于男子的席桌之外。在罗马的妇女中没有加于希腊妇女之上的最恶劣的约束，这对于罗马妇女的个人尊严感与独立心的发展是有利的。波芦塔克曾说自从由于萨宾妇女的干涉而与萨宾人所成立的和平以后，对于妇女便授予了许多的名誉特权；例如男子在路上遇见妇女，对妇女让路；在女子面前不得作亵语及不得裸裎。① 但是，结婚则将妻子置于丈夫的权力之下（in manum viri）；妇女必须处于丈夫权力之下的观念，显然是由于一种

---

① 《罗缪勒斯传》第二十章。

必要，因为她由于结婚而自亲权之下得到解放之故。丈夫之待遇其妻，有如其对待其女儿，而不是作为他的平齐者看待。还有一层，如遇有通奸之事，丈夫对于其妻有惩戒及生杀之权；但是最后一种权力的行使，似乎必须得到她的氏族会议的同意方可。

和其他民族不同，罗马人具有三种婚姻形式。这三种形式一样地都将妻子置诸其丈夫之手，并承认在合法的婚姻（liberorum querendorum causa）中生育子女是结婚的主要目的。[①]这三种形式（confarreatio，coemptio 及 usus），一直保持到共和时代之末，但到了帝国时代便渐次归于消灭，其时第四形式，自由婚姻，便为一般所采用，因为这种婚姻不将妻子置于丈夫的权力之下。离婚事件，从极早的时代起，便是由当事者的自由取夺，这是对偶家族的一种特征，也或者是由哪一源头流传下来的。虽然，直到将近共和时代之末，离婚是不多见的。[②]

希腊、罗马诸城市在它们的文明高潮中所流行的淫荡之风，一般地都认为这是从一种较高的较纯洁的贞操与道德的堕落之所致。但是对于这种现象，可能有一种不同的、或者至少有一种修正的说明。

---

① 见《Quinctilian》。

② 关于罗马妇女在婚姻上的贞操问题，柏刻说道："在比较早的时代中，夫妇双方的纵欲放荡，是很少出现的。"这种说法，只能仅仅当作一种揣测。可是，"在道德开始败坏之时，我们才开始遇见从这种贞操上的堕落事件大见增加，男女双方竞耽于淫乐。原来的妇女的淑德，渐次变少，而奢侈逸乐之风因之大盛，许多妇女可以说有如 Clitipho 抱怨他的 Bacchis，（Ter.，《Heaut.》，ii，1，15），"Mea est petax，procax，magnifica，sumptuosa，nobilis"。许多罗马的贵妇人，为了报复丈夫对她们的忽视，都各有自己的情人；这些情人，在贵妇人的代理人的掩饰之下经常陪伴着她们。这种现象的自然结果，便是男子的独身者渐次增加，而对于离婚，也就以最大的轻率出之。——（Gallus《注释》第一篇，一五五项，Longman 版，Metcalf 译本。）

罗马人在两性关系中从来就没有达到一种纯洁的道德，而从之可以堕落下来。在危及国家生存的战争与斗争之中受到抑压或节制的淫荡之风，随着和平与繁荣的恢复亦随之而恢复起来了，因为社会中反对这种放荡的道德成分还没有兴起将其根除之故。这种淫荡之风，很可能是一种从开化时代一直流传下来的一种社会污点而从来未被拔除的古代婚姻制度的残余，现在则在艺妓（hetærism）主义的新途径中得到其极度的表现。如果希腊人及罗马人学到了尊重单偶制的公平权利，在希腊人方面不将妻子幽闭于闺房（gynæconitis）之中，在罗马人方面不将妻子置于夫权之下，则我们有理由相信，在他们中的社会必将呈现一种极不同的面貌。因为在希腊人与罗马人之中都没有发展任何较高的道德标准，所以他们就很少有理由来叹息公众道德的颓废了。这一说明的本质，便在于这两个民族尚未认识单偶原则的完整性，亦只有这一原则才能够将他们各个的社会置诸于道德的基础之上。这两个特出民族的文化生活之所以被毁于中途者，其原因多半在于他们没有发展及利用女子的理智所具有的心理的道德的以及保持的力量，而这些力量的重要性，并不下于使他们进步及保持的男子方面的相应的力量。在经过了一漫长的开化状态中的经验以后——在此期间，他们获得了文明的其他要素——在一短促的国民生涯之末，似乎是由于他们自己所创造的新生活的狂欢中而陷入于政治的破灭。

在希伯来人之间，当其初期中父权家族在诸酋长间是很通行的，但在人民之中，则一般都系单偶制，即系父权家族不久即转入的家族制。但关于他们之间的单偶制的组成，在家族中夫与妇之间的关系，详细的资料却很少。

不必更多求例证，已经很明白，单偶制系从一种低级型发展出它在历史期间开始时所出现的形态的；并且，在古典时代中它虽未到达其最高的形态，但有显著的进步。单偶制很明显地是从前代的一种对偶家族作为它直接的萌芽而发生出来的；它虽随着人类的进步而改善，但在古典时代距它真实的理想尚很远。单偶制的所已知道的最高的完全形态，至少，直等到近代时期以前尚未达到。早期的著述家们所描写的开化高级状态中的社会，暗示着单偶制的普遍地实行，但是，附随着的情况却指明那是一种将来的单偶制，在不利的势力下为着成长出来而挣扎着，其活力、权利及防护力却是很薄弱的，并且尚为一种古代婚姻制度的残余所笼罩着。

## 随单偶制而来的雅利安式亲属制

因为马来制说明存在于血缘家族中的亲属关系，图兰制说明存在于群婚家族中的亲属关系，所以雅利安制说明存在于单偶家族中的亲属关系；每一种家族制都各建立在一种不同的及明确的婚姻形态上面。

根据我们所有的知识现状，不能绝对地证明出雅利安、闪族、乌拉尔诸族系的家族制，在以前曾具有图兰式亲属制，后来在单偶家族之下才归于废灭。虽然如此，这却是我们从已经确定了的事实中所将得到的一种必然的推论。一切的证据，都如此确切地指向这一方向，因之不能有其他任何假设的余地。第一，氏族组织在群婚家族制中有其自然的本源；在群婚家族中，一群姊妹与彼此的丈夫相互结婚，她们与其子女及其女系的后裔便提供了一原始形态氏族的准确的界限和主体。在雅利安族系的各主要分支出现于历史舞台上的时候都具有氏族组织这一事实，支持着以下的推论，即当他们还是一个统一未分的民族时，他们也同样是具有氏族组织的。并且，从这个事实进而更引出以下的推论，即他们的氏族组织系从生活于同一的群婚制度之下的、他们的远祖中得来的，而这种群婚制度，即是产生这种特殊的分布广泛的氏族制的本源。除此以外，图兰式亲属制与原始形态的氏族制相联系的情形，还可以在美洲土著间发现出来。这两种制度的自然的关联将保持不破，直等到社会状况发生了一种变化——如单偶制所能产生的——具有力量足以将其推翻的时候。第二，在雅利安式亲属制之中也存在有若干证据指向同一的结论。如果图兰式亲属制以前曾通行于雅利安各民族之间，我们可以推想这一亲属制的一大部分称谓将在单偶制之下丧失。因为其称谓是应用于人们的亲属范畴的，现在在每一范畴中的人们的亲属关系将彼此互相区别开来，这样一来，就将迫使这些称谓的放弃。除了这一假设之外，不可能说明雅利安亲属制中的原有称谓的贫乏状况。雅利安各种方言中所具有的一切共同称呼，只有父母、兄弟、姊妹以及子女等，并且以一共同的称呼（梵语的naptar，拉丁语的nepos，以及希腊语的anepsios），不加区别地运用于甥、侄、孙以及从、表兄弟姊妹等等。以他们表示血族亲属关系的称谓这样的缺少，他们决不能达到单偶制所包含的进步状况。但是，假若有一种类似图兰制的前代的亲属制度的存在，这种称谓上的贫乏就能够得到说明了。兄弟、姊妹的称谓现在是用作抽象意义来想象的，是属于新的创造，因为这些亲属关系在图兰制之下是普遍地以"长""幼"的观念来想象的；并且这些称谓是应用于人们的亲属范畴的，其中包含非同胞兄弟姊妹在内。在雅利安亲属制中，则将这种区别弃置一边了，所以这些亲属关系才第一次的以抽象的观念想象之。旧有的称呼在单偶制之下已经不适用了，因为也可以把它们应用到旁系的亲属上去。虽然，以前的图兰制的遗留，尚出现于乌拉尔家族制的亲属制之中，如在匈牙利人之间便是这样，其兄弟、姊妹则用专用的称呼分为年长者与年幼者。在法兰西语中也可以发现同样的情形，除掉 frère 与 soeur 而外，我们可以找到 aîné 兄，pûnè 及 cadet 弟，aînée 姊，及 cadette 妹的称呼。在梵语中亦可以为同样的亲属关系找到 agrajar（兄）及 amujar（弟），agrajri（姊）及 amujri（妹）等称呼；但后者抑系出自梵语，或系出自土语，我则无从决定。在雅利安诸方言中，兄弟姊妹的称呼皆系同一名词在方言上的变化，在希腊语中则以 adelphos 代替 phrater。如果在雅利安各种方言中曾一度存在有为兄、弟、姊、妹的共同称呼，那么，它们以前适用于这类人们的亲属范畴的意义，现在则不适用于专指同胞兄弟、姊妹的意义了。图兰制的这种突出的及美丽的特点，却在雅利安制里面被泯灭掉了，这一变故的发生，是需要强有力的动机的；而图兰制的以前的存在以及其放弃则可以予以说明。除此以外，要找到其他的说明却是很困难的。我们不能想像雅利安各民族在其原始的语言中，对于在野蛮及开化诸部落间普遍承认的祖父的这种亲属关系，却没有一种称谓去表示；但是在雅利安诸方言中，对于这种亲属关系则没有一个共同的名称。在梵语中我们有 pitameha，希腊语中有 pappos，拉丁语中有 avus，俄罗斯语中有 djed，威尔士（Welsh）语中有 hendad，而威尔士语的 hendad 则系由二字连缀而成，有如德语的 grossvader、英语的 grandfather 一样。以上这些称呼词是根本上不同的。但是，以一前代亲属制之下的称呼应用于祖父的本身、他的兄弟以及他的各从、表兄弟，甚至于祖母的兄弟以及其从、表兄弟也包括在内，像这样的称呼自不能用来专指单偶制之下的直系的祖父及嫡派的祖先了。这种称谓的放弃，在时间的进展之中是易于发生的。在雅利安的原始语言中，对于祖父这一亲属关系缺乏一个称呼的名词，在以上所述的情况中似乎可以找到一种充分的说明。第三，在雅利安诸方言中，没有表示伯叔父及姑母的抽象称呼，并且没有表示伯叔父、姑母以及舅父、姨母等专门称呼。表示伯叔父这一亲属关系的，我们在梵语中找到有 pitroya，在希腊语中有 patros，在拉丁语中有 patruus，在斯拉夫语中有 stryc，在盎格罗·萨克逊语、比利时语及德语中有一共同的称谓 eam、oom 及 oheim，在克勒特语中却没有这种称呼。在原始雅利安语言中没有一种称谓称呼舅父——这一亲属关系在开化诸部落中由于氏族的关系而显得如此突出——亦同样是不可思议的事。如果雅利安人以前的亲属制是图兰式，那么，他们必须有一称谓称呼舅父，不过仅限于母亲的同胞兄弟以及她的各从兄弟。但是，这一称谓可以应用于这一范畴中的这样多的人们，在单偶制之下他们中的许多人并不能称为舅父，所以根据以上所述的理由，将迫使其放弃。这就很明显，在以前必定有一种亲属制，为雅利安制取其地位而代之的。

假定雅利安、闪族、乌拉尔诸族系从前曾具有图兰式亲属制，那么，旧有的制度由于单偶制的兴起对于当时所存在的世系变为不符合以后，过渡到一种叙述式的制度则是简单而且自然的了。在单偶制之下的每一种亲属关系都是明白准确的。在这种情势之下所形成的新制度，将必须是用基本的名词，或用基本名词的联缀，去描述个人的亲属关系，例如：以"兄弟之子"称侄儿，以"父之兄弟"称叔伯父，以"父之兄弟之子"称从兄弟等。这即是雅利安、闪族、乌拉尔诸族系的亲属制的原来的称谓。它们当中现在所包含的各种概括的称谓则是后起的。具有图兰制的一切部落，当其被问询到某一个人对于另一个人亲属关系是如何时，都用与这种同样的公式来叙述他们的亲属关系。恰恰像雅利安制的这样叙述式的制度，常常存在于图兰制及马来制两者之中，当然，并不是作为一种亲属制，因为他们已有一种永久性的制度，不过只用作为追溯亲属关系的一种手段而已。这已经很明白，从雅利安、闪族、乌拉尔诸民族在他们亲属称谓的贫乏状况一点看来，他们必定是曾经摒弃了以前的某种亲属制的。因此之故，下面的结论是有理由的，即当单偶家族成为普遍地建立时，这些民族便复回转到在图兰制之下通常所使用的旧有的叙述方法，而让以前的对于当时的世系变成无用及不符合的制度自归于消灭。这将是从图兰制过渡到雅利安制的自然而且明显的方式；并且这一点也可以充分地说明雅利安制的起源及其特殊的性质。

## 罗马亲属制详述

为了完全说明单偶家族与雅利安亲属制的关系，那就需要将雅利安制加以较详细的解说，有如对图兰制及马来制所做的一样。

若将雅利安各种方言中的亲属制的形式作一比较，便可明了现在的雅利安制的原来形式是纯粹属于叙述式的。[①]雅利安制的典型形态爱尔兰制，乌拉尔制的典型形态爱沙尼亚（Esthonian）制，现在还是叙述式的。在爱尔兰制之中，表示家族亲属关系称谓，都是属于基本的称谓，即父、母、兄、弟、姊、妹、子、女等。所有其余的亲属都用这些称谓去描叙，但以颠倒的顺序开始，例如：兄弟、兄弟之子、兄弟之子之子等。雅利安式亲属制表示单偶制下的实际亲属关系，并假定子女的生父是已经知道了的。

随着时间的进展，一种在实质方面和克勒特式相异的叙述方法便附着于这种新制度之上了，但未有改变其基本特征。这种叙述法，系由罗马的民法学家们为得要完成一种世系法典大系所导致出来的，为了他们的这种需要，我们应该感谢他们把这种方法创制出来了。罗马民法家们的这种改善的叙述法，已为罗马势力所及的各雅利安民族所采用。斯拉夫亲属制具有若干特征是完全特殊的，并且很明显地是

---

① 《人类血族及姻族制》，七九页，第一表。

源于图兰制的。① 要想对于我们现在的亲属制获得一种历史的知识，就不得不依赖于罗马的亲属制，有如其民法学家们所完成者。② 他们所增加的虽然有限，但是他们改变了叙述亲属的方法。其主要的部分，有如在另一处所述，包括区别伯叔、姑、舅、姨之间的亲属关系，并发明一套称谓来具体的表明这些关系；并对祖父创造了一种称谓，用作对 nepos（孙）的关连词。运用这些称谓以及基本的称谓，再加上适当的附加语，如是，罗马人便能对于直系及最近五个旁系的亲属关系使其系统化了，其中包括了每一个人所有的全部亲属。罗马亲属制乃系在单偶制之下出现的一种最完善最科学的亲属制；因为它发明了很多的关于表示婚姻中亲属关系的称谓，所以使它更有吸引力。我们从它学习我们自己的亲属制，实较盎格罗·萨克逊或克勒特的亲属制要好得多，因为我们的亲属制是采用了它所改善的优点的。在本章之末所附的表解中，将拉丁亲属制与阿剌伯的亲属制并列，一种代表雅利安制，一种代表闪族制。阿剌伯亲属制似乎是经过了与罗马制相类似的过程的，并且得到了相类似的结果。在这里，只对于罗马制加以说明。

在直系之中，从己身算起，到 tritavus（曾祖父之曾祖父），为上行的六代祖先；又从己身算起，到 trinepos（曾孙之曾孙），为下行的六代子孙；在叙述上，只应用了四个基本称谓。倘若要再上溯第六代祖以上的祖先，则 tritavus 便成为叙述上的一个新的出发点，例如：

---

① 《人类血族及姻族制》，四〇页。
② 《Pandects 丛书》第二八篇，十项；及《"Institutes" of Justinian》第三篇，六项。

tritavi pater，便是tritavus之父，由此向上追溯直到tritavi tritavus，他是在男系直系中己身的第十二代祖先。如果用我们的笨拙的称谓去表示这个亲属关系，或描叙这一个人，则"祖父之祖父"一词，便要重复六遍。同样，trinepotis trinepos，表示男系直系中己身的第十二代子孙。

在第一旁系男支中，从frater（兄弟）开始如下：fratris filius，为兄弟之子；fratris nepos，为兄弟之孙；fratris pronepos，为兄弟之曾孙；一直到fratris trinepos，为己身兄弟的曾孙之曾孙。倘若需要将叙述扩展到第十二代的子孙，则fratris trinepos便成为叙述上的第二个出发点，一直到fratris trinepotis trinepos，为系列的终点。运用这种单纯的方法，frater便成为这一旁系中的子孙世系的根源，凡是属于这一旁系中的个人，都因这一称谓在叙述中的力量，都回转到这一根源上来了；并且我们都能立即明白像这样叙述每个人是属于第一旁系男支中的。所以这种叙述法是明确而完全的。同样，在第一旁系女支中，从soror（姊妹）开始，属于这一系列的有：sororis filia，姊妹之女；sororis neptis，姊妹之孙女；sororis proneptis，姊妹之曾孙女；sororis trineptis，姊妹之第六代孙女；一直到sororis trineptis trineptis，姊妹之第十二代孙女。虽然第一旁系中的男女二支派，严格地说，发源于pater（父），他是两支派之间共同关系的纽带；但是，在叙述上将兄弟姊妹作为世系的根源，所以不仅这一旁系的自身区划整然，就是这一旁系的两个支派，也都区划整然；从而每个人对于己身的亲属关系也就因之而明确化了。这就是罗马亲属制的主要优点之一，因为它把这种方法作为区别及叙述亲属的纯粹科学方法，贯彻到所有旁系中去。

关于父方的第二旁系，从patruus（父之兄弟）开始，系由patruus及patruus之子孙所组成。每一个人，由于用来描叙他的称谓，都能以完全的准确性将他归于这一旁系中他所处的适当地位，并将他的亲属关系予以明白地指出，例如：patrui filius 为伯叔父之子；patrui nepos 为伯叔父之孙；patrui pronepos 为伯叔父之曾孙；由此下行至 patrui trinepos，则系 patruus 之第六代孙。如果有延展这一旁系下至第十二代孙之必要时，则经过中间世代以后而至 patrui trinepotis trinepos，这便是 patruus 的曾孙之曾孙（patrui trinepos）的曾孙之曾孙。必须注意，在《Pandects 丛书》（译者按：这部丛书中包括罗马的各种立法）中所使用的正式方法上，并不用"从兄弟"这一称呼。他被称呼为 patrui filius（伯叔父之子），但是他又被称呼为 frater patruelis（伯叔父方面的兄弟），在人民之间，大多数则使用通常的称呼 consobrinus，这即是我们的 cousin（从兄弟）一称谓所由出。[①] 属于父方的第二旁系，从父亲的姊妹 amita（姑母）开始；她的子孙的叙述，也依照同一的一般方式；如 amitae filia 即姑母之女；amitae neptis 即姑母之孙女；顺次下至 amitae trineptis（姑母之第六代孙女），及 amitae trineptis trineptis（姑母之第十二代孙女）。在这一旁系的女系支派中，也不用对表姊妹的特有称谓 amitina，而代以叙述语的 amitae

① 同样，从兄弟二人所出生的，叫做父方的兄弟，叫做父方的姊妹；从姊妹二人所生出来的，叫做女系的兄弟，叫做女系的姊妹；从兄弟姊妹所生出来的二儿，叫做 amitini（男）或叫做 amitinæ（女）。但在一般的情况中，这一切都叫做 consobrinus ——《Pandects 丛书》第三八篇，十项。

filia（姑母之女）。

　　同样，属于父方的第三男系，自祖父之兄弟开始，罗马人称为 patruus magnus，即伯叔祖。亲属称谓到了这一旁系时，专用称谓便不够了，须要用复合语的称呼去叙述了，虽然亲属关系的自身却是具体的。由这一点，便可以明了这一亲属关系到了比较近代的时候尚未有加以区别。以现在研究的范围所及，在现存的语言中没有一种语言具有一个表示这种亲属关系的原来名称，虽然若没有这样一个称谓，则除了用克勒特方法以外，对于这一旁系便无从加以叙述。如果将他单纯地称为祖父之兄弟，虽可叙述其个人，但其亲属关系则只有待推测而出了；但是，如果将他称为伯叔祖，那么，便具体地表示一种亲属关系。倘若这一旁系的这一支派中的第一个人的称呼一经确定，则他的一切子孙就可以用这种叙述方式作为他们世系的根源，都可以追源到他身上来了；并且各个人所属的支系、父方或母方、某一支派、亲属关系的远近，便立刻完全地表现出来了。在这一旁系中，也可以延展到第十二代孙，其系列由 patrui magni filius（伯叔祖之子），patrui magni nepos（伯叔祖之孙），以至于 patrui magni trinepos（伯叔祖之第六代孙），而终于 patrui magni trinepotis trinepos（伯叔祖之第十二代孙）；第三旁系，自祖父之姊妹开始，即 amita magna（姑祖母）；叙述她的子孙的方法，与以上一样。

　　属于父方的第四及第五旁系的男支，前者自曾祖父之兄弟开始，罗马人称他为 patruus major，即曾伯祖、曾叔祖；后者自高祖父的兄弟开始，罗马人称他为 patruus maximus，即高伯祖、高叔祖。其延伸的系列，在第四旁系中从 patrui majoris filius（曾伯祖、曾叔祖之子）起而至 patrui majoris trinepos（曾伯祖、曾叔祖之第六代孙）。在第五旁系中从 patrui maximi filius（高伯祖、高叔祖之子）起而至 patrui maximi trinepos（高伯祖、高叔祖之第六代孙）。其在女系的各支派中，第四旁系以 amita major 姑曾祖母开始；第五旁系以 amita maxima 姑高祖母开始；至于其中各个人的叙述，与以上的顺序相同。

以上所叙的各支系，都只是限于父亲方面的。现在，对于母亲的兄弟、姊妹需要一套独立的称谓来完成罗马式的叙述法，已是显而易见了；属于母方的亲属也同样的很多，并且完全不同。因之就有 avunculus 舅父、与 matertera 姨母的称谓。在叙述母方的亲属时，则以女系直系代替男系直系，但在第一旁系中则保持不变。属于母方的第二旁系，男支，其系列自 avunculus（舅父）开始，次为 avunculi filius（舅父之子），再次为 avunculi nepos（舅父之孙），以至于 avunculi trinepos（舅父之第六代孙），而终之于 avunculi trinepotis trinepos（舅父之第十二代孙）。其在女系支派中，则以 matertera（姨母）开始，次为 materteræ filia（姨母之女），往以下的顺序与以上同。第三旁系，男支，从 avunculus magnus（母亲的母亲的兄弟）开始，其女支则从 matertera magna（母亲的母亲的姊妹）开始；第四旁系，男支，从 avunculus major（母亲的母亲的母亲之兄弟）开始，其女支则从 matertera major（母亲的母亲的母亲之姊妹）开始；第五旁系，男支，从 avunculus maximus（母亲的母亲的母亲的母亲之兄弟）开始，其女支则从 matertera maxima（母亲的母亲的母亲的母亲之姊妹）开始。关于各系各支派中各个人的叙述，与以前所举出的相应的形式同。①

因为头五个旁系所包括的亲属范围是如此其广泛，所以在实际适用上的一种世系谱就必须将他们包括在内，但罗马人民的通常公式则并不超出此类亲属数目之外。

表示婚姻上亲属关系的称谓，在拉丁语中是特别丰富的；而在我们英语中，其贫乏的状况从以下这些似是而非的称谓中即可见之，例如father-in-law，son-in-law，brother-in-law，step-father，以及step-son等②五六种称谓来表示将近二十种极通常而且极亲近的亲属关系，然而，在拉丁语亲属称谓中差不多每一种都具有专门的称谓。

关于罗马的亲属制将无再进一步叙述的必要了。它的主要的及最重要的特征已经提示出来，并且是充分的详尽足以使整个系统能够明白领会。从方法的简易、叙述的适切、支系排列的明确以及称谓的优美而言，罗马亲属制是无可比拟的。从其所用的方法看来，它在人类所完成的所有一切亲属制之中当首屈一指，并且提供了凡是罗马人的心灵有机会对任何事物给予以组织的形态时，就一举将其置于永久固定的基础之上的许多例证之一。

关于阿剌伯亲属制的细节，未曾加以提及；但是，这两种亲属制都并列在表解中，对罗马制所作的说明，亦足以说明阿剌伯制，因对二者都是同样适用的。

---

① 译者按：罗马的 avunculus magnus 及 matertera magna 以上的亲属，在中国亲属制的亲属以外，故无亲属称谓加以翻译，只能用纯粹的叙述词来描叙。

② 译者按：英语中的此类称谓是极不明确的，如father-in-law一词，可以用之称岳父、翁（夫之父），而俗又用之称义父、养父、继父等，故在概括上无法加以翻译的。

# 现在的单偶家族

与其增加的特别称谓，与其完备的方法，血缘亲属由于他们从共同的祖先，经过婚配的一对男女而来的世系，都假定是互相关联的。他们将他们自己都排列成一个直系及数个旁系；而旁系则永久地与直系分歧。这些都是单偶制的必然结果。每一个人对于中心地位的"我"所具的亲属关系，是准确地划定了的，除了具有同一的亲属关系的人外，各个人都有特殊称呼或叙述的词语与每一其他的个人区别清楚。它又暗示每一个个人的血统的肯定性，这种肯定性只有单偶制才能够予以保证。还有一层，这种亲属制叙述单偶家族中的亲属关系，有如它们实际存在的一样。再也没有比这更明显的事实，即此种婚姻形态产生此种家族形态，而此种家族形态创造出此种亲属制度。此三者，乃系一个整体所具有的必然的三个部分，在其中叙述制则系专有的。我们用直接观察所知道的关于单偶制家族及其婚姻规律和亲属制是真实者，对于群婚家族及其婚姻规律和亲属制也已经证明其是同样的真实；并且对于血缘家族及其婚姻规律和亲属制所知道者，其真实的程度亦不减于前者。如果这三部分中的任何一部分被发现了，则伴随着它的其他二者在某一时期中的存在也就可以确实地推断出来。如果对三者之中的任何一部能够作出任何优越的实质性的差别的话，则优先权必定属于亲属制。亲属制曾在每一个人的亲属关系中，将明定婚姻规律及家族形态的证据结晶起来了；所以不但保存了关于这一事实的最高证据，并且保存了有若干由血缘的联系所结合的人数就有如此次数相一致的声明。亲属制对于家族制度等级高下的区分上提供了一种标准，这种标准必须视为是不可能被有意曲解的，所以它之所任何指示于吾人者，我们必须绝对地信赖不疑。最后，也只有关于亲属制，我们的资料才为最完备。

在本书一开始时就曾提及的家族的五种连续形态，现在已就我们现有的知识所提供的关于它们存在的证据，以及它们构成上的细节，都一一予以提出并加以说明了。虽然对于每一家族形态的论述曾是概括的，但是，却涉及了主要的事实及其属性；而且建立了主要的命题，即家族制发端于血缘家族，经过发展上各连续的阶段，而成为单偶家族。在这一概括的结论之中，并不存有什么东西可以不是从先验的考察而能预期的；但是阻碍家族成长的困难与障碍，却比我们所想像的要巨大得多。把家族作为一种随着时代的发展，它也曾经分任了人类经验中的一切的兴衰变迁，现在，或者它较其他任何制度能更明白地揭露人类从原始野蛮的深渊、经过开化时代、以至于文明时代的向前进步的逐步阶梯。我们在家族制的连续的发展过程中，使我们明了了在各不同时代中的人类家族的日常生活，当我们将各时代一为比较后，在某种程度以内，我们还可以明白家族制在其发展的过程中所遭遇的困难、与所经历的斗争、以及所获得的胜利。从家族的产生所耗费的时间与智力的某些比例上来看，我们必须重视家族这一伟大的制度，有如其现在所存在者；并且我们必须把它当作是由古代社会传给我们的一种最丰富的遗产来接受，因为它体现着与记录着它的多样而长期经验的最高的结果。

当我们承认家族经过了四个连续的形态而现在则在第五个形态之中的事实时，就立即发生以下的一个问题：即这第五种形态是否在将来能够永久存在呢？对于这个问题的唯一的解答，就是它必须随着社会的进步而进步，随着社会的变化而变化，甚至像它在过去所做的一样。家族是社会体制的产物，也将要反映它的文化。因为单偶家族自文明开始以后已有长足的进步，在近代尤有显著的进步，至少我们可以推想它还能够进一步的改善，直等到达到了两性间的完全平等为止。假定文明将继续进步，如果单偶家族在遥远的将来不能满足社会的需要的话，这就不可能预言它的后继者的性质了。

## 罗马与阿剌伯亲属制度对照表

| 亲属关系 | 拉丁语亲属称谓 | 译语 | 阿剌伯语亲属称谓 | 译语 |
|---|---|---|---|---|
| （1）曾祖父之曾祖父 | tritavus | 曾祖父之曾祖父 | jidd jidd jiddi | 我的祖父之祖父之祖父 |
| （2）曾祖父之祖父 | atavus | 曾祖父之祖父 | jidd jidd abi | 我的父之祖父之祖父 |
| （3）曾祖父之父 | abavus | 高祖父 | jidd jiddi | 我的祖父之祖父 |
| （4）曾祖父之母 | abavia | 高祖母 | sitt sitti | 我的祖父之祖母 |
| （5）曾祖父 | proavus | 曾祖父 | jidd abi | 我的父之祖父 |
| （6）曾祖母 | proavia | 曾祖母 | sitt abi | 我的父之祖母 |
| （7）祖父 | avus | 祖父 | jidd | 我的祖父 |
| （8）祖母 | avia | 祖母 | sitti | 我的祖母 |
| （9）父 | pater | 父 | abi | 我的父 |
| （10）母 | mater | 母 | ummi | 我的母 |
| （11）子 | filius | 子 | ibni | 我的子 |
| （12）女 | filia | 女 | ibneti b,binti | 我的女 |
| （13）孙男 | nepos | 孙男 | ibn ibni | 我的子之子 |
| （14）孙女 | neptis | 孙女 | ibnet ibni | 我的子之女 |
| （15）曾孙男 | pronepos | 曾孙男 | ibn ibn ibni | 我的子之子之子 |
| （16）曾孙女 | proneptis | 曾孙女 | bint bint binti | 我的女之女之女 |
| （17）曾孙男之子 | abnepos | 玄孙男 | ibn ibn ibn ibni | 我的子之子之子之子 |
| （18）曾孙男之女 | abneptis | 玄孙女 | bint bint bint binti | 我的女之女之女之女 |
| （19）曾孙男之孙男 | atnepos | 曾孙男之孙男 | ibn ibn ibn ibn ibni | 我的子之子之子之子之子 |
| （20）曾孙男之孙女 | atneptis | 曾孙男之孙女 | bint bint bint bint binti | 我的女之女之女之女之女 |

续表：

| 亲属关系 | 拉丁语<br>亲属称谓 | 译语 | 阿剌伯语<br>亲属称谓 | 译语 |
|---|---|---|---|---|
| （21）曾孙男之曾孙男 | trinepos | 曾孙男之曾孙男 | ibn ibn ibn ibn ibn ibni | 我的子之子之子之子之子之子 |
| （22）曾孙男之曾孙女 | trineptis | 曾孙男之曾孙女 | bint bint bint bint bint binti | 我的女之女之女之女之女之女 |
| （23）兄弟们 | fratres | 兄弟们 | abwati | 我的兄弟们 |
| （24）姊妹们 | sorores | 姊妹们 | ahwati | 我的姊妹们 |
| （25）兄弟 | frater | 兄弟 | akhi | 我的兄弟 |

（第一旁系）

| | | | | |
|---|---|---|---|---|
| （26）兄弟之子 | fratris filius | 侄男 | ibn akhi | 我的兄弟之子 |
| （27）兄弟之子之妻 | fratris filii uxor | 侄媳 | amrat ibn akhi | 我的兄弟之子之妻 |
| （28）兄弟之女 | fratris filia | 侄女 | bint akhi | 我的兄弟之女 |
| （29）兄弟之女之夫 | fratris filiae vir | 侄婿 | zoj bint akhi | 我的兄弟之女之夫 |
| （30）兄弟之孙男 | fratris nepos | 侄孙男 | ibn ibn akhi | 我的兄弟之子之子 |
| （31）兄弟之孙女 | fratris neptis | 侄孙女 | bint ibn akhi | 我的兄弟之子之女 |
| （32）兄弟之曾孙男 | fratris pronepos | 侄曾孙男 | ibn ibn ibn akhi | 我的兄弟之子之子之子 |
| （33）兄弟之曾孙女 | fratris proneptis | 侄曾孙女 | bint bint bint akhi | 我的兄弟之女之女之女 |
| （34）姊妹 | soror | 姊妹 | akhti | 我的姊妹 |
| （35）姊妹之子 | sororis filius | 外甥男 | ibn akhti | 我的姊妹之子 |
| （36）姊妹之子之妻 | sororis filii uxor | 外甥媳 | amrât ibn akhti | 我的姊妹之子之妻 |
| （37）姊妹之女 | sororis filia | 外甥女 | bint akhti | 我的姊妹之女 |
| （38）姊妹之女之夫 | sororis filiae vir | 外甥婿 | zoj bint akhti | 我的姊妹之女之夫 |

续表：

| 亲属关系 | 拉丁语<br>亲属称谓 | 译语 | 阿刺伯语<br>亲属称谓 | 译语 |
|---|---|---|---|---|
| （39）姊妹之孙男 | sororis nepos | 从孙甥男 | ibn akhti | 我的姊妹之子 |
| （40）姊妹之孙女 | sororis neptis | 从孙甥女 | bint akhti | 我的姊妹之女 |
| （41）姊妹之曾孙男 | sororis pronepos | 从曾孙甥男 | ibn ibn akhti | 我的姊妹之子之子 |
| （42）姊妹之曾孙女 | sororis proneptis | 从曾孙甥女 | bint bint akhti | 我的姊妹之女之女 |
| （第二旁系） | | | | |
| （43）父之兄弟 | patruus | 伯父、叔父 | ammi | 我的伯父叔父 |
| （44）父之兄弟之妻 | patrui uxor | 伯母、叔母 | amrât ammi | 我的伯父叔父之妻 |
| （45）父之兄弟之子 | patrui filius | 从兄弟 | ibn ammi | 我的伯父叔父之子 |
| （46）父之兄弟之子之妻 | patrui filii uxor | 从嫂、从弟妇 | amrât ibn ammi | 我的伯父叔父之子之妻 |
| （47）父之兄弟之女 | patrui filia | 从姊妹 | bint ammi | 我的伯父叔父之女 |
| （48）父之兄弟之女之夫 | patrui filiae vir | 从姊妹之夫 | zôj bint ammi | 我的伯父叔父之女之夫 |
| （49）父之兄弟之孙男 | patrui nepos | 从侄男 | ibn ibn ammi | 我的伯父叔父之子之子 |
| （50）父之兄弟之孙女 | patrui neptis | 从侄女 | bint bint ammi | 我的伯父叔父之女之女 |
| （51）父之兄弟之曾孙男 | patrui pronepos | 从孙男 | ibn ibn ibn ammi | 我的伯父叔父之子之子之子 |
| （52）父之兄弟之曾孙女 | patrui proneptis | 从孙女 | bint bint bint ammi | 我的伯父叔父之女之女之女 |
| （53）父之姊妹 | amita | 姑母 | ammeti | 我的姑母 |
| （54）父之姊妹之夫 | amitae vir | 姑父 | arât ammeti | 我的姑母之夫 |

续表：

| 亲属关系 | 拉丁语<br>亲属称谓 | 译语 | 阿剌伯语<br>亲属称谓 | 译语 |
| --- | --- | --- | --- | --- |
| （55）父之姊妹之子 | amitae filius | 姑表兄弟 | ibn ammeti | 我的姑母之子 |
| （56）父之姊妹之子之妻 | amitae filii uxor | 姑表嫂、姑表弟妇 | amrât ibn ammeti | 我的姑母之子之妻 |
| （57）父之姊妹之女 | amitae filia | 姑表姊妹 | bint ammeti | 我的姑母之女 |
| （58）父之姊妹之女之夫 | amitae filiae vir | 姑表姊妹之夫 | zôj bint ammeti | 我的姑母之女之夫 |
| （59）父之姊妹之孙男 | amitae nepos | 姑表侄男 | ibn ibn ammeti | 我的姑母之子之子 |
| （60）父之姊妹之孙女 | amitae neptis | 姑表侄女 | bint bint ammeti | 我的姑母之女之女 |
| （61）父之姊妹之曾孙男 | amitae pronepos | 姑表侄孙男 | ibn ibn ibn ammeti | 我的姑母之子之子之子 |
| （62）父之姊妹之曾孙女 | amitae proneptis | 姑表侄孙女 | bint bint bint ammeti | 我的姑母之女之女之女 |
| （63）母之兄弟 | avunculus | 舅父 | khâli | 我的舅父 |
| （64）母之兄弟之妻 | avunculi uxor | 舅母 | amrat khâli | 我的舅父之妻 |
| （65）母之兄弟之子 | avunculi filius | 舅表兄弟 | ibn khâli | 我的舅父之子 |
| （66）母之兄弟之子之妻 | avunculi filii uxor | 舅表嫂、舅表弟妇 | amrat ibn khâli | 我的舅父之子之妻 |
| （67）母之兄弟之女 | avunculi filia | 舅表姊妹 | bint khâli | 我的舅父之女 |
| （68）母之兄弟之女之夫 | avunculi filiae vir | 舅表姊妹之夫 | zôj bint khâli | 我的舅父之女之夫 |
| （69）母之兄弟之孙男 | avunculi nepos | 舅表侄男 | ibn ibn khâli | 我的舅父之子之子 |
| （70）母之兄弟之孙女 | avunculi neptis | 舅表侄女 | bin bint khâli | 我的舅父之女之女 |

续表：

| 亲属关系 | 拉丁语亲属称谓 | 译语 | 阿剌伯语亲属称谓 | 译语 |
|---|---|---|---|---|
| （71）母之兄弟之曾孙男 | avunculi pronepos | 舅表侄孙男 | ibn ibn ibn khâli | 我的舅父之子之子之子 |
| （72）母之兄弟之曾孙女 | avunculi proneptis | 舅表侄孙女 | bint bint bint khâli | 我的舅父之女之女之女 |
| （73）母之姊妹 | matertera | 姨母 | khâleti | 我的姨母 |
| （74）母之姊妹之夫 | materterae vir | 姆父 | zôj khâleti | 我的姨母之夫 |
| （75）母之姊妹之子 | materterae filius | 姨表兄弟 | ibn khâleti | 我的姨母之子 |
| （76）母之姊妹之子之妻 | materterae filii uxor | 姨表嫂、姨表弟妇 | amrât ibn khâleti | 我的姨母之子之妻 |
| （77）母之姊妹之女 | materterae filia | 姨表姊妹 | bint khâleti | 我的姨母之女 |
| （78）母之姊妹之女之夫 | materterae filia vir | 姨表姊妹夫 | zôj bint khâleti | 我的姨母之女之夫 |
| （79）母之姊妹之孙男 | materterae nepos | 姨表侄男 | ibn ibn khâleti | 我的姨母之女之子 |
| （80）母之姊妹之孙女 | materterae neptis | 姨表侄女 | bint bint khâleti | 我的姨母之女之女 |
| （81）母之姊妹之曾孙男 | materterae pronepos | 姨表侄孙男 | ibn ibn ibn khâleti | 我的姨母之子之子之子 |
| （第三旁系） | | | | |
| （82）母之姊妹之曾孙女 | materterae proneptis | 姨表侄孙女 | bint bint bint khâleti | 我的姨母之女之女之女 |
| （83）父之父的兄弟 | patruus magnus | 伯祖、叔祖 | amm ǎbi | 我的父亲的伯父叔父 |
| （84）父之父的兄弟之子 | patrui magni filius | 从伯父、从叔父 | ibn ammi ǎbi | 我的父亲的伯父叔父之子 |
| （85）父之父的兄弟之孙男 | patrui magni nepos | 再从兄弟 | ibn ibn ammi ǎbi | 我的父亲的伯父叔父之子之子 |

续表：

| 亲属关系 | 拉丁语 亲属称谓 | 译语 | 阿剌伯语 亲属称谓 | 译语 |
|---|---|---|---|---|
| （86）父之父的兄弟之曾孙男 | patrui magni pronepos | 再从侄男 | ibn ibn ibn ammi ăbi | 我的父亲的伯父叔父之子之子之子 |
| （87）父之父的姊妹 | amita magna | 姑祖母 | ammet ăbi | 我的父亲的姑母 |
| （88）父之父的姊妹之女 | amitae magnae filia | 姑祖母之女 | bint ammet ăbi | 我的父亲的姑母之女 |
| （89）父之父的姊妹之孙女 | amitae magnae neptis | 姑祖母之孙女 | bint bint ammet ăbi | 我的父亲的姑母之女之女 |
| （90）父之父的姊妹之曾孙女 | amitae magnae proneptis | 姑祖母之曾孙女 | bint bint bint ammet ăbi | 我的父亲的姑母之女之女之女 |
| （91）母之母的兄弟 | avunculus magnus | 母之母的兄弟 | khâl ŭmmi | 我的母亲的舅父 |
| （92）母之母的兄弟之子 | avunculi magni filius | 母之母的兄弟之子 | ibn khâl ŭmmi | 我的母亲的舅父之子 |
| （93）母之母的兄弟之孙男 | avunculi magni nepos | 母之母的兄弟之孙男 | ibn ibn khâl ŭmmi | 我的母亲的舅父之子之子 |
| （94）母之母的兄弟之曾孙男 | avunculi magni pronepos | 母之母的兄弟之曾孙男 | ibn ibn ibn khâl ŭmmi | 我的母亲的舅父之子之子之子 |
| （95）母之母的姊妹 | materterae magna | 母之母的姊妹 | khâlet ŭmmi | 我的母亲的姨母 |
| （96）母之母的姊妹之女 | materterae magnae filia | 母之母的姊妹之女 | bint khâlet ŭmmi | 我的母亲的姨母之女 |
| （97）母之母的姊妹之孙女 | materterae magnae neptis | 母之母的姊妹之孙女 | bint bint khâlet ŭmmi | 我的母亲的姨母之女之女 |
| （98）母之母的姊妹之曾孙女 | materterae magnae proneptis | 母之母的姊妹之曾孙女 | bint bint bint khâlet ŭmmi | 我的母亲的姨母之女之女之女 |

**续表：**

| 亲属关系 | 拉丁语<br>亲属称谓 | 译语 | 阿剌伯语<br>亲属称谓 | 译语 |
|---|---|---|---|---|
| (第四旁系) | | | | |
| （99）父之父之父的兄弟 | patruus major | 曾伯祖、曾叔祖 | amm jiddi | 我的祖父的伯父叔父 |
| （100）父之父之父的兄弟之子 | patrui majoris filius | 从伯祖、从叔祖 | ibn amm jiddi | 我的祖父的伯父叔父之子 |
| （101）父之父之父的兄弟之孙男 | patrui majoris nepos | 再从伯父、叔父 | ibn ibn amm jiddi | 我的祖父的伯父叔父之子之子 |
| （102）父之父之父的兄弟之曾孙男 | patrui majoris pronepos | 三从兄弟 | ibn ibn ibn amm jiddi | 我的祖父的伯父叔父之子之子之子 |
| （103）父之父之父的姊妹 | amita major | 姑曾祖母 | ammet jiddi | 我的祖父的姑母 |
| （104）父之父之父的姊妹之女 | amitae majoris filia | 姑曾祖母之女 | bint ammet jiddi | 我的祖父的姑母之女 |
| （105）父之父之父的姊妹之孙女 | amitae majoris neptis | 姑曾祖母之孙女 | bint bint ammet jiddi | 我的祖父的姑母之女之女 |
| （106）父之父之父的姊妹之曾孙女 | amitae majoris proneptis | 姑曾祖母之曾孙女 | bint bint bint ammet jiddi | 我的祖父的姑母之女之女之女 |
| （107）母之母之母的兄弟 | avunculus major | 母之母之母的兄弟 | khâl sitti | 我的外祖母之舅父 |
| （108）母之母之母的兄弟之子 | avunculi majoris filius | 母之母之母的兄弟之子 | ibn khâl sitti | 我的外祖母的舅父之子 |
| （109）母之母之母的兄弟之孙男 | avunculi majoris nepos | 母之母之母的兄弟之孙男 | ibn ibn khâl sitti | 我的外祖母的舅父之子之子 |
| （110）母之母之母的兄弟之曾孙男 | avunculi majoris pronepos | 母之母之母的兄弟之曾孙男 | ibn ibn ibn khâl sitti | 我的外祖母的舅父之子之子之子 |
| （111）母之母之母的姊妹 | matertera major | 母之母之母的姊妹 | khâlet sitti | 我的外祖母的姨母 |

续表：

| 亲属关系 | 拉丁语亲属称谓 | 译语 | 阿剌伯语亲属称谓 | 译语 |
|---|---|---|---|---|
| （112）母之母之母的姊妹之女 | materterae majoris filia | 母之母之母的姊妹之女 | bint khâlet sitti | 我的外祖母的姨母之女 |
| （113）母之母之母的姊妹之孙女 | materterae majoris neptis | 母之母之母的姊妹之孙女 | bint bint khâlet sitti | 我的外祖母的姨母之女之女 |
| （114）母之母之母的姊妹之曾孙女 | materterae majoris proneptis | 母之母之母的姊妹之曾孙女 | bint bint bint khâlet sitti | 我的外祖母的姨母之女之女之女 |
| （第五旁系） | | | | |
| （115）父之父之父之父的兄弟 | patruus maximus | 高伯祖、高叔祖 | amm jidd ǎbi | 我的父之祖父的伯父叔父 |
| （116）父之父之父之女的兄弟之子 | patrui maximi filius | 从曾伯祖、从曾叔祖 | ibn amm jidd ǎbi | 我的父之祖的伯父叔父之子 |
| （117）父之父之父之父的兄弟之孙男 | patrui maximi nepos | 再从伯祖、再从叔祖 | ibn ibn amm jidd ǎbi | 我的父之祖父的伯父叔父之子之子 |
| （118）父之父之父之父的兄弟之曾孙男 | patrui maximi pronepos | 三从伯父、三从叔父 | ibn ibn ibn amm jidd ǎbi | 我的父之祖父的伯父叔父之子之子之子 |
| （119）父之父之父之父的姊妹 | amita maxima | 姑高祖母 | ammet jidd ǎbi | 我的父之祖父的姑母 |
| （120）父之父之父之父的姊妹之女 | amitae maximae filia | 姑高祖母之女 | bint ammet jidd ǎbi | 我的父之祖父的姑母之女 |
| （121）父之父之父之父的姊妹之孙女 | amitae maximae neptis | 姑高祖母之孙女 | bint bint ammet jidd ǎbi | 我的父之祖父的姑母之女之女 |
| （122）父之父之父之父的姊妹之曾孙女 | amitae maximae proneptis | 姑高祖母之曾孙女 | bint bint bint ammet jidd ǎbi | 我的父之祖父的姑母之女之女之女 |
| （123）母之母之母之母的兄弟 | avunculus maximus | 母之母之母之母的兄弟 | khâl sitt ǔmmi | 我的母之祖母的舅父 |

续表：

| 亲属关系 | 拉丁语亲属称谓 | 译语 | 阿剌伯语亲属称谓 | 译语 |
|---|---|---|---|---|
| （124）母之母之母之母的兄弟之子 | avunculi maximi filius | 母之母之母之母的兄弟之子 | ibn khâl sitt ŭmmi | 我的母之祖母的舅父之子 |
| （125）母之母之母之母的兄弟之孙男 | avunculi maximi nepos | 母之母之母之母的兄弟之孙男 | ibn ibn khâl sitt ŭmmi | 我的母之祖母的舅父之子之子 |
| （126）母之母之母之母的兄弟之曾孙男 | avunculi maximi pronepos | 母之母之母之母的兄弟之曾孙男 | ibn ibn ibn khâl sitt ŭmmi | 我的母之祖母的舅父之子之子之子 |
| （127）母之母之母之母的姊妹 | matertera maxima | 母之母之母之母的姊妹 | khâlet sitt ŭmmi | 我的母之祖母的姑母 |
| （128）母之母之母之母的姊妹之女 | materterae maximae filia | 母之母之母之母的姊妹之女 | bint khâlet sitt ŭmmi | 我的母之祖母的姑母之女 |
| （129）母之母之母之母的姊妹之孙女 | materterae maximae neptis | 母之母之母之母的姊妹之孙女 | bint bint khâlet sitt ŭmmi | 我的母之祖母的姑母之女之女 |
| （130）母之母之母之母的姊妹之曾孙女 | materterae maximae proneptis | 母之母之母之母的姊妹之曾孙女 | bint bint bint khâlet sitt ŭmmi | 我的母之祖母的姑母之女之女之女 |

（婚姻上的亲族关系）

| | | | | |
|---|---|---|---|---|
| （131）夫 | vir b, maritus | 夫 | zoji | 我的夫 |
| （132）夫之父 | socer | 翁 | ammi | 我的伯父叔父 |
| （133）夫之母 | socrus | 姑 | amrât ammi | 我的伯父叔父之妻 |
| （134）夫之祖父 | socer magnus | 夫之祖父 | jidd zoji | 我的夫之祖父 |
| （135）夫之祖母 | socrus magnus | 夫之祖母 | sitt zoji | 我的夫之祖母 |
| （136）妻 | uxor b,marita | 妻 | amrâti | 我的妻 |
| （137）妻之父 | socer | 岳父 | ammi | 我的伯父叔父 |
| （138）妻之母 | socrus | 岳母 | amrât ammi | 我的伯父叔父之妻 |

续表：

| 亲属关系 | 拉丁语<br>亲属称谓 | 译语 | 阿剌伯语<br>亲属称谓 | 译语 |
|---|---|---|---|---|
| （139）妻之祖父 | socer magnus | 妻之祖父 | jidd amrâti | 我的妻之祖父 |
| （140）妻之祖母 | socrus magnus | 妻之祖母 | sitt amrâti | 我的妻之祖母 |
| （141）继父 | vitricus | 继父 | ammi | 我的伯父叔父 |
| （142）继母 | noverca | 继母 | khâleti | 我的姨母 |
| （143）继子 | privignus | 继子 | karŭti | 我的继子 |
| （144）继女 | privigna | 继女 | karŭteti | 我的继女 |
| （145）女婿 | gener | 女婿 | khatan b,saha | 女婿 |
| （146）媳妇 | nurus | 媳妇 | kinnet | 媳妇 |
| （147）夫之兄弟 | lever | 夫兄、夫弟<br>（伯、叔） | ibn ămmi | 我的伯父叔父之子 |
| （148）姊妹之夫 | maritus sororis | 姊夫、妹夫 | zôj akhti | 我的姊妹之夫 |
| （149）妻之兄弟 | uxoris frater | 内兄、内弟 | ibn ămmi | 我的伯父叔父之子 |
| （150）妻之姊妹 | uxoris soror | 姨姊、姨妹 | bint ămmi | 我的伯父叔父之女 |
| （151）夫之姊妹 | gloss | 大姑、小姑 | bint ămmi | 我的伯父叔父之女 |
| （152）兄弟之妻 | fratria | 嫂、弟妇 | amrât akhi | 我的兄弟之妻 |
| （153）寡妇 | vidua | 寡妇 | armelet | 寡妇 |
| （154）鳏夫 | viduus | 鳏夫 | armel | 鳏夫 |
| （155）父属亲属 | agnati | 父属亲属 | | |
| （156）母属亲属 | cognati | 母属亲属 | | |
| （157）姻亲 | affines | 姻亲 | | |

# 第六章

# 与家族制相关联诸制度出现的顺序

## 顺序中的一部分是假定的

现在拟对于在家族制的几种连续形态的发展中有所贡献的各种风俗与制度，将其间相互关系的地位予以序列，作为本编的终结。将此等风俗与制度衔接起来成为一种顺序，其中有一部分自是假设的；但是在它们之间确有无疑的及密切的关系存在。

此种顺序包含着对于家族制度由血缘形态发展到单偶形态上曾发生过影响的主要社会的与家族的诸制度。[①] 它们应了解为在人类各支派中的发生大抵是如下所示的顺序，并且一般地存在于与其相应的发展阶段中的各支派之间。

---

① 这里所提出的顺序，是从发表在《人类血族制与姻族制》的顺序加以修正而成的。参阅《人类血族与姻族制》，四八○页。

顺序的阶段

第一阶段：

（一）杂交的男女关系。

（二）一群兄弟和姊妹——直系的和旁系的——之间的婚配：由此产生——

（三）血缘家族（家族制的第一阶段）：由此产生——

（四）马来式亲属制。

第二阶段：

（五）以性为基础的社会组织，以及倾向于遏止兄弟姊妹间结婚的群婚风俗：由此产生——

（六）群婚家族（家族制的第二阶段）：由此产生，——

（七）氏族组织，排除兄弟姊妹于婚姻关系之外：由此产生——

（八）图兰式及加罗汪尼亚式亲属制。

第三阶段：

（九）氏族组织势力的增强及生活技术的改善，将一部分人类进展到开化的低级状态：由此产生——

（十）一男一女间的单独婚姻，但是没有一种独占的同居：由此产生——

（十一）对偶家族（家族制的第三阶段）。

第四阶段：

（十二）在少数平原地域中的牧畜生活：由此产生——

（十三）父权家族（家族制的第四阶段，但是家族制的特别阶段）。

第五阶段：

（十四）私有制的发生，以及关于财产的直系继承法的制定：由此产生——

（十五）单偶家族（家族制的第五阶段）：由此产生——

（十六）雅利安式、闪族式以及乌拉尔式的亲属制；引起图兰制的解体。

## 在起源顺序上各制度之间的关系

对于上面所提出的各种风俗及制度的顺序将略加解说，借以探索它们的关联以及它们间相互的关系，作为关于家族制发展论述的终结。

有如在地质的构成上可以划分为连续的岩层一样，人类的诸部落也可以按照他们相对的进步状况分成为连续的发展阶段。当他们如此被划分以后，它们便以某种过程的确实性显示人类从野蛮到文明的全部进步的历程。对于每一个连续的阶段的透彻的研究，就可以把它的文化及特性上的任何特殊的地方显露出来，从它们的差异中与关联中，对于整体将获得一个明确的概念。当这步工作完成的时候，人类进步上连续的各阶段便可明确地了解了。在此等阶段的形成中，时间是一重要的因素，并且对于每一文化时期必须以不吝啬的尺度将其划分出来。在文明时代以前的每一时期，必然地要以许多千年期的时间来代表。

（一）杂交的男女关系——这种男女杂交的状况，表示在野蛮阶段中可能想像的最低状态——它代表人类进步阶梯的最下阶段。在这种状态之下的人类，和环绕在他们周围的各种动物差不多没有什么区别。不知婚姻为何事，大抵过着游群生活，他们不只是野蛮人，而且只具有一种微弱的智能与更微弱的道德观念。他们向上的希望，在于他们情欲的盛旺，因为他们好像总是勇敢的；在于他们具有在体质上解放了的双手，在于他们具有可以进步性质的心灵及道德的潜在力。这种见解，当我们从文明人退到野蛮人的时候，头脑容积的减少与动物特性的增加，就可以得到确证；而对于原始人的必然的劣等性亦予以一些证明。假令我们可能发现人类此种最早期的代表的话，那么，这种人类必定远在现在地球上生存的最低下的野蛮人之下。在地球上各地方所发现的粗笨的燧石工具，并且连现在生存的野蛮人也都不使用；这一点，便可证明在人类离开他的原始的住所而营捕渔生活、开始扩张到大陆各地域的当时，他们的状况是何等野蛮。这是在这种原始的野蛮人之间，而且只是在他们之间，才可以推定杂交的存在。

讲到这里，我们便可以问，关于这种原始状态的存在，究竟有什么证据？作为一种答案，我们可以说：血缘家族及马来式亲属制必须假定这种杂交的先行存在为前提。这种杂交的男女关系，大约是仅限于人类以果实为食及栖息于原始住所的时期中，因为从人类进到捕鱼生活依赖于人工所获得的食品而开始扩张到广泛的地域以后，这种杂交的男女关系大约便不能继续了。到了此时，血缘团体将要开始结成，团体内婚则成为一种必要，其结果则为血缘家族的形成。总之，我们从亲属制所推论出来的人类社会最古的形态，即是这种家族制。这种家族制的产生，大约是由于在男子方面由若干人为着在团体中营共同生活及抵御社会的强暴以保卫他们的共同妻室所形成的一种契约性质的结合。在另外一方面，在血缘家族之上已被深深地烙上了这种假定先行存在的社会状态的痕迹。血缘家族在一定的制限之内承认杂交，而这种制限亦不是极狭隘的制限，并且血缘家族由它的机构指向一种更恶劣的社会状态，它在其上加上了一种掩护。由杂交的原始游群进到血缘家族，其间虽是一大步，但不需要一种中间型的形态。如果这种形态曾经存在过，但不曾留下有任何痕迹。不过关于这个问题的解答并不关重要。至少为着现在，我们只要获得由血缘家族制在最低的野蛮状态中所划分出来的一个正确的出发点，便已足够了。它把我们对于人类早期状态的知识带到接近于原始的时代了。

希腊人及罗马人所知道的野蛮部落中，甚至于他们所知道的开化部落中，也有认为是生活在男女杂交关系之中的。例如希罗多德①所记述的北非的奥惜安人（Auseans），布林移（Pliny）所记述的爱西阿比亚（Æthiopia）的格拉曼德人（Garamantes）②，斯特累波③所记

① 第四卷，第一八〇章。
② 格拉曼德人只是同居，并无婚姻制度。《自然史》第五卷，第八章。
③ 第四卷，第五章，四节。

述的爱尔兰的克勒特人等皆是。后者对阿剌伯人①亦有同样的简单记述。但是，不论任何人民，在人类进到有观察记录的时代以后犹如群居的动物一样生活于杂交的状态之中是不可能有的。像这样人民能够从人类幼稚的时代继续保存下来，很明白地也不可能。以上所举出的例子——并且还可以加上其他的许多例子——如果认为他们是从群婚家族之下所发生的现象，反可以较好地说明；这种现象对于那般外来的观察者，以其有限的观察方法，将呈现如以上所列举的各著作家所记载的外在征候。杂交可从理论上推论出来作为血缘家族的一种必要的先行存在的社会状态；但是，这种事实已隐蔽于人类的远古迷雾之中，而为实证的知识所能达到的范围以外了。

（二）一群兄弟和姊妹——直系的和旁系的——之间的婚配——在这种婚姻形态之中，家族才开始产生。它是家族制的根源。马来式的亲属制，为它在古代的盛行提供了决定性的证据。以血缘家族制在古代的存在一经建立以后，其他的家族制便可以解释为是相互依次发生的形态。由这种婚姻形态产生（三）血缘家族及（四）马来式亲属制，这就决定了顺序中的第三和第四的位置。血缘家族是属于野蛮低级状态中的家族形态。

（五）群婚风俗——在澳大利亚人的男女级别结合为婚姻的关系中，我们就发现了群婚团体。在夏威夷人之间，也发现同样的团体，与这种团体所表现的婚姻风俗。所有一切人类的部落，凡是在现在或在以前具有图兰式亲属制者，在其远祖之间都曾通行过这种风俗，因

———————————

① 第十六卷，第四章，二五节。

为他们必须从群婚的祖先得到这种亲属制。除了这种风俗而外，似乎再也没有其他的事实足以说明图兰式亲属制的起源。我在前面曾经唤起读者注意，即群婚家族所包含的成员与以前的血缘家族是同一的，不过只把同胞的兄弟、姊妹予以除外而已，如果不是在所有情况中都是如此，至少在理论上却是除外的。由于群婚风俗的有益的影响之被发现，所以遂为一般所采用，我相信这一推论是正当的。由群婚婚姻发生（六）群婚家族，这就决定了顺序中的第六的位置。这种家族制大约起源于野蛮中级状态。

（七）氏族组织——氏族制度在顺序中所占的地位，为本节所考虑的唯一问题。在澳大利亚人的级别制之中，群婚团体具有广泛的及有系统的规模。人民也组织成为氏族。在这里，群婚家族较古于氏族，因为这种家族是建立在氏族制以前的级别制之上的。澳大利亚人也具有图兰式亲属制，由于级别制从结合在婚姻上的群婚团体中将兄弟姊妹予以除去，便为图兰式亲属制奠定了基础。他们是出生在级别中的成员，但他们不能互相婚配。在夏威夷人之间，群婚家族却不能创立图兰式亲属制。因为同胞兄弟姊妹往往包含在群婚团体之内，虽然群婚风俗对这种现象有禁止的倾向，但未能加以防止。图兰式亲属制需要群婚家族与氏族组织两者将其产生出来。因之氏族制是在群婚家族之上而后来出现的。就其相对的次序而论，氏族制是属于野蛮中级状态中的组织。

（八）及（九）在前面已经充分讨论过了，兹不复赘。

（十）及（十一）一男一女间的单独婚姻及对偶家族——当人类

脱离野蛮状态进到开化低级状态以后，他们的情况就大大地改善了。为着文明的斗争大半已经赢得。一种缩小婚姻集团中的人数到更小范围以内的倾向，必定在野蛮时代尚未终结以前就已经开始表现出来，因为在开化低级状态之下对偶家族即已成为一种经常的现象。这种风俗使比较进步的野蛮人就其多数的妻室之中认定一人为他主要的妻子，后来随着时代的变迁遂酝酿而成为一男一女的婚配习惯，把这一主妻作为维持一个家族上的伴侣。随着一男一女婚配倾向的增长，子女的生父的确实性亦随之而增加。但是，丈夫可以抛弃其妻，妻亦可以离弃其夫，各人可以随意去追求新的配偶。再者，因为在男子一方面不承认在结婚关系上的义务，所以他也就没有权利去希望他的妻子来遵守这些义务。旧的婚姻制度，随着群婚团体的次第消灭，现在已减缩到狭小的范围以内了，可是，它仍然环绕着正在向前进步的家族，一直跟到文明的边缘。把这种的婚姻缩减到零度，乃是单偶制开始以前的一种先决条件。这种婚姻制度最后消逝于蓄妾主义（hetærism 或译赫特主义）的新形式之中，一直随着人类达到文明时代，留为家族上的一种暗影。群婚家族与对偶家族之间的差异，大于对偶家族与单偶家族之间的差异。在时间上，对偶家族次于氏族组织，而氏族组织则是产生对偶家族的主要助力。对偶家族是介在群婚家族及单偶家族之间的一种过渡形态，由于它不能对于图兰式亲属制予以实质的改变，而单偶制则能够单独地予以推翻一点上来看，就可以明白了。从可伦比亚河一直到巴拉圭（Paraguay）境内，印第安人的家族一般是对偶制，群婚制只限例外的区域，单偶家族制则或者完全没有。

（十二）及（十三）牲畜生活及父权家族——我们在前面曾经讲过，多妻制并不是这种家族制的基本特征，它是代表发扬个人的个性的一种社会运动。在闪族的诸部落间，这种家族是在一个男家长之下为着牛羊的牧养、土地的耕作以及互相保护与生存的一种仆从与奴隶的组织。多妻制则是偶然的。有一个男子为首领、有一种独占的同居，这种家族是在对偶家族之上的一种进步，所以决不是一种后退的运动。它对于人类的影响是有限的；但是，它却是人类对于其前代的社会状态的一种自白书，是为了抵抗前代的那种社会状态所设计的一种防御物。

（十四）私有制的发生，以及关于财产的直系继承法的制定——和最终产生希伯来式及拉丁式父权家族的运动独立，财产——随着种类与数量的增加——对于向着单偶制方面的进展给予了一种不断的及经常增加的影响。在人类的文明中财产所给予的影响，是难以估量的。它是将雅利安及闪族诸民族带出开化状态而进入文明状态的动力。财产观念在人类心灵中的发展，始而微弱，而终于成为主要的嗜欲。政府与法律的设立，主要的是为了财产的创造、保护与享用。它发明了人类奴隶制度来作为它生产的工具；其后在累积了数千年的经验以后，又发现自由人是制造财产的比较更良好的机器，而引起奴隶制度的废除。人类心灵中固有的残酷性，文化与基督教之力虽然将其缓和、然未能予以根除，现在仍然暴露出人类的野蛮根源；关于这种残酷性表现得最鲜明的，莫过于在数千年来有记载的历史中人类奴隶制度的实行。随着财产所有者的子孙承袭其遗产法则的成立，严格的单偶家族制才第一次有其可能。逐渐地，虽然是缓慢地，这种婚姻形态与一绝对的同居，才成为一般的而不是例外的了；但是，要直至文明时代开始以后，它才成为永久的制度。

（十五）单偶家族——有如其最后所构成者，这种家族制确定了子女的亲权，以个人所有权代替了动产、不动产中的共同所有权，并以子女的绝对的继承权代替父方亲族的继承权。近代社会的基础，即是建立在单偶家族制之上的。人类以往的全部经验与进步，在这一卓越的制度中达到顶点而得到结晶。它是一种缓慢发展的产物，其根源则远植在野蛮时代之中，是积各时代之经验所形成的最后的结果。虽然在本质上是属于近代的制度，实则是一种广泛的、与多种多样的经验的产物。

（十六）雅利安式、闪族式以及乌拉尔式的亲属制，在本质上是相同的，是由单偶家族制所造成的。其所包含的亲属关系，都是实际存在于此种婚姻形态与此种家族形态之下的。一种亲属制不是一种武断的条规，而是一种自然的发展。亲属制表明，而且在必然上必须表明，当这种制度形成的当时所出现于普通人心目中的关于血缘关系的实际事实。因为雅利安制证实一种单偶家族的先行存在，所以图兰制证实一种群婚家族的先行存在，马来制证实一种血缘家族的先行存在。这些亲属制所包含的证据，必须视为确实的，因为它们在每一情况中都具有说服的性质。这三种婚姻制度、三种家族形态与夫三种亲属制的存在既经证实，那么，对于在前面顺序中所提示的十六项中便有九项证实了。关于其余各项的存在与关系的事实，都是有充分证据为保证的。

# 人类退化说的批判

我在这里所提出的见解，据我所知，是和数世纪以来为一般所接受的一种假定相抵触的。这即是用人类退化的假设来解释开化人与野蛮人的存在，因为他们被发现在心身上是如此的远在所想像的一种假定的原始人类的标准之下。但是，这种假说，从来就不是为事实所支持的一种科学的命题。它被互相关联系列的发明和发现，被社会制度前进的发展与家族制的各种连续的形态所反驳了。雅利安与闪族，都是从开化的祖先传递下来的。现在，问题就摆在我们的面前了：这些开化的人民，如果他们不先经过开化中级状态的经验、不获得开化中级状态的技术与发展，他们怎样能够达到他们初次出现于历史之中的那种开化的高级状态呢？再者，如果他们不经过开化低级状态的经验，他们又怎样能够达到开化中级状态呢？在这些问题的后面，更有另外一个问题，即如果不经过以前的野蛮阶段，开化人又能够从哪里出来呢？所以，这种人类退化的假说，必然会导致另外一种主张，即凡是与雅利安人和闪人没有关联的以外一切人类的种族，都是不正常的种族——即是由他们正常状态堕落下来的种族。雅利安民族及闪民族代表人类进步的主流，这是真实的，因为他们将人类的进步带到了所能达到的最高点；但是，我们有正当的理由来假定，在他们区别成为雅利安与闪族诸部落以前，他们是开化部落的所不可区别的集团中一个构成部分。既是此等部落的自身，在很早以前系出自开化状态的祖先，而在更早以前系出自野蛮状态的祖先，那么，所谓正常与不正常种族的区分便失掉其根据了。

　　还有一层，我所提出的各种制度出现的顺序，也是和那一部分有名的学者们所得出的某些结论相抵触的。在他们对于社会起源的推论中，他们采用了希伯来型及拉丁型的父权家族当作是家族制的最古的形态，并且由之产生出了最早的有组织的社会。因此，就把人类从其幼稚期起就赋予了一种在家长权力之下的家族制的知识。在最近的学者中，及在其中最有权威者，当首推亨利·梅因爵士，他对于古代法的起源及古代制度的早期历史的卓越研究，大大的增进了我们关于这些问题的知识。如果我们跟着古典派及闪派诸大家的线索向上追溯，父权家族是我们所能找出来的最古的家族形态，这是真实的；但是，沿着这些线索研究，不能突过开化高级状态以外，至少留下了四个整个文化的大时期全未涉及，它们之间的关联未予认识。然而，我们必须承认，关于人类初期状态的资料是最近才研究出来的，严谨的研究者对于放弃旧的学说接受新的见解采取慎重的态度，我以为也是正当的。

　　各种发明与发现继续不断地一个接着一个的出现于历史之中，这对于主张人类退化说者确是不幸的。人类对于绳索的知识一定在弓矢的知识之前，犹如对于火药的知识在毛瑟枪的知识之前，以及蒸汽机的知识在火车轮船的知识之前一般；所以人类生存的各种技术，是在长时期的距离间互相接着出现的，人类使用的工具，是先经过燧石及岩石的各种形式，然后才变为铁制的。同样，政府的各种制度，乃是从原始思想的萌芽而来的一种发展。成长、发展与传递，是它们在文明诸民族中存在的所必需的解释。单偶家族是由经验，通过对偶家族，从群婚家族发展而来的，而更早是从血缘家族发展而来的事实，其明确的程度并不亚于前者。如果最后，我们迫不得已放弃单偶家族的远古性，我们却获得了单偶制的起源的知识，这对于我们是更为重要的，因为它揭露了我们之所以获得它的代价。

　　人类出现于地球上的时期之久远，现在已为很多的证据所证实，足以说服一般没有偏见的人们了。人类的存在，可以肯定地远溯到欧洲的冰河时代，甚至于更在冰河时代以前的时代。我们现在已不能不承认人类存在的漫长的及未曾估计的时期。我们现在既已确定了人类生存于地球上的时期是如此之长久，那么我们的好奇心要知道最近几十万年间或更多的年间，人类在地球上的生活是怎样的，我想是自然的同时也是正当的。人类所经过的全部时间决不能是虚掷了。人类伟大的及其可惊异的成就，证明是与此相反的，同时也暗示着人类在漫长的文化时期中所耗费的努力。文明的出现是如此其晚近的事实，提示着人类在其进步途程上的困难之大，并且，对人类在其进步途程的出发点上，水平是何等的低下一事实提供了若干暗示。

　　以上所提出的顺序，或许需要修正，也或许在它的某些项目中需要本质的改变；但是，这个顺序，就已经知道的来说，对于人类经验的诸事实以及人类诸部落间在发展家族观念与政府观念的人类进步的历程，提供了一种合理的而且满意的说明。

# 附　录

## 约翰·福·马克楞喃的《原始婚姻》

本书正在付印的时候，我得到了一册《原始婚姻》的增订本。这本书是由原版再加上几篇论文而成的，现在命名为《古代历史研究，其中包括〈原始婚姻〉的再版》（Studies in Ancient History Comprising a Reprint of Primitive Marriage）。

其中论文中的一篇题为"类分式的亲属制"，马克楞喃君在这篇论文里面用了一节（四十一页）的篇幅，企图反驳我对于类分式亲属制起源的解释，以另一节（三十六页）提出他自己对于类分式亲属制起源的说明。在开始所提及的假说，即包含在我的《人类血族及姻族制》一书中（四七九至四八六页）。关于这种制度的各种事实与其说明，基本上是和在本书以前数章内（第三编第二章和第三章）所陈述的是相同的。《原始婚姻》在一八六五年初次出版，《人类血族及姻族制》则在一八七一年出版。

搜集各种事实证明了类分式亲属制的存在以后，我才敢于提出一种假说，并列出表解，以说明类分式亲属制的起源。那个假说是很有用的，并且是为获得真理所必不可少的，没有什么可以怀疑的地方。在《人类血族及姻族制》中以及在本书中所提出的答案的正确性，将靠它能否充分的说明关于这一问题的所有一切事实。直等到有一种更好的学说来代替它以前，我认为我的假说在我的书中所占的地位是合法的，并且是与科学的研究方法相符合的。

马克楞喃君对于我的这个假说，曾经任意地加以批评。他的结论大致如下："我对于这个问题的讨论所费去的篇幅，似乎与其重要性是不相称的；但是，因为摩尔根君的著作系由斯密逊研究所出版，在其著作中曾得到合众国政府的协助，所以很广泛地作为一部权威著作为人所引用，现在我不避烦琐地来证明它的完全不科学性，似乎是值得的。"（见《古代历史研究》，三七一页）马克楞喃的攻击不只是单独地对于这个假说，而把我的整著作均包括在内。

《人类血族及姻族制》一书包含"亲属表解"一八七页，展示出一百三十九个人类部落和民族的亲属制，就数字上言，代表全人类种族的五分之四。不料，由亲属称谓所表明的关于亲属关系的赤裸裸的事实，甚至于以表解的形式出之，还是"完全不科学性"的，这真有些令人奇怪了。这部著作的主要部分都是讨论这些亲属制的干枯无味的详细事实的，仅仅留下最后一章，在全书五百九十页中仅占四十三页，是用来比较这些亲属制的，而我的解答方案或假说即是在这一章里面提出的。它是这一大堆新材料的最初次的讨论，如果马克楞喃的攻击只限于这一章以内，那么，我在这里就没有加以讨论的必要。但是，他的主要的攻击是针对着表解的；否认它们所表现的制度是亲属制度，这样一来，这个问题就非彻底地弄清楚不可了。①

马克楞喃君的立场，在下面的事实内可以找着一个说明，即是假若把它们作为亲属制而论，它们抵消了及反驳了他在《原始婚姻》里面所提出的主要的意见及理论。《原始婚姻》的著者要坚持他的成见，这是可以想象而知的。

试举例来说吧。譬如：作为亲属制而论，（1）它们证明马克楞喃的新名词，"外婚制和内婚制"，有如在其《原始婚姻》中所用者，究竟是否有用，是大成问题的；这两个名词的地位，却被颠倒了。"内婚制"这个名词，在《人类血族及姻族制》里面所讨论的事实上并不适用，至于"外婚制"不过仅仅是氏族的一个法则，也应当当作氏族的一种法则来对待。（2）它们由于证明了男系的亲属系统在同一民族中与女系的亲属系统是经常被承认的一点，反驳了马克楞喃的"只由女系的亲属系统"一语。（3）它们证明纳壹尔（Nair）和中国西藏的多夫制，在人类部落间决不是一般的现象。（4）它们否认了在《原始婚姻》里面所提出的"盗妻"的必要和范围。

我们若把马克楞喃所作为攻击的根据予以考察，不独证明马克楞喃的批评的失败，并且证明他这些批评所依据的理论的不充分性。这样一种的考察所导致的结果，对于他的全部著作是极为不幸的，由

---

① "虽然，这些'表解'，是这一研究的'主要成果'。在这些表解的重要性和价值中，按著者所能够指出的，超越它们内容的任何现在所能利用的范围以外。"——《人类血族及姻族制》，《斯密逊研究所对于知识的贡献》，第十七卷，第八页。

下面各命题的讨论，将会使其明白。即是：

（一）在《原始婚姻》里面所使用的主要名词和理论，在民族学上没有价值。

（二）马克楞喃的关于说明类分式亲属制的起源的假说，并未说明它的起源。

（三）马克楞喃对于在《人类血族及姻族制》里面提出的假说所持的异论，全然没有力量。

我现在对于以上所提出的三个命题，将依次来加以讨论。

# 一　在《原始婚姻》里面所使用的主要名词和理论在民族学上没有价值

当《原始婚姻》出版时，颇为一般民族学者所欢迎，因为作为一部推理的论著而论，它涉及了民族学家们在长时期中所进行研究的若干问题。但是，对于这一论著稍一精细地阅读，便不难发现它在定义上的缺陷，无根据的假定，粗疏的臆测和谬误的结论。斯宾塞尔（Herbert Spencer）在他的《社会学原理》（Principles of Sociology，见一八七七年一月《通俗科学月报》，二七二页，先印页）里面，曾将这些缺点指出了许多。同时，他拒绝马克楞喃关于"杀女婴"、"盗妻"以及"外婚制"和"内婚制"的理论的大部分。在他的著作里面，除掉他所罗列的民族学上某些事实而外，其所余留下来的东西，就很难找出了。

（1）关于马克楞喃对于"外婚制"和"内婚制"两名词的使用法。

"外婚制"和"内婚制"——是他自己杜撰的名词——是指某种个人的集团"以外结婚"的义务、和集团"以内结婚"的义务而言的。

这两个名词，被马克楞喃如此空洞和不准确地应用到他从他所征引的著者们使他们知道的有组织的集团上去，致使他的名词和结论没有多大的价值。氏族和部落，或是氏族与部落所代表的集团，作为在社会组织中一有机系列的单位上，未曾互相加以区别，致使所谓"外婚制"或"内婚制"，不能知道其是指哪一种集团而言的，这即是《原始婚姻》一书的根本困难之所在。举例来说，譬如同一部落中八个氏族里面的某一个氏族，就其自身而论，可以说是"外婚的"，但就其他七个氏族而论，又可说是"内婚的"。不仅如此，这两个名词，就这一事例来说，如果正确应用，则是易于引起误解的。马克楞喃好像是提出两个大原则，代表着对于人类事业曾发生过影响的两个不同的社会状态。其实，"内婚制"对于《原始婚姻》里面所论究的社会状态是很少适用的；至于"外婚制"则只可视为是一氏族——一种制度，即社会组织的一种单位——的一种法则或规律。影响人类事业的是氏族，氏族才是第一性的事实。所以我们就立刻关心要知道氏族的功能和属性，与其成员的权利、特权和义务了。关于这些重大的事体，马克楞喃并未有加以论及，他对于成为古代社会统治制度的氏族，似乎连一点概念也没有。氏族法则中的两种：（一）氏族内通婚的禁止。这即是马克楞喃所说的"外婚制"——这种禁令往往只限于同一氏族之内，但是马克楞喃讨论到外婚制时并未曾提及氏族。

（二）在氏族的原始形态中，世系只限于女系；这就是马克楞喃所说的"只由女系亲属的系统"，但是，马克楞喃论及此时亦未涉及氏族。

让我们对于这个问题，更进一步加以探究。马克楞喃对于部落的系统及部落下了七个定义（《古代历史研究》，一一三至一一五页），如下：

纯粹的外婚制——1.部落的（或家族的）系统——各个部落是彼此分离的。每一部落的一切成员都属于同一血统，或伴装做是属于同一血统。在部落的成员间禁止婚配。

2.部落的系统——部落，是家族团体的一种集合体，在部落里面分成为小区分、克兰、萨姆（thums）等组织。在属于同一小区分的成员之间不能婚配；所有小区分间均可以婚配。

3.部落的系统——部落是家族团体的一种集合体。凡是家族名称指向他们是属于同一血统者，彼此之间不能婚配。

4.部落的系统——部落划分成小区分。同一小区分内的各个成员之间不能婚配；有些小区分之间可以婚配；其他小区分之间，部分地可以婚配。

5.部落的系统——部落划分成小区分。属于同一血统的个人间不能婚配；每一小区分间和某些其他小区分间，可以婚配。某些小区分间不能婚配。族级制。

纯粹的内婚制。6.部落的（或家族的）系统——部落互相分离。每一部落的一切成员都属于同一血统，或以为他们自己是属于同一血统的。部落成员间的婚配；禁止在部落以外结婚，并加以惩罚。

7.部落系统不明。

对于部落系统下了七种定义，应该把所谓部落的团体界说清楚，使其具有充分的明晰性足以加以识别了。

但是，第一种定义却是一个谜。一个部落系统中包含数个部落，但是，对于这些部落的联合体却没有一个名称。它们并不以为是形成一个联合的团体的。这些分离的部落怎样结合成一个部落的系统，或怎样将它们联系在一起，则不得而知。各个部落的一切成员都属于同一血统，或以为是属于同一血统的，所以他们之间不能通婚。他这种说法，或许可以认为是对于一个氏族的描写；但是，氏族则决没有与其他的氏族分离而单独存在的。在任何由氏族所构成的一部落中，其中有某些氏族由于通婚而互相混合。但是，马克楞喃在这里不能是把部落用来和氏族相等，或者当作是家族团体的一种集合团体。作为分离的各血族团体结合在一部落系统之中，对于这些团体既未加以界说，对于部落系统亦未加以说明，这就对我们提出了一种完全新的东西了。至于第六种定义，也和第一种定义差不多。不可能有一种部落能够与这两种定义中的任何一种定义相合者，在地球上任何一部分曾经存在过；因为它既不是一氏族，也不是由氏族构成的一部落，更不是由部落的合并而形成的一民族。

第二、第三、第四以及第五，四种定义要比较明晰些。它们显明一个部落是由多数氏族、或由以亲属关系为基础的小区分所构成的。

但是，这种组织，与其说是一个部落的系统毋宁说是一个氏族的系统。因为同一部落内的克兰、萨姆或小区分之间许可通婚，所以在这两种场合中都不能认为部落是"外婚的"。就克兰、萨姆或小区分的本身而论则是"外婚的"，但是，就其与其他的克兰、萨姆或小区分的关系而论，则又是"内婚的"。在某些情况中，据说有特殊的限制存在。

当马克楞喃把"外婚制"与"内婚制"这两个名词运用到一个部落上的时候，我们怎样能够知道他所说的部落、或是指着包含在一部落系统中的数个分离的部落里面的一个部落而言呢？（不管其意义如何）抑是指着解释为一种家族团体的集合体那样的一个部落而言呢？接着在次一页（《古代历史研究》，一一六页）他说道："这种分离的内婚部落在数目上，以及它们于某些方面在粗野的程度上，是和分离的外婚部落差不多是一样的。"如果他用部落作为是一种家族团体的集合体，它是由氏族组合而成的一个部落，那么，就不能说是部落的"外婚制"了。无论在地球上的任何部分，凡是由氏族组成的部落，其采取"外婚制"的，绝没有任何可能。凡是发现有氏族组织的地方，氏族内通婚是被禁止的。这即是马克楞喃之谓"外婚制"了。但是，作为同样的一般性的规则，同一部落内的某一氏族的成员，与其他所有氏族的成员间的通婚，则是被许可的。氏族是"外婚的"，部落在本质上则是"内婚的"。由上面所举出的情况而论，不必言其他者，我们要知道部落一语所包含的究竟是什么，这一点，是极关重要的。我们可再举出另一种例证（《古代历史研究》，四二页）："如果我们能够证明：第一、外婚部落的存在，或曾经存在过；第二、在比较粗野的时代中各个分离部落的相互间的关系，是一律，或差不多一律敌视的；那么，我们就发现了一套情况，男子唯一能得到妻子的方法就是掳掠她们。"在这里，我们可以找出马克楞喃的"盗妻"学说的起点了。要造成马克楞喃之所谓"一套情况"（即敌视的，因而也就是独立的部落）看来，那么，他在这里所用的部落必须是指着较大的集团，即是指着由氏族组成的部落而言。因为在一个部落所占领的全部地域中的各氏族的成员，在每个家族中都由通婚而互相混杂。照马克楞喃的说法，所有这些氏族必须是敌视的，不然，便无有了。如果这一名词是指较小的集团而言——即氏族，那么，氏族是"外婚的"；至于部落，在这一情况中，则八分之七是"内婚的"；然则，促成"盗妻"的"一套情况"，又变成什么了呢？

在《原始婚姻》中所引证来证明"外婚制"的主要例证，是干德（Khond）族、卡尔马克（Kalmucks）族、塞加西亚（Circassians）族、幼拉克·萨慕耶（Yurak Samoyeds）族、印度和澳大利亚的某几种部落以及美洲的某些印第安部落，易洛魁部落也包含在其内（《古代历史研究》，七七至一〇〇页）。美洲的部落，就一般言之，都是由氏族构成的。一个男子不能和他属于同一氏族的女子结婚；但是，他可以和他自己部落里面的其他任何氏族的女子结婚。举例来说，譬如易洛魁·辛尼加部落的狼氏族的男子，不只禁止和辛尼加部落中狼氏族的女子结婚，并且禁止和其他五部落中的狼氏族的女子结婚。在这里我们有了马克楞喃所说的"外婚制"；但是，总是限制在个人所属的氏族以内的。但是，一个辛尼加部落的男子，能够和其他任何七个氏族的女子结婚。在这里我们有部落的"内婚制"，是其余的七个辛尼加氏族每一个氏族中的成员所实行的。这两种习惯在同一部落中是同时相并存在的，而且从古以来就是同时并存的。这件事实，在美洲的印第安人诸部落间一般地都是如此。虽然，马克楞喃却把这些部落引用来作为"外婚部落"的例证；如此，便进入他的学说的基础了。

关于"内婚制"，马克楞喃或者最好不要用于以上所述的例证之中：第一，因为"外婚制"和"内婚制"不能代表两个对立的原则，有如存在于他的想象之中者一样；第二，因为在实际上只有一件事实是可以指明的，即是在氏族以内相互通婚是被禁止的。美洲的印第安人一般地能够在他自己的部落以内或与其他的部落通婚，如果他们愿意的话；但是，不能在他们自己的氏族以内结婚。马克楞喃对于"内婚制"只能举出一个较好的例证，这即是满洲鞑靼族（Mantchu Tartar）（《古代历史研究》，一一六页），在这一族的里面，"他们禁止不同家族名称个人之间的通婚"。此外，在现时存在的部落间，还可以找出了几个同样的例证。

如果我们对于马克楞喃所举出的这些例证，如西伯利亚的幼拉克·萨慕耶族（《古代历史研究》，八二页）、尼泊尔地方的马加族（《古代历史研究》，八三页）以及印度的蒙尼波利（Munniepore-es）、科波（Koupooees）、谟（Mows）、穆拉姆（Muram）和穆林（Murring）诸部落（《古代历史研究》，八七页），在他们原有的证据上加以考察，我们极可能发现他们恰恰是和易洛魁诸部落相类似的；这些"小区分"和"萨姆"等即是氏族。拉塔谟论及萨慕耶族的幼拉克或卡索窝（Kasovo）团体时，引证克拉普洛特（Klaproth）的话如下："这种亲属关系的区分，是如此严格的遵守着，所以没有一个萨慕耶族的男子，从他自己所属的亲属之中娶妻的事。反之，他从其他另外两个团体中去找妻室。"[1]又拉塔谟论及马加族时说道："在他们之中有十二个萨姆。凡是属于同一萨姆的各个人，都以为是从同一的男性祖先传下来的；女性祖先的世系，在他们中是没有必要的。所以夫和妻必须是属于不同的萨姆。同一萨姆内的结婚是没有的。你想娶妻么？如果你想的话，那么，向你的邻居的萨姆中去找，无论如何，向你自己的萨姆以外去找。我得叙述这种风俗的机会，这要算是第一次，但是，这将不是最后的一次，相反地，它所提示的原则是如此其普通，几几乎是普遍的。"[2]印度的穆林部落和其他部落亦是分成小区分的，对于婚姻制亦有同样的规定。在这些部落中，也或者可以说是由氏族构成的，并禁止在氏族内通婚。就氏族的自身而论，各个氏族都是外婚的，就对于同一部落的其他氏族而论，则是内婚的。但是，他们却被马克楞喃引用来作为"外婚部族"的例证。又如澳大利亚的主要诸部落，我们也知道是由氏族构成的，氏族内通婚也是禁止的。在这里，氏族又是外婚的，而部落又是内婚的。

　　既然氏族就其自身而论是"外婚的"，就同一部落的其他氏族而

---

[1]　《叙述民族学》，一八五九年伦敦版，第一卷，四七五页。

[2]　同上书，八〇页。

论又是"内婚的",那么,又有什么用处要用两个名词来指明一件事实呢——即氏族内禁止通婚?把"外婚制"和"内婚制"作为两个名词以为它们能代表或表明两种相反的社会状态,是没有什么价值的。这两个名词在美洲的民族学上没有什么用处,或者在亚洲和欧洲的民族学上也没有什么用处。把"外婚制"这个名词单独地应用到一种小集团(氏族)之上,也只有在这种小集团之上可以应用,则是可以容许的。在美洲没有"外婚的"部落,而"外婚的"氏族则比比皆是。当氏族制被发现时,我们所留心的则是它的规则,而这些规则应该指出是属于一个氏族的规则。马克楞喃发现克兰、萨姆、小区分是"外婚的",发现克兰、萨姆和小区分的聚合体是"内婚的",但是他全未提及"内婚制"。他也未提及克兰、小区分或萨姆是"外婚的",而是说部落则是"外婚的"。既是如此,我们可以假定:他是把部落用作和克兰、萨姆和小区分相等的意义的;但是,他把一部落又解释为是"家族团体的集合体,分成为小区分、克兰和萨姆,等等",那我们就遇着困难了(《古代历史研究》,一一四页),并且接着他又说道:"这种分离的内婚部落在数目上,以及它们于某些方面在粗野的程度上,是和分离的外婚部落差不多是一样的。"(《古代历史研究》,一一六页)若是我们根据他所提出的一些主要定义,那么,我们可以说在《原始婚姻》的里面马克楞喃君对于"外婚的"部落并不曾举出一个例证;像我们这样说法,是不会有什么矛盾的顾虑的。

此外,我们对于他这一对名词还有另外一种异议。马克楞喃是把这两个名词用来指示两个相反及不同的社会状态的。既是如此，那么，这两个名词所代表的两种社会状态，哪一个比较粗野呢？哪一个比较进步呢？在这里，马克楞喃便把所有的慎重都置之度外了。"它们代表由外婚制到内婚制的一种进步，或者，是由内婚制到外婚制的一种进步；"（《古代历史研究》，一一五页）"它们可以是同样原始的；"（《古代历史研究》一一六页）"它们就某些方面而论"是同样粗野的（《古代历史研究》，一一六页）；但是在这一讨论未终结以前，"内婚制"则升到优越的地位，并走向文明的一边，而"外婚制"则倒向野蛮的一方面去了。这对于马克楞喃的臆测便成为方便之门了，他以"外婚制"产生异质的血统，用"内婚制"来革除它而产生同质的血统，所以他以为"内婚制"在人类进步上所发生的影响，最后是高于"外婚制"的。

马克楞喃的错误之一，就在他把这两个名词的位置颠倒了。在人类进步的顺序中，他所说的"内婚制"实在"外婚制"之前，"内婚制"是属于人类最低的状态的。当人类进步到形成马来式亲属制的时候，这即在氏族制之前，我们在婚姻关系中发现血缘团体。这种亲属制指明出这种血缘团体的事实与性质，并且显明出"内婚制"的原始的力量。从这种社会状态更向前进展，最初对于"内婚制"加以抑制的，则为群婚团体，它将同胞兄弟姊妹从婚姻关系之中予以除去，同时又在兄弟姊妹的名称之下把从兄弟从姊妹、再从兄弟再从姊妹以及更疏远的从兄弟从姊妹，仍保留其婚姻关系之中。同一的事实，在澳大利亚以性为基础的组织中也可以发现出来。在这一时代以后，氏族制便出现了，世系以女性为本位，氏族内结婚则被禁止。于是，便产生了马克楞喃所说的"外婚制"。自此以后，"内婚制"在人类的进步上便不成为一种影响了。

根据马克楞喃，"外婚制"在进展的社会中即陷于衰败的命运；当世系改变为男系时，它在希腊及罗马诸部落间便消失了（《古代历史研究》，二二〇页》。实则，事实则与此相反。马克楞喃君所谓"外婚制"者，在野蛮时代中与氏族同时开始，继续经过开化时代，一直保留到文明时代。这种制度在梭伦时代和塞维阿·塔力阿时代在希腊人和罗马人氏族之间的完全存在，与现时在易洛魁氏族之间的存在完全是一样的。"外婚制"和"内婚制"这两个名词，被在《原始婚姻》中的用法完全所玷污了，现在我们最好的办法，就是把这两个名词放在一边不提。

（2）关于马克楞喃的"完全由女系的亲属系统"一术语。

在《原始婚姻》里面充满了这一术语。它断言凡是这种亲属制所通行的地方，这是唯一为人们所承认的亲属关系。于是，就将一种错误写在它的面上了。图兰式、加罗汪尼亚式以及马来式亲属制，明白地及确凿地指明男系的亲属关系，与女系的亲属关系一样，是经常被承认的。一个人有兄弟、姊妹、祖父母和孙儿孙女，其计算是由男系而同时亦是由女系的。子女的生母可以确实的加以确定，而子女的生父却不能够；但是，他们却不因为以生父的不能确定而否认男系的亲属关系，但是却将这种怀疑的利益给予一些个人——即可能的父亲便放在亲父的范畴以内，可能的兄弟便放在亲兄弟范畴以内，可能的儿子便放在嫡子的范畴以内。

在氏族组织出现以后，女系的亲属则更加增加其重要性了，因为它区别氏族的亲属与非氏族的亲属缘故。这种亲属制，在一大半的情况中，即是在马克楞喃所引用的一般著作家中使他知道的一种亲属制。氏族的女性成员的子女，则保留在氏族以内；至于男性成员的子女，则被除外。在世系以女系为本位时，氏族的每一成员完全由女系计算他或她的世系；在世系以男系为本位的时候，氏族的每一成员则完全由男系计算其世系。氏族的成员，是一种血亲的有组织的团体，具有一共同的氏族名称。他们是由血缘关系维系在一起的，进而更为相互间的权利、特权和义务所维系。氏族亲属在这两种情况中都成为高于其他的亲属；这并不是因为不承认有其他的亲属，而是因为这种亲属能够享受一氏族的权利和特权。马克楞喃不曾发现这种区别，显示他对于他所论述的问题缺乏充分的研究。以世系为女系，一个男子在他的氏族内，有祖父母、母亲、兄弟、姊妹、舅父、外甥、外甥女以及孙儿孙女；有些是属于直系的，有些是属于旁系的；同时，在他的氏族以外，除舅父而外，他也有同一的亲族关系；并且还要加上父亲、姑母、子女和表兄弟。一个女子在她的氏族以内，也有和男子同样的亲属，并且还另外加上她的子女。至于在氏族以外，她的亲族关系和男子也是相同的。不拘在氏族以内或是在氏族以外，一个兄弟即认为是一个兄弟，一父亲即认为是一个父亲，一儿子即认为是一个儿子，并且同一的称谓在两种情况中（氏族内及氏族外）都可以没有差别地加以应用。女系本位，只能是"完全由女系的亲属系统"之所指，由此便可以看出它不过是氏族的一种规则，而并非其他。它也应该作如是看待，因为氏族是基本的事实，氏族亲属不过是氏族的属性之一。

在氏族组织出现以前，女系的亲属系统无疑地较男系的亲属系统为优越些，而且无疑地是较低级的部落集团所依以组织的主要基础。但是，在《原始婚姻》的里面所论述的各种事实，和存在于氏族制度之前的人类的状态，很少有、甚或没有关系。

（3）关于纳壹尔和中国西藏的多夫制的普遍性，没有证据。

多夫制的这两种形态，在马克楞喃的推论里面，用来一若是普遍的习惯一样。它试想用它们来作为类分式亲属制起源的说明。纳壹尔的多夫制，是几个没有亲属关系的男子共有一妻（《古代历史研究》，一四六页）。这是多夫制的最原始的形态。中国西藏的多夫制是几个兄弟共有一个妻。马克楞喃于是在人类部落中作了一种迅速列举，来证明这种或那种多夫制的普遍性，其实他完全未有证明它们的普遍性。马克楞喃似乎不知道多夫制的这些形态，只是例外的，甚至在厄尔盖利山地（Neilgherry Hills），或中国西藏地方，也不能是一般的。假令平均三人共有一个妻（十二人共有一妻是纳壹尔的极限——《古代历史研究》，一四七页），并且在全部落内是一般性的，那么，三分之二的可婚的女子将没有丈夫。我们敢于断言像这样的情况在人类部落间决未有一般地存在过，在没有更好的证据之下，就是在厄尔盖利山地或中国西藏地方也是难以相信的。关于纳壹尔多夫制的事实，我们知道得不充分。"一个纳壹尔男子可以是数个丈夫组合的当中的一个；即是说，他可以有任何数目的妻子。"（《古代历史研究》，一四八页）虽然这种方法可以增加一个妻子的丈夫的数目，但是并不能帮助未婚的女子得到丈夫。"杀女婴"的恶习也不能将其夸大来把多夫制的这些形态升成为一般的制度。我们更不能说这种婚姻形态，在人类的事业上曾经发生过普遍的影响。

但是，马来式、图兰式以及加罗汪尼亚式的亲属制，却能说明多妻制和多夫制的各种形态在人类的事业上所给予的影响，因为当这些亲属制出现的时候，这些婚姻制度的流行之广正如与这些亲属制一般。在马来制的里面，我们发现建立在兄弟姊妹之间结婚基础之上的血缘团体的证据，但是在这种婚姻团体的里面则包含有旁系的兄弟姊妹。在这种婚姻制度之下，男子则系多妻，女子则系多夫。在图兰制与加罗汪尼亚制的里面，我们发现一种比较进步的团体的证据——即两种形式的群婚团体。其中一种是以丈夫的兄弟关系为基础，其他一种则以妻子的姊妹关系为基础；同胞的兄弟姊妹，到了这一时期，则被排除于婚姻关系之外。在每一团体中，男子是多妻的，女子是多夫的。这两种习惯都在同一团体内存在；二者都是为说明他们的亲属制所必需的。加罗汪尼亚式亲属制是以团体内的群婚的存在为前提的。加罗汪尼亚制所表现的多妻制与多夫制，则是为民族学上所从事研究的制度；至于纳壹尔和中国西藏的多夫制，不但不足以说明这些亲属制，而且没有普遍的重要性。

这些亲属制，有如我在表解中所列出者，给予了在《原始婚姻》中所提出的学说及意见如此沉重的打击，无怪乎马克楞喃对我对于这些制度起源说明的假设加以攻击，以及他试想用另一种假设来代替并否认它们是亲属制度了。

## 二　马克楞喃的关于说明类分式亲属制的起源的假说并未说明它的起源

马克楞喃说："（类分式亲属制）的各种形态所表现出来的各种现象，最后都可以归诸婚姻制，因之，其起源亦必须于此中求之。"（《古代历史研究》，三七二页）这即是我的说明的基础；而不过只是马克楞喃自己说明的一部分根据而已。

马克楞喃所企图用来解释马来制起源的婚姻法则，是在纳壹尔的多夫制中找到的；他所企图用来解释图兰制和加罗汪尼亚制起源的婚姻法则，是在中国西藏的多夫制中找到的。但是，他既没有纳壹尔的亲属制，又没有中国西藏的亲属制，可以用之来说明或证实他的假说的。他没有任何从纳壹尔或中国西藏来源而得来的材料，并以绝未有在具有类分式亲属制的部落及民族中存在过的婚姻法则的形态来开始他的论证。因之，我们发现他对于现在所讨论问题的解释，从开始起不过只有一种随口杂凑的臆说而已。

马克楞喃否认表解（《人类血族及姻族制》，二九八至三八二页；五二三至五六七页）中的制度为亲属制度。相反的，他主张那些制度，总而言之，不过"是一种称呼人们的方式的制度"。他的否认是很含糊的；不过他的语调的涵义却是如此的。在我的《人类血族及姻族制》一书中，我曾经指明美洲的印第安人在日常交际中以及在正式寒暄中，他们都是用彼此间所处的准确亲属关系相称呼的，而决不用个人的名字相称呼；并且同样的习俗也流行于南印度和中国人之间。印第安人之其所以采用这种制度以作致敬之用者，正是因为这种制度是一种亲属制度——这是一种最高的理由。马克楞喃希望我们相信这些无所不包的制度，只不过是一种惯例，其形成只不过在使人们于祝贺时彼此用以相称呼而已，并没有其他的用意。把现存关于人类早期状况最特出的记录抛弃而不顾，这倒是处理这些制度的一种方便方法。

在马克楞喃的想象中，以为必定另外还有一种亲属制度与称呼的制度完全独立；"因为这似乎有理由来相信"，他说："血缘的纽带和称呼的制度，将一同开始发生，所以在一短时期间，将有一共同的历史。"（《古代历史研究》，三七三页）一种血缘的纽带，即是一种亲属制度。然则，他所谓失掉了的制度，究竟又在什么地方呢？马克楞喃既不曾拿出这种制度来，又不曾证明它的存在。但是，我发现只要合乎他的假说时，马克楞喃却把我列在表解中的制度当作亲属制度应用，他却不费一番烦劳去修改他以前的断言，说这些制度只不过是一种"人们称呼的款式"。

全世界的野蛮部落和开化部落，从古以来就能这样的关心他们对于亲属称呼的适当的方式，以致能产生这样完全与繁复的马来制、图兰制和加罗汪尼亚制，只为作称呼而不作其他的用处，并且只产生了这两种制度，再未产生其他制度——而在亚洲、非洲、坡里内西亚和美洲诸部落间这些制度都应该如此的相同，例如某一假定个人的祖父的兄弟应称之祖父，长于己身的兄弟应称之为兄，幼于己身的兄弟应称之为弟，凡此种种，都不过是为了称呼亲属的一种习惯方式——这些符合之点是如此其显著，而为这样一种渺小的理由，将足以使这一巧妙概念的作者去相信它吗？

一种人们称呼方式的制度，都是无恒久性的，因为一切成为惯例的习俗都是无恒久性的缘故。这种称呼方式的制度之不同，必然地，也有如人种之不同。但是，一种亲属制度则是一种不同的东西。它所包含的亲族关系是从家族形态和婚姻制度的里面而产出来的，并且较家族制的本身具有更大的恒久性，家族向前进步，而亲属制则保持不变。此等亲属关系，表明当亲属制形成时候的社会状况中所实际存在的事实，在人类的生活上有其一种日常的重要性。它们在地球上广大区域中的一致性，它们在无限的年代中能够得到保存，都是因为它们与婚姻法则相关联的结果。

当马来式亲属制形成的时候，我们可以假定一个母亲能够感觉到她自己的子女，对于她处于某种亲属关系的地位，而且能够用适当的称呼去表达出来；她自己的母亲和她的母亲自己的母亲，对于她立于某种其他亲属关系之上；她自己的母亲的其他子女，对于她更处于某种其他亲属关系之上；她自己的女儿的子女，对于她更处于某种其他亲属关系的地位；所有这些亲属关系，都可以用适当的称呼表达出来。这种事实，就可以产生出一种建立在明白的血缘纽带基础之上的亲属制的开始。这种事实将奠定马来制中的五种亲属关系范畴的基础，而与婚姻的法则无关。

当团体内婚和血缘家族出现时，对于二者马来制都提供有证据，这种亲属制必将在这些主要概念的基础上扩展到整个团体中去。以一群兄弟姊妹——直系的或旁系的——间的结婚，其所产生的亲属制将必定是马来式。任何解释马来式亲属制起源的假说，如果忽略了这些事实，一定都是要失败的。像这样一种形态的婚姻和家族，其所产生的亲属制必定是马来式。它从开始起，将必定是一种亲属制，并且只有这样才可以说明。

如果我的这些见解是正确的话，那么，对于马克楞喃的解说便无详细考虑的必要了。为一种哲学的讨论，他的假说过于模糊，并且为这些亲属制度的起源完全不能提供一种说明。

## 三　马克愣喃对于在《人类血族及姻族制》里面 提出的假说所持的异议全然没有力量

对于事实的同样的误解，和对于观念的同样的混淆，其标志着他的上面的一篇论文者，也出现于此一论文之中。当由血缘而生的亲属关系与由婚姻而生的亲属关系，存在于一些同一个人之间时，他就不能将其区别清楚，并且他对于这些亲属制的亲属关系中也造成了许多错误。

我们对于马克楞喃关于我所提出的假说的批评，用不着逐条来讨论，其中有些是玩弄词句，有些是歪曲附会，没有一处是触着问题的本质的。他所企图反驳的第一个命题，照他所说的如下："马来式亲属制，是一种血缘关系的亲属制度。摩尔根假定这一事实，但没有言及关于作出这一假定的障碍。"（《古代历史研究》，三四二页）实际上，马来式亲属制一部分是血缘关系的制度，一部分是婚姻关系的制度。这是一种彰明较著的事实。譬如父母、兄弟、姊妹、子女、伯叔父、舅父、姑母、侄儿侄女、外甥、外甥女、从兄弟、从姊妹、表兄弟姊妹、祖父母、孙儿孙女等亲属关系；与夫由婚姻而来的一切亲属关系，都在表解中一一列出，而提示于马克楞喃君之前了。这些制度不言自明，不能是别的东西，而只能是亲属制。难道马克楞喃以为所举出的部落中还有另外一种制度，是和表解中所提出者不同吗？如果他这样想，那么，他就有义务将这种制度拿出来，或建立这种制度存在的事实。但是，马克楞喃一样也没有做。

关于马克楞喃所举出的二三特殊之点，我们也可以加以考虑。他说："如果一个男子被称为是某一个未生育他的女子的儿子，他之被这样称呼，很明白地是不能用自然血统的原则来说明的。在这一情况中，所号称的亲属关系，是一种不是实际存在于个人间的血统所能够知道的那样近的一种关系；因之，摩尔根的命题未有将其弄清楚。"（《古代历史研究》，三四六页）依据马克楞喃的这一段话的表面看来，其所涉及的问题，并不是血统的问题，而是由婚姻而生的亲属关系的问题。一个男子称他的母亲的姊妹为他的母亲，他的母亲的姊妹称他为儿子，虽然他的母亲的姊妹并不曾生育他。这是在马来制、图兰制和加罗汪尼亚制之下是如此的。不拘在血缘家族或群婚婚姻之下，一个男子的母亲的姊妹，便是他的被称为父亲的妻子。有如在我们亲属制中能提供的最近似的类似，她是他的继母，在我们之中称继母为母，继母称她的继子为子。作为一种血缘的亲属关系（它自身也不以为是如此的），它是不可解，这是真实的；但是作为一种婚姻上的亲属关系（它自身也自以为是如此的），这就可以了解了。马克楞喃君的推理，在很多地方都是和这里所说的是一样的似是而非，一样的谬误。

马克楞喃从论究马来制到图兰制的时候，他说："从上面所述看来，一个男子的儿子和他的姊妹的女儿，虽然号称为兄弟姊妹，但是，当'部落组织'成立以后，他们将可以自由婚配，因为他们是属于不同血统的部落的。"从这一段文字开始，他便支离附会的写出了二三页的论辩，来证明"摩尔根的理由是不充分的"。如果马克楞喃对于图兰式和加罗汪尼亚式亲属制的翻阅曾加以相当的注意的话，他一定会发现"一个男子的儿子和他的姊妹的女儿"，并不"号称为兄弟姊妹"。与此相反，他们却是表兄弟、表姊妹。这即是马来制和图兰制之间的一个最明显的及最重要的不同之点，也就是表示马来制的血缘家族，和图兰制的群婚家族之间的一个不同之点。

一般的读者，殆不可能费一番工夫来熟习这些亲属制的详细项目。除非他能够轻松自由地跟着这些亲属关系，那么，关于这种制度的讨论，与其是一种愉快，毋宁是一种困惑的源泉。马克楞喃自由地使用这些亲属关系的称谓，但在所有的情况中都用得不正确。

在另一个地方（《古代历史研究》，三六〇页），马克楞喃君曾说我把婚姻和同居区别为两件不同的东西，其实我并没有这样做过；继之，他便以一种词藻的衔饰，在《原始婚姻》的里面堪称得是最为有声有色的了。

最后，马克楞喃更举出两个他以为是无可辩解的错误，在他的意见看来，使我的对于类分式亲属制起源的说明粉碎无余了。"在企图说明类分式亲属制的起源中，摩尔根犯了两个根本的错误。他的第一错误，就是他没有着实地来考察这种制度的主要的特点——这种制度对于有亲属关系的人们的分类；即他没有在分类的起源中寻求这种制度的起源。"（《古代历史研究》，三六〇页）试问这种制度与其分类之间究竟有什么不同之点呢？其实，二者所指的均是同一的事物，不能有任何可能使二者能各指不同的东西。寻求这种制度的起源，即是寻求分类的起源。

"第二个错误，毋宁说是谬见，就是他太随便地把这种制度假定为血缘纽带的制度。"（《古代历史研究》，三六一页）实则，在这里并没有什么谬见，因为在表解中所列举的人员，都是从一个共同的祖先传下来的，或者是与他们中的某个或某些人由婚姻而发生的关系。他们与在表解中由叙述来表明雅利安制、闪族制和乌拉尔制中的人员全是同一的（《人类血族及姻族制》，七九至一六七页）。包含在每一种以及所有这些亲属制中的人员，在事实上，彼此都是由血亲或姻亲的关系结合在一起的。在后者中每一种亲属关系是特殊化了的，在前者中他们被类分成为范畴；但是，在两者中，其最终的基础则是同一的，即实际的血缘关系和婚姻关系。在前者中是集体的结婚，在后者中是一男一女的单偶婚，于是便产生了两者间的差异。在马来制、图兰制和加罗汪尼亚制之中，由于在它们表现的人们的共同血统，具有一种为血缘关系的坚实的基础；至于对于婚姻的亲属关系的基础，我们必须于它们所指示的婚姻形态中求之。依据研究和比较，证明两种不同的婚姻形态，是说明马来制和图兰制的必要条件；由此，在一方面可以作为血缘婚姻存在的标准，在另一方面，可以用为群婚婚姻存在的标准。

至于亲属称谓之经常被用为致敬之用，这正是因为它们是亲属称谓的缘故，所以才如此使用。马克楞喃企图把它们变成为人们称呼的习惯方式，是无效的。虽然他对于这种见解特别加以强调，但是，在他企图说明它们起源的时候，他并没有把它们仅用作为"称呼的方式"。若仅就他对它们有任何利用的话，他都是把它们当作严格的亲属称谓使用的一种"人们称呼方式的制度"，可不能离开亲属制度而独立的发生，有如语言之不能离开它所代表的或表示的观念而独立的发生一样。如果把这些名词应用到称呼时，除掉它们所表明的血缘和婚姻的关系而外，还可以给它们以什么意义呢？仅仅缺乏一种称呼人们的方式，决不能产生在地球上广泛的地域以内，连微小项目均相同的这样伟大的一些制度。

马克楞喃对于类分式亲属制起源的说明与本书中所提出的说明之间所存在的本质上的差异——它是否是人们称呼的方式的一种制度，抑或是一种亲属制度——我很愿意将这个问题提出请读者判断。

# 第四编
## 财产观念的发达

# 第一章

# 三种继承法

现在剩下来要研究的问题，即是在各文化时期中财产制的发展，财产所有权及其继承所发生的诸法则，以及财产所给予古代社会的影响。

关于财产的最早的观念，是与生活资料的获得密切相关联的，而生活资料的获得则是基本的需要。物品的享有，将自然地随着在连续的各文化时代中与生活方法所依赖的那些技术的增加而增加。因之，财产的发展，将与发明及发现的进步同时并进。每一文化时期，都较其前的一时期显示着更显著的进步，不只在发明的数量上是如此，就是在由发明数量的增加上所产生的财产的种类与数量的增加上，亦是如此。随着财产种类的增加，关于财产的享有及继承的某些法律，亦必因之而发展。这些财产所有权及其继承的法律所依据的风俗，是由社会组织的状况及进步所决定和制限的。由此视之，财产的发展，是与标志着人类进步中各文化时期的发明与发现的增加、以及社会制度的改善密切相关联的。

## 野蛮状态中的财产制

关于这一问题的任何见解，如果把人类由发明及发现以及由体现于制度、风俗、习惯中的诸观念的发展上所获得的一切东西全部加以剥夺，而要想象人类在他们生存的这种早期中的状况是如何，则是很困难的。人类的进步，从一种纯粹无知和无经验的状态出发，在时间上是很缓慢的；但是进步率却是几何级数的。人类可由一连串的必要推论上溯到一个时期，在其时人类不知道用火，没有发音分明的语言，以及人工制造的武器，他们与野兽无异，依靠地面上自生的果实以维持其生存。缓慢地，几乎不可觉察地，他们进入了野蛮状态，由手势语言及不完全的声音而进到发音分明的语言；由作为最初的武器的棍棒而进到附有燧石尖的矛，最后进到弓矢；由燧石刀及凿而进到石斧及石槌；由柳条及藤制的篮子而进到涂有黏土的篮子，使其成为能用火煮食物的容器；最后进到制陶术，由之而制造出能耐火的器皿。在获得生活资料的方法中，人类从局限于一定的地域的自然果实，而进到海滨的鳞介鱼类，最后更进到淀粉根块及猎获的鸟兽。用树皮纤维所制成的绳索，用植物纤维浆所制成的一种布，用来制服装及覆盖帐篷的皮革的硝制，最后用梁柱建筑而盖以树皮的房屋，或盖以用石楔纵劈的木板所盖的房屋，凡此，再加上以上所述的各项，都是属于野蛮状态中的东西。其他比较次要的发明，可以列举火钻、鹿皮鞋以及雪靴。

在野蛮时期告终之先，与原始时代相较，人类学会了维持多数人的技能；他们已广泛的繁殖于地面之上，获得了各大陆利于人类进步的一切可能性。在社会组织上，人类已由血缘的游群，进而到组织成氏族的部落；因而具有了主要政治制度的萌芽。人类在这个时候，才有效地开始了他达到文明的伟大途径之上，甚至于只在当时，发明中的发音分明的语言，技术中的制陶术，以及制度中的氏族制，才基本上有所保证。

野蛮时代，在人类的情况中造成了莫大的变化。在人类中领导进步的那一部分人类，最后组织成氏族社会，而发展为散处于各处村落中的小部落，这种事实，具有一种刺激发明能力的倾向。他们的强健的精力，以及较为粗野的技术，主要地都集中于生存上面。他们还没有达到以木栅为村落防御的状态，也没有达到以淀粉食物为生活资料的状态，食人主义的灾祸尚尾追着他们。上面所举的技术、发明及制度，除了在语言上有惊人的进展而外，差不多代表人类在野蛮时代中所获得东西的总合。从其总合来看，其所获得的东西似乎鲜少；然而，其中却有无限的潜在力，因为其中包含有关于语言、政治、家族、宗教、房屋建筑和财产的基本要素，以及生活技术的主要萌芽。所有这些东西，他们的子孙在开化时代中加以更充分的发展，并且更为他们的文明时代的子孙正在完成着。

　　但是，野蛮人所有的财产是微少不足道的。他们关于财产的价值、可欲性及其继承的观念是极其微弱的。粗糙的武器、纺织品、器具、衣服、燧石制的、石制的及骨制的工具以及个人的装饰品等，代表野蛮生活中的财产的主要项目。财产的占有欲在他们的心目中尚未形成，因为财产的本身几不存在。这种欲望，则留待遥远以后的文明时代发展成为一种充沛的活力，而使"好得的贪欲"（studium lucri）现今在人类的心灵中便成为如此一种支配的力量了。在野蛮时代，土地是为部落所共有，尚未成为一种财产的项目，而共同住宅则为居住者所共有。纯粹属于个人所有的物品，正随着发明的缓慢的进步而次第增加，强大的占有欲，亦正在滋养着它初生的力量。生前视为最贵重的物品，都随着死者而殉葬，以供他在冥中继续使用。所剩留下来的东西，是足够引起其继承上的问题的。但是，在组织成氏族以前，对于这些遗留下来物品分配的方式，我们的知识是有限的，或者完全缺乏。然而，当氏族组织建立以后，便发生财产继承的第一种大法则，这种大法则，将死亡者的所有物分配于他的氏族员之间。在实际上，这些物品却为其最近的亲属占为己有；但这一分配的原则却是一般性的，即财产应保留于死者的氏族之中，并分配与其氏族员。这种原则，为希腊以及拉丁的氏族一直保留到文明时代。子女继承其母亲的物品，而不能从他们的父亲继承任何东西。

# 开化低级状态中的财产制

从陶器的发明到家畜的豢养，或者，作为与其相等的东西，到用灌溉方法种植玉蜀黍及植物，这一时期所经过的时间必定较野蛮时代为短。如果将制陶术、手织方法以及在美洲的耕作技术——这种耕作技术给他们以淀粉食物——除外，则没有其他的伟大的发明或发现来标志这一文化时期。这一时期在进步上最显著的特征则是各种制度的发展。用经纬线手织的方法，似乎是属于这一时期的东西，并且必须列为最伟大的发明之一；但是却不能十分肯定这种技术不是在野蛮时代中达到的。易洛魁以及美洲的其他处于同一状态之下的各部落，他们用榆树及级木皮纤维细线经纬制成质量精良的带子及负重的纽带。[①]这一伟大发明的原则，它在后来衣被了人类，是完全认识了的；但是，他们还不能将它发展来制造纺织的服装。象形文字（picture writing），也似乎是这一时期中才开始出现。如果象形文字发生在开化低级状态以前，到此时则得到了一种相当大的发展。作为这种技术的发展阶段之一，颇饶兴趣的，是它以音符字母的发明而达到顶点。这些相互关联的发明的系列，似乎是如次所示：（一）姿势语言，或个人的象征语言；（二）象形文字或表意符号；（三）象形文字（hieroglyphs）或象征化的符号；（四）表音的象形文字，或用作语句表中的音符；（五）音符字母，或写音（written sounds）。因为写音语言是经过连续发展阶段的一种结果，所以它产生以前的过程是很

---

① 《易洛魁部族联盟》，三六四页。

重要的，同时也是有启发意义的。科班纪念碑（Copan monument）
上所刻的文字，很明显是属于象征化符号级的象形文字。这一点证明
了美洲的土著，他们曾使用头三种形式的文字，正在独立地向着一种
音符字母方向发展。

木栅的发明作为村落防御上的一种设施，防御箭矢——箭矢在
当时已成为一种致命的投射武器——革盾的发明，以及各种配上石
尖或鹿角尖的战斗棍棒的发明，似乎也都是属于这一时期的，这些东
西在处在开化低级状态中的美洲印第安诸部落中，当其被发现时都在
普遍地使用了。装有燧石及骨尖的矛，虽然有时候也使用，但在森林
地带诸部落间则不是常用的武器。[①]在弓矢未发明以前，矛是属于野
蛮时代的东西，在开化高级状态中当装有铜尖的矛开始使用、及格斗
成为战争的通常形式时，它又重新出现成为一种显著的武器。弓矢以
及战斗棍棒，是处在开化低级状态中的美洲土著的主要武器。至于制
陶在所制作器皿的体积增大上及装饰上，也有某些进步；[②]但是，直
到这一时期之末还是极端粗糙的。在房屋的建筑上，其大小以及其构
造式样，也有显著的进步。次要的发明中可以列举的：有打鸟用的吹
气铳、磨玉蜀黍粉的木杵臼、制颜料的石臼钵、陶制及石制的烟斗、
以及烟草的使用；骨制及石制的高级工具，与各种石槌及大槌，其柄
及上端包以生皮；饰以豪猪刺的鹿皮鞋及带等。这些发明中的某些发

---

① 例如：阿吉布洼人便使用枪或矛（She-mä'-gun），其上装燧石尖或骨尖。

② 克里克人所制的陶器，可容二加仑至十加仑。（阿对耳著《亚美利加印第安人史》，四二四页）易
洛魁人以小人面装饰他们的瓮及烟斗，附于上宛如扣子。这一件事是最近斯密逊研究所的丘兴君（Mr.
F·A·Cushing）所发现的。

明可能是从开化中级状态中的部落传播而来的；因为这是由于这种过程的经常的重演，进步较高的诸部落便将进步较低的诸部落提升上来了，只要后者能够尽速地认识及利用这些进步的方法的话。

玉蜀黍及植物的培植，给予了印第安人以一种不发酵的面包，印第安苏科塔悉（succotash，译者按：即玉蜀黍与豆合煮而成之一种食品）及玉蜀黍饭。这种事实，倾向于产生财产的新种类，即耕作地与园圃。虽然土地为部落所共有，但耕作地的一种所有权，现在则承认为是属于个人所有，或一团体所有，而成为一种继承的项目。结合于共同住宅中的团体，大半都是属于同一的氏族的，继承法当然不让其与其亲属关系分离了。

丈夫和妻子的财产及所有物，都各自分别保管，在他们死后各归于其所属的氏族。妻子及子女不能从丈夫及父亲取得任何东西，丈夫也不能从妻子取得物品。在易洛魁人中，倘若一个男子死后而遗有妻子及子女，他的财产则分配给他所属的氏族的成员，其分配的方式：他的姊妹与她们的子女及舅父等得其财产的大部分。他的兄弟可得到一小部分。倘若一个妇人死后而遗有丈夫及子女，则她的子女、她的姊妹、她的母亲以及她母亲的姊妹，继承她的遗产；但是一大部分，则分给她的子女。在以上两种情况中，财产都是保留在氏族以内。在阿吉布洼人中，母亲的财物都分配给她的子女，如果她的子女的年龄达到能够使用这种财物的话；反之，如果子女没有到达这种年龄，或是没有子女，便分给她的姊妹、她的母亲以及她母亲的姊妹，她的兄弟却被除外。虽然他们的世系已改变为男系，但财产的继承还是依照当世系为女系时所通行的法则。

财产的种类及数量较诸野蛮时代则增大了，但是，还不足对于财产的继承上发展一种强烈的情绪。如在上面所述的分配方式中，便可以看出——有如在另一处所言者——第二种继承的大法则的萌芽；这一继承法，将财产给与宗亲亲属，而将其余的氏族员除外。宗亲关系（agnation）及宗亲亲属（agnatic kindred），有如现在所规定者，是假定世系是以男系为本位的；但是，如果世系是以女系为本位，其所包括的人员将完全不同。在这两种情况中的原则，都是同一的，并且在名词上也似乎能够适用于两种情况之中。世系以女系为本位者，其宗亲则系与无遗嘱而死者从一共同祖先而能完全由女系追溯其世系者；在世系以男系为本位者方面，则系专能由男系以追溯其世系者。宗亲关系的基础，是奠立在从同一的共同祖先、在一定的世系之中、在氏族以内由直系传递的个人的血缘关联之上的。

到了现在，在进步的诸印第安人部落间，对于氏族继承的反感已经开始表示出来了。在某些部落中业已被推翻而代之以专由子女的继承。关于这种反感的证据业已在另一处讨论过了，如在易洛魁、克里克、拆洛歧、绰克托、麦诺米尼、克洛以及阿吉布洼诸部落间已经采取了办法使父亲能够将财产（因为现在财产额大量地增加了）传给他们的子女。

食人之风——野蛮时代的残酷的灾祸——的减少，在开化时代的初期是很显著的。在此时期中已不是经常的习惯了；但残留着作为一种战争习惯，经过此时期直至开化时代的中期于这种形式下在合众国、墨西哥及中央亚美利加的诸主要部落间，都可以找得到。淀粉食物的获得，是使人类从这种野蛮的习惯解放出来的主要手段。

我们对于文化上的两个时期，仅予一瞥，即叙述过去了；这两个时期，至少包括人类在地球上生存的全部时期中的五分之四。当在开化低级状态中时，人类的较高的属性，便已开始表现出来。个人的尊严、雄辩的口才、宗教的敏感性、正直、刚毅及勇敢，此时已成为品格的一般的特质；但是，残虐、诡诈以及狂热等，也一样是同样的通常。宗教上自然力的崇拜，对于人格化的神灵及一大主宰的模糊概念，幼稚的诗歌创作、共同住宅以及玉蜀黍面包等，都是属于这一时期的东西。这个时期还产生了对偶家族制，以及组织成氏族及胞族的部落联盟。想象力，这一人类的在向上进步中贡献如此之大的伟大官能，在此时期中已在产生神话、传奇、传说等未记录的文学，而业已给予了人类以强有力的刺激。

## 开化中级状态中的财产制

关于人类在此一文化时期中的状况的知识，较之其他任何文化时代者消失得更为全面。这一时期中人类的状况，表现在南北美洲村落印第安人当其被发现时的开化异彩之中。他们的政治制度、宗教信条、家庭生活的方式、技术以及关于财产所有权与继承权的法则，都是可以完全得到的；但是这种机会却让其错过了。所有现在所残存下来的，不过是埋藏在误解与浪漫的故事之中的一鳞半爪而已。

这一时期在东半球以动物的豢养开始，在西半球则以居住于用土砖建筑的、在有些地方用石条建筑的宏大的共同住宅之中的村落印第安人的出现而开始。与其相俱而来的，则为利用灌溉对于玉蜀黍及其他植物的种植，这就需要人工的灌溉渠，作成方形的园圃（garden bed）以及堤障来保持水分的吸收。当其被发现时，村落印第安人已进展到开化时期的中期之末，他们之中的一部分已有了青铜，这已使他们接近于熔解铁矿的较高的技术了。共同住宅则具有堡垒的性质，是介于开化低级状态的村落木栅与开化高级状态的有城垣围绕的城市之间的东西。在美洲被发现的当时，没有城市（照城市的正当意义来说）。在战争的技术上他们没有多大的进步；除了在防御上建筑了一种高大房屋，这在印第安人间一般地是难以攻破的。但是村落印第安人却发明了一种棉甲（escaupiles），其中填以棉花，以防御矢石，[①]并且，他们又发明了一种两刃的剑（macuahuitl），[②]每边嵌一排燧石尖以作锋刃。他们还是使用弓矢、矛、棍棒、燧石刀、燧石斧以及石制的工具，[③]虽然他们有铜斧及铜凿，但为着某种的理由从未成为一般的用具。

除玉蜀黍、豆、南瓜以及烟草而外，此时则添有棉花、胡椒、

① 厄累剌著《美洲史》第一卷，第四章，一六页。

② 同上书第三章，一三页；及第四章，一六页与一三七页。克拉微嘿洛著《墨西哥史》第二章，一六五页。

③ 克拉微嘿洛著《墨西哥史》第二章，二三八页。厄累剌著《亚美利加史》第二章，一四五页；第四章，一三二页。

蕃茄（tomato）、可可茶（cacao）以及一些果树的栽培。还有一种用龙舌兰（maguey）汁酿成的酒。易洛魁人也用枫树汁酿成了同样的饮料。由于制陶术方法上的改进，品质优良装饰精美而足以容受数个加伦的陶器也制造出来了。碗、壶以及水瓶，则大量的制造。自然金属的发现与使用，最初用作装饰，其后用以制作工具及器皿，如铜斧、铜凿，都是属于这个时期的。将这些金属在坩埚中加以熔解，或许还使用风箱及木炭，并且在模中熔铸，青铜的铸造，粗的石雕刻，木棉织的衣着，[①]石条建筑的房屋，刻在已故酋长墓表上的意标文字及象形文字，计时的日历，标志四时的日至点的石柱，巨型的墙壁，骆马（llama）、一种犬、火鸡以及其他家禽的豢养等，也都是属美洲开化中级状态中的东西。一种组织成教阶的僧侣制，并以特殊的服装相区别，人格化的神与代表它们的偶像及以人作牺牲，第一次出现于这一文化时期之中。墨西哥及古斯各（Cusco），两个各具有两万人口以上的印第安人大村落，在此时期中出现，像这样多的人口的村落，在以前是未曾有过的。在酋长间——政治上的、与军务上的酋长——由于在同一政府之下的人口增加以及事务的繁复，贵族的成分在社会中以微弱的形态开始表现出来。

转向东半球，我们发现属于同一时期的诸土著部落具有供给他们肉食及乳食的家畜，但是可能他们没有园艺及淀粉食物。当这一大发明完成之时，野马、牛、羊、驴、豕、山羊等就可能驯养了，当牛羊成群而变为固定的生活资源之时，其对于人类的进步一定予以了一

———————————

① 哈克卢特（Hakluyt）著《航海记集》第一卷，第三章，三七七页。

种强有力的刺激。但是，直等到畜牧生活为牛羊群的生产及维持成为牢固之后，其效果是不会成为一般性的。在欧洲，当时其主要的地区为森林地带，是不适宜于牧畜生活的；但是亚洲的草原地区，以及在幼发拉底河、底格里斯河（Tigris）以及亚洲其他诸河流流域，则是牧畜生活的自然家乡。畜牧生活将自然地趋向于这些地方；也正是在这些地域之中我们可以追溯我们自己的远祖，在那里我们可以碰见他们，有如闪族的诸畜牧部落一样。谷类及植物的培植，必定在他们从草原地带迁移到亚洲的西部的及欧洲的森林地区之前。这将是由于与他们的生活方式不可分离的家畜的必需而迫使他们实行的。所以我们有理由来假设，雅利安诸部落对于谷物的培植，是在他们往西迁徙之前，或者克勒特人可以除外。麻及毛织品，青铜工具及武器，在此时期中出现于东半球。

这些就是标志着开化时代中期的发明与发现。在此时期中，社会已更高度地组织起来了，社会的事务亦变成更复杂。东西两半球当时所存在的文化上的差异，是它们各自天赋不同的结果；但是，进步的主流则是稳定地向上走向铁的知识及其应用的。要突破走向开化高级状态的障碍，能够保持锋利的刀尖的金属工具是必不可少的东西。铁是能够供给这种需要的唯一的金属。当时最进步的部落都被阻于这种障碍之前，等待着熔解铁矿技术的发明。

从上面的考察就可以很明显地看出，个人财产的巨量增加在此时期中业已发生了，个人对于土地的关系也发生了某种变化。土地的所有权依旧属于部落所共有，但是土地的一部分已划分开来作为维持政府之用，另一部分作为支持宗教上的使用，其他的一部分，亦即更为重要的一部分，即人民从之得到生活资料的一部分，则被分划开来分予各个氏族或分与住居在同一村落的各个人的共同团体。（参看第二编第七章，"阿兹忒克联盟"，克拉微嘿洛氏所说的一段话。）如果任何个人享有土地或房屋而认为是他自己的、有权出售并无条件的转让与他所愿意的任何个人，像这样的制度不只未曾建立而且也不会有。他们由氏族或由个人的共同团体对于土地的共有方式，他们的共同住宅以及他们由互有亲属关系的家族共同居住的方式，都是与土地或住宅的个人所有权不相容的。有权将这样的土地或这样的住宅的一份加以转卖以及将这样的土地或房屋转移与不相干的人，势必破坏他们的生活方式。①关于所有权，如果我们必须假定存在于个人或家族之中的话，则是不能转让的，除非在氏族以内并且在所有者的死亡时，这种所有权将由继承权传与他的或她的氏族继承者。共同住宅及土地的共有，指明一种与个人所有权相矛盾的生活方式。

摩其村落印第安人，除了他们的七个大村落及园圃之外，还有羊群、马、骡以及其他不少的个人财产。他们制造各种大小而质量精美的陶器，用他们自己所纺的毛纱用织机织成毛布。鲍威尔少校（Major J. W. Powell）在阿拉依比（Oraybe）村落曾见到下面的一件

---

① 拿共纳村落印第安人间的一位宣教师撒母耳·戈尔曼牧师，他在新墨西哥历史学会的一篇讲演（第一二页）中说："财产权属于家族的女方，在女系中由母亲传于女儿。他们的土地为共有制，是全社会的财产；但是，在个人开垦了一块土地以后，则他对于这块土地便可认为是他个人所有，可以转卖给同团体中的其他个人。……他们的妇女，一般地都支配其谷仓，他们对于将来较诸他们的邻居西班牙人为有远虑。他们通常作一年之积。所以只有歉收赓续至两年之久时，村落（作为一种共同团体），才感受饥荒。"

事例，这一事例指明丈夫对于妻子的财产或因结婚而生的子女，并未得到何等权利。一个组尼男子娶了一个阿拉依比的女子，一共生了三个子女。他与他的妻子及儿女一直住于阿拉依比直到他妻子死亡的时候，此时适值鲍威尔少校亦在阿拉依比。已故妻子的亲族将她的子女及她的家产全部都拿走了，只留下他的马、衣服及武器。属于他的若干毛布则让他拿走，但是属于他的妻子者则被留下。他和鲍威尔少校一同离开阿拉依比村落，他说要和少校同往圣大·非（Santa Fé）去，再从圣大·非回到组尼他的老家去。另外一个与此同性质的事件，亦发生在摩其的另外一个村落（she-pow-e-luv-ih）中；这个事件也是我的讲述人所看到的。一个女子死了，遗下她的子女、丈夫以及财产。子女与财产则为已故女子的亲族所取去，所有让她的丈夫拿去的只有他的衣服。这个男子是否是一个摩其印第安人，或是属于另外一部落的人，鲍威尔少校虽曾看见过这个人，但不知道。从上面两桩事情看来，子女是属于母亲的，而不属于父亲，甚至在母亲死后父亲亦不许领取其子女。这也是易洛魁人以及其他北部诸落的习惯。还有一层，妻子的财产是分别保管的，在她死后则属于她的亲属。从丈夫不能从其妻子取得任何一物看来，也倾向于指明妻子也不能从其丈夫取得任何东西。在前面已经证明这也是墨西哥村落印第安人的习惯。

女子，同男子一样，对于他们所居住的村落中的房屋的房间及部分，也可能有所有权；并且在既定的法规下，他们无疑地将这种所有权传给与他们的最近的亲族。我们需要知道每一个村落房屋的这些部分是如何为个人所有及如何继承，是否所有者有权将其出卖或让渡与外人，如果不能，他的所有权的性质及范围又是怎样？我们也需要知道，男子的财产归谁继承，女子的财产又归谁继承？费一番少许适当的努力，就可以提供现在急切需要的这些知识。

西班牙的著述家们曾把南部诸部落的土地所有权陷入极度的混乱状态之中。当他们发现土地为许多人的共同团体所有、这些土地他们不能转让、以及在他们中有一人被认为是他们的酋长时，这些著述家们就立即认为这种土地是封建领地，这种酋长是封建领主，共同领有这种土地的人民是领主的陪臣。这一说法，充其量不过是事实的曲解。有一件事情，在这里是极为明白的，即这些土地是为许多人的共同团体所共有的；但是，却还有一件事，其重要性亦不减于前者，则未有提出，即联系这些人于一个团体之中的纽带是什么？如果是一个氏族，或系氏族的一部分，则整个问题就可以立刻得到解决了。

女系本位在墨西哥及中央亚美利加的某些部落间至今尚保存着，但在其他的部落之间，并且可能是在大部分部落之间，已转变为男系本位。财产的影响必定是引起这一转变的原因，女子可以作为男系亲属参加其父亲的财产的继承。在玛雅人之间，世系是男系，但是在阿兹忒克、铁兹旧冈、特拉科班以及特辣斯卡那诸部落间，其世系是男系抑或是女系则难以决定。可能在村落印第安人之间，世系已一般地转变为男系，不过有原始规则的遗留的表现，如军务酋长（teuctli）的公职的承袭即是一例。世系的转变并不能倾覆氏族继承法。有些西班牙的著述家主张子女——有时为长子——继承已故父亲的财产；但是把这些说法与他们的体制分开来看，是没有多大价值的。

在村落印第安人之间，我们应该期待发现继承法的第二种大法则——即将财产分配给男系亲族的法则。如果世系为男系，已故个人的子女则处于男系的亲族之首，其继承遗产的大部分则是极自然的。第三种继承法——它将遗产的绝对的继承权授予已故者的子女——在他们之间可能尚未确立。早期及后期的诸著作家对于继承问题的讨论，都是不能令人满意的，并且空洞而缺乏确实资料。各种制度、习惯以及风俗等还支配着这个问题，也只有它们才能够说明继承的制度。假如没有比我们现在所具有的更好的证据，就不能在这个时期内主张子女的绝对继承权。

## 第二章

# 三种继承法（续前）

　　美洲的土著从没有达到开化时代最后的一个大时期的。根据本书所采用的方案，则这个时期在东半球的开始，是以铁的生产及使用为其嚆矢。

　　如以前所提示的一样，熔解铁矿的技术乃系发明中之发明，与它相比较，则其他一切发明与发现都处于从属的地位。人类，虽然已获得了青铜的知识，但是因为他们缺乏有效的金属工具，以及因为他们对于机械的应用上缺乏充分强度及硬度的金属，所以被阻遏于他们的进步之前了。所有这些特性都于铁之中第一次被找到了。人类智能的高速度的进展，即是从铁的发明而开始的。这一文化时期，从许多方面看，是人类全部经验中最光辉最可惊异的一个时期，是永久可资纪念的一个时期。这一时期中的成就是如此之多，致令人怀疑所归诸于这一时期中的许多成就，有好多是属于其前的一时期的。

# 开化高级状态中的财产制

将近此时期之末，由于定居的农业、制造业、内地交易以及外部贸易等，财产成为巨量，包含各种种类，而其个人所有权便开始普遍起来了，但是，旧有的土地所有制——即土地的共同所有制——除了部分的情形而外，尚未为个别的个人所有权所代替。有组织的奴隶制发生于此时期之中。它与财产的生产系直接相关联的。从这种情况便发生出希伯来式的父权家族制，和处于父权之下的而与此相类似的拉丁诸部落的家族制，以及在希腊部落间与此相类似而形式略加改变的家族制。由于以上所述的这些原因，特别是由于农业而产生的生活资料的巨量的增加，民族便开始发展起来了，从前只能包含数千人口的集团，到了此时上万的人便统一于一个政府之下了。诸部落之定居于一定的地域之内及设防的城市之中，随着人口的增加，使争夺最可欲的领土的斗争更加激烈化。这一情况，倾向于促使战争技术的改进，及增加个人的勇武的酬报。这些生活状态及方式上的变化，显示着文明之行将到来，它将倾覆氏族社会而建立政治社会。

虽然是西半球的居民未能参与到属于开化高级状态中的经验，但是他们却是跟着东半球的居民所经过的同一路径前进的。他们从人类进步的行列中落伍了，其落后的距离，恰恰是与开化高级状态再加上文明状态所经过的年数相等的。

现在，我们拟从所承认的财产的种类以及当时存在的关于财产的享有与继承的法则所显示的，来探溯在此一进步状态中的财产观念的发展。

当文明开始以后希腊人、罗马人以及希伯来人的最初的法律，只不过将体现于习惯与风俗之中的他们前代经验的结果变为法律的立法而已。有了最后的法律及其前的原始规则，介在其中间的变化虽然未能明白地知道，亦可以以相当的正确性加以推测出来。

## 希腊的土地所有法

在开化时代的晚期要完结的时候，土地所有制发生了巨大的变化。这种变化，逐渐地倾向于两种形式的所有权，即国家所有权与个人所有权。但是这种结果尚未十分巩固，直等到达到文明以后。我们已经知道，在希腊人之间，土地的某些部分仍为部落所共有，某些部分为胞族所共有以供宗教上的使用，某些部分则为氏族所共有；但是土地的绝大部分，却沦为个人各别所有了。在梭伦时代，雅典的社会还系氏族社会，土地则一般地为个人所有，并已知道将土地抵押了；[①]但是土地的个人所有权，在当时并不是一种新的事物。罗马的各部落，从其开始建立的时候起，就有一种公开土地，"罗马土地 Ager Romanus"；同时又有供宗教上使用的为胞族所有的土地，有为氏族所有的土地，有为个人各别所有的土地。从这些团体消灭以后，它们所共有的土地逐渐地变而为私有财产。除了某些为特殊使用的土

---

① 波芦塔克著《梭伦传》第十五章。

地为部落、胞族、氏族所共有，同时个人则逐渐地将国有土地占为己有而外，其他，所知道的则甚少。

这几种形式的所有权，倾向于指明：土地的最古的所有制，是为部落所共有；当土地的耕作开始以后，部落土地的一部分，便分配于各氏族之间，每一氏族都各共有其一份土地；随着时代的进展，由于土地的分配给个人，最后遂成为个人的个别所有了。未被占据的土地及荒凉的土地，依然保留为氏族、部落、及民族的共有财产。这大概似乎就是关于土地所有制在经验上的进展。至于个人动产，则一般地属于个人所有。

单偶家族制在开化高级状态中才开始出现；它之从前代的对偶家族形态演变而出，是和财产的增加及其关于继承的习惯密切相关联的。世系已转变为男系本位了，但是，一切财产，不拘其为不动产或为个人动产，有如从古以来一样，仍保留在氏族以内继承。

我们对于财产种类的主要知识，有如于此时期中存在于希腊诸部落之间者，是从反映古代习惯的荷马诗篇及文明时代的初期法律中得来的。在《易利亚德》中曾记载有一种围绕耕地的墙垣；[1]大约有一五十英亩的围地，其中一半适宜于葡萄的栽培，其余适于耕作；[2]又记载题德斯（Tydeus）住在一所资财丰富的大邸中，广有谷物的田野。当时的土地是围以墙垣、经过测量、而且为个人所有，对于这一事实，我们实没有理由加以怀疑。它指明对于财产及其使用的知识上

---

① 《易利亚德》第五章，九〇页。

② 同上书第九章，五七七页。

有了极大的进步。马的种类已经区别为各种技能之用了。[1] 为个人所有的牛群羊群，也曾记载，如"富人的羊，在羊栏中不计其数。"[2] 当时还不知道货币。因此，其交易系以物易物，有如下面的几行所指明的说："从那里，长发的希腊人，带着葡萄酒，有些用以去换黄铜，有些用以去换发亮的铁，有些用以去换皮革，有些用以去换牛，有些用以去换奴隶。"[3] 虽然，金条则提及以重量相授受，用塔伦（talent，译者按：古代重量及货币单位名，其重量在古代各地不等，在阿提喀者，约等于二十六兗）去估量。[4] 金、银、铜、铁的制造品，各种样式的麻毛纺织品，以及房屋、宫殿等，在《易利亚德》中都曾有记载。不过没有必要再引伸这样的例子了。所举出的，已经足够指明在开化高级状态中社会所达成的进步，较诸其直接以前的一时期要大得多了。[5]

# 第三种继承法——子女的绝对继承权

自从房屋土地，牛群羊群，以及可以交易的货物成为如此的巨量并且为个人所有以后，它们的继承问题，势必迫使人类注意，直等到将继承权建立于一种基础之上，能使希腊人心灵的发达中的智能得

---

[1] 《易利亚德》第十四章，一二一页。
[2] 同上书第五章，二六五页。
[3] 同上书第四章，四三三页。
[4] 同上书第七章，四七二页。
[5] 同上书第十二章，二七四页。

到满足为止。古代的习惯必定将会向着后来观念的方向改变。家畜是较诸以前所知道的一切财产种类的总计为更有价值的一项财产。家畜可以用作食用，可以交换其他物品，可以用来赎回俘虏，支付罚金，以及用作为宗教仪典上的牺牲。还有一层，因为家畜在其数量上可以无限地繁殖，所以家畜的占有，对于人类心灵启示了最早的一种对财产的观念。随着时间的进展，继之而起的，则为土地的有系统的耕作；这种耕作，具有使家族与土地相结合的倾向，使其变为一种生产财产的组织。这种情形，不久就在父权之下而包含奴隶及仆从的拉丁、希腊、希伯来诸部落的家族之中得到表现。因为父亲及其子女的劳力与土地、家畜的增殖、以及商品的制造，日益更加结合为一体，这不只使家族——当时已为单偶制——个体化，而且也暗示子女对于财产的继承上——这种财产他们曾协助其生产——的优越的要求。在未种植土地以前，牛群与羊群自然地属于结合在亲属基础之上的团体中的人们所共有，以供他们的生活资料。在这种情况之下，很适宜于宗亲（氏族）亲属的财产继承权的发展。但是，当土地已成为财产的主体，而且对个人的分配形成了为个人的所有权的时候，则第三种继承的大法则——它将财产给予已故所有者的自己的子女——肯定地是要起来代替宗亲亲族的继承权的。并没有直接的证据证明在拉丁、希腊或希伯来诸部落间曾经存在过严格的宗亲亲族继承权，而只有在希腊、罗马及希伯来诸法律中所同样制订的复归权（reversion）；但是，在早期中的宗亲亲族的绝对继承权，可以由这种财产继承的复归权中推论出来。

当农业证明了地球的全表面能够使其成为个人各别所有的财产的对象时，当发现了家族的家长可以成为财产累积的自然中心时，人类财产的新历程，便从此发轫。这种事象在开化时代晚期尚未终结以前就已充分地完成了。对于这些情况稍为一回忆，必能说服任何人，此时财产将开始对于人类的心灵予以强有力的影响，并且合于产生个人性格的新要素的伟大的自觉性。证据从各方面出现，在野蛮人心灵中所激起的微弱的冲动，到此时期中已成了英雄时代的堂堂开化人的无限的嗜欲了。不拘原始的或后代的习惯，都不能在这种进步的状态之下将它们自己维持下去。当单偶制确定了子女的亲父的时候，子女对于其已故父亲的财产、要求并主张独占的继承权的时代，便已经来到了。①

## 希伯来的继承法

在希伯来的诸部落中——他们在开化时代中的经验，我们所知道的殊为鲜少——土地的个人所有权在他们的文明时代开始以前便已存在了。亚伯拉罕从以弗仑购买马克皮拉洞穴，便是一个示例。②

----

① 当日耳曼诸部落最初在历史上出现时，他们系处在开化高级状态之中。他们使用铁（但其分量有限），有牛群及羊群，种植谷类，他们用羊毛及麻织造粗糙的纺织品；但他们当时尚未达到土地个人所有权的观念。依据恺撒的记载（在另一处曾经引用过），可耕种的土地每年都由酋长加以分配，而适于牧畜的土地则归公有。所以，似乎在开化时代的中期，在亚洲与欧洲还不知道土地为个人财产的观念，但其发生当在开化时代的晚期。

② 《创世记》第二十三章，一三节。

希伯来人在以前无疑地曾经过一种经验，从任何方面讲，都是与雅利安诸部落的经验相类似的；并且他们也和雅利安诸部落一样，当其脱离开化状态时，也具有家畜、谷类以及关于铁、铜、金、银、陶器与纺织的知识。但是，在亚伯拉罕时代，他们对于农业的知识是很有限的。自《出埃及记》以后，在血缘部落的基础上希伯来社会的改造，这一时期是归诸在他们达到巴力斯坦（Palestine）地域的时候，显示着希伯来人在其到达文明的时候，还是处在氏族制度之下，至于政治社会的知识尚未曾获得。关于财产的所有权及继承权，希伯来人的经验，有如从摩西的立法中所能相当的明确地窥见者，似乎是与罗马及希腊各部落的经验相符合的。遗产的继承则严格地限于胞族之内，或许限于氏族之内，即"父祖之家"之内。希伯来人的原始继承法，除了由财产继承的复归权所指示的而外，其他我们并无所知，而这种复归权基本上是与罗马法的十二铜表法相同的。我们有这样一种财产继承上的复归法，同时也是一种说明的例证，证明当子女获得对遗产的独占继承权以后，如无儿子时，则由女儿继承。似此，除非对于这种继承权有所限制，如像承宗女这样一类的事例，女子在结婚时便将财产从她所属的氏族而转移到她丈夫所属的氏族去了。从假定上及当然上，同一氏族内的结婚是被禁止的。这是关于氏族继承权上所发生的最后的一个重大问题。这在摩西之前已成为希伯来继承法上的一个问题，在梭伦之前已成为雅典继承法上的一个问题，氏族则主张保留财产于氏族成员之内的最高权；在希腊人及希伯来人之中都是以同样的方法来裁决这一问题的。同样的问题也曾发生于罗马的氏族之间，这一假定，也可以认为是合理的，罗马人对于这一问题则以女子因结婚而遭受"公民权的剥夺"，而随之便丧失了父方亲族的权利法律而获得了部分的解决。在这一争点之中又牵连到另一问题，即结婚是否应被氏族以内禁止结婚的一法律所限制，或任其自由；其解决则系以亲等，而不是亲属的事实，乃系这种限制的标准。这一最后的法则，是人类经验对于婚姻的问题最后得出的一种结果。我们把这些考虑的事项放在心中，则可以了解将要被征引的例证对于希伯来人的古代制度将予以强有力的说明，并将证明与在氏族主义之下的希腊人与罗马人的制度在本质上是相类似的。

西罗非哈（Zelophehad）死了，遗下了许多女儿但无儿子，所以遗产就分给与这些女儿了。其后，这些女儿都要和她们所属的约瑟（Joseph）部落以外的男人结婚，约瑟部落中的成员都反对这种因婚姻而发生的财产转移，便把这一问题在摩西面前提出了，说："如果她们嫁了以色列支派的别的部落的男子，将我们先人所遗下来的遗产带过去，我们先人所留下来的遗产就必减少，她们丈夫所属的部落的产业必增多，这样，我们所应得的一份产业，就必减少了。"①这些话，虽然只是一种建议案的结果的词句，但其中却含有一种不平之鸣；这种不平，就在于要从氏族及部落将财产转移出去，而这种财产由世袭权认为是属于氏族及部落的。希伯来的立法家摩西在其裁决的判词中承认了这种权利。"约瑟部落的儿子，所说甚是。主吩咐说：西罗非哈的女儿，可以嫁她们所愿意嫁的人，只是当嫁与同祖的部落

① 《民数记》第三十六章，四节。

之家族。以色列的子女的产业，不得从这个部落而转移到那个部落，以色列的子女之每一个，当各守其父祖的部落的产业。接受以色列的子女的部落之产业的每个女子，必当嫁给她的父祖的部落之家族的某个男子，以为其妻，如此，以色列的子女，才可以各各保有其父祖所遗下来的产业。"[1] 她们被规定了嫁与她们自己所属的胞族（见第二编第十五章），但不必嫁给她们自己所属的氏族。西罗非哈的女儿们都遵照这个裁决，而"嫁给她们父亲的兄弟的儿子们了，"[2] 这些男人不但只是她们自己所属的胞族的成员，而且同时也是她们自己所属的氏族的成员。他们同时也是她们最近的父属亲族。

在一项以前的事件中，以下面的明白语调，摩西制定了关于财产的继承及复归的法律："你（译者按：这是上帝对摩西所说）也当晓谕以色列人说，人若死了，没有儿子，当将他的产业归给他的女儿，若没有女儿，当将他的产业给他的兄弟。若没有兄弟，当将他的产业给他的叔伯。若他的父亲没有兄弟，当将他的产业给他家族中与他最亲近的亲族，他将要领有这种产业。"[3]

在这里举出了三类继承人：第一，已故的财产所有者的子女；第二，父属亲族，以其亲等远近为序；第三，氏族员，仅限于死者所属的胞族的成员。属于第一类的继承人，则为子女；但是，从推论上言，是男子获得财产，而负有扶养女儿的义务。又在别的情况中，我

---

① 《民数记》第三十六章，五节至九节。

② 同上书第三十六章，一一节。

③ 同上书第二十七章，自八节至一一节。

们发现长子有取得双份遗产之事。在无儿子时，则由女儿继承产业。属于第二类的继承人，则为父属亲族，其中又分为两级：第一，在无子女时，则财产归死亡者之兄弟承受；第二，在无子女又无兄弟时，则财产归死亡者之父亲的兄弟承受。属于第三类的继承人，为氏族员，亦以亲等的远近为序，即将财产"给予他家族中与他最亲近的亲族"。至于"部落之家族"，即是胞族的类似体（参看第二编第十五章希伯来一项），所以在无子女及父属亲族时，遗产便给予已故的财产所有者之最亲近的胞族员。女系亲属则被排除于继承权之外，所以一个胞族员，虽较死者的父亲的兄弟之血缘为远，却有继承财产的优先权，而死者的姊妹的子女却不能继承。其所显示的世系为男系，并且财产必须保留于氏族之内。这里有一点需要注意的，即父不能继承其子之财产，祖父不能继承其孙之财产。关于这一点，并且差不多关于所有各点，摩西立法都是与十二铜表法相一致的。这一事实对于人类经验的一致性，以及在各种不同的人种中同一观念的平行的发展上，提供了一突出的例证。

在后一时期，利未法律（Levitical law）则将婚姻置于一种新的基础之上，而与氏族法独立。这种法律禁止在血亲及姻亲某种规定的亲等以内结婚，并宣布在这些亲等之外，婚姻可以自由行之。这一法律，根绝了在希伯来人间的关于婚姻中的氏族习惯；并且到现在则形成为信奉基督教诸民族的婚姻法则了。

# 雅典及罗马的继承法

转向梭伦的法律关于继承权的规定，我们发现它们在基本上是与摩西的立法相同的。从这种相符合之处，便发生下面的一种推论，即雅典人与希伯来人的前代习惯、风俗以及制度，其关于财产方面者，大致上是相同的。在梭伦时代，关于继承的第三种大法则，在雅典人之间，已经充分的确立了。儿子们对于他们已故父亲的遗产平均分有；但是，儿子却负有抚养女儿的义务，及在女儿出嫁之时分与适当的嫁奁。若没有儿子，则由女儿平均继承。由于这种规定授予女子以财产，便产生了承宗女的问题，她们有如西罗非哈的女儿们一样，由于婚姻的关系，她们将把自己所属氏族的财产转移到其丈夫所属的氏族中去。提到摩西之前的同一问题，也提到了梭伦之前来，而梭伦的裁决则是一样的。为得要防止因结婚而将财产从一个氏族转移到另一个氏族，梭伦规定承宗女必须嫁与她的最近的父属亲属——纵令他们是属于同一氏族的，及在他们之间的结婚在以前是为习惯所禁止的。这种规定在雅典的法律中成为如此固定的一种法则，致使得·克兰朱在其独到的及富有启发意义的著作《古代都市》中，认为继承权的转授予父属亲属，而以与承宗女结婚的义务为条件。[①]因之，像以下的一事例便因之而发生了，即最近的父属亲属，既已结婚，为得要获得遗产，便把原妻遗弃而去娶承宗女。在狄摩西尼的《反驳论》中

---

① 　《古代都市》（The Ancient City），Lee & Shepard 版，Small 译本，九九页。

的普洛托马卡司（Protomachus）便是一例。[①]但是，我们不能假设法律强迫这个父属亲属离弃其原妻而去娶承宗女，或者能得到遗产而不娶承宗女为妻。如果没有子女，遗产则归父属亲属承袭，在无父属亲属时，则归诸已故财产所有者的氏族员承袭。在雅典人之间财产是硬性地保留于氏族以内的，一如与在希伯来人及罗马人之间一样。梭伦或者不过将已经确立了的习惯变为法律而已。

财产观念的连续发展，可以由梭伦所制定的遗嘱处分法的出现，而得到说明。这种权利之终究将被采用，则是肯定了的；但是，要使这种权利得到发展，却需要时间与经验，波芦塔克说梭伦由于他的关于遗嘱的法律而获得了名声，这种遗嘱权在以前是不承认的；但是，财产与住宅必须保留在死者所属的氏族之内。当梭伦许可某一个人在他没有子女的情况下，将其财产让渡与他所愿意的其他一个人的时候，他之尊重友谊实高过于尊重亲属关系，从而使财产成为所有者的真正所有物了。[②]这种法律承认了当个人在生存期间对于其财产具有绝对的个人所有权，现在又于这种权利之上加上了能用遗嘱将财产给予任何他所喜欢的人，如果他没有子女的话；但是只要有子女存在在氏族内代表他的时候，则氏族对于财产权还是保留有至上权。如此，不论在哪一点，我们都碰到这些大原则的证据，即现在支配着社会的大原则，它们系一步一步地循序向前而完成的，并且不变地倾向于向上的同一方向。虽然这些例证中有好些是取自文明时代，然而我

① 狄摩西尼著《反驳论》，四一页。
② 波芦塔克著《梭伦传》第二十一章。

们没有理由假定梭伦的法律是与先例独立的一种新创造。毋宁说梭伦的法律是从经验而逐渐发展的关于财产的观念而体现于成文的形式之中的，而最后达到法律的充分程度。成文法从此便代替了习惯法了。

罗马十二铜表法（最初公布于纪元前四四九年），[1]包含有当时已成立的继承规则。财产，第一，为子女所继承，而死者之妻亦与子女有同等的继承权；如果无子女又无男系后裔，则财产由父属亲属所继承，以亲等的等差为序；如无父亲亲属，则复归于氏族员承袭。[2]这里我们又找到了，作为法律的根本基础，财产必须保留在氏族以内。拉丁、希腊、希伯来诸部落的远祖是否先后都具有现在正在讨论中的三种继承的大法则，这一点，我们没有方法可以知道，除了由复归权所可以推知的而外。这似乎是一种合理的推论：即继承权的获得的顺序，是与十二铜表法中的顺序相反的；即氏族继承权在父属亲属继承权之前，父属亲属继承权在子女的独占继承权之前。

## 贵族主义的出现

在开化时代的晚期中，一种新要素，即贵族主义的要素，有着一显著的发展。个人个性的发展以及当时为个人大量所拥有的财富的增加，正在奠定个人势力的基础。同时奴隶制度，它永久地使一部分

---

[1]　李维著《罗马史》第三章，五四页及五七页。
[2]　给雅斯编《法典》第三篇，一、九、一七各项。

人民的地位降低，倾向于造成在以前的文化上的各时期中所找不到的情况的悬殊对比。这种情况，同着财产与官职地位，逐渐地发展成了贵族的情感；这种贵族的情感，在现代社会里是如此其根深蒂固；它对消了由氏族所创成及其所促进的民主主义的原则。不久后因其导入不平等的特权，以及在同一民族的人民间对不同个人尊崇的等第，而扰乱了社会的均衡，于是就成为不团结与斗争的源泉。

在开化的高级状态中，属于各种不同等级的酋长公职，原来系在氏族内世袭及由氏族成员选举者，此时在拉丁及希腊诸部落间，很可能已变为由父传子，而成为通例。公职借世袭权而继承，在现存的证据上固然无从承认；但是，在希腊人中凡是任执政官（archon）、部落巴赛勒斯（phylo-basileus）、巴赛勒斯（basileus）诸职位者，以及在罗马人中凡是任普林克普（princeps）及列克斯（rex）职位者，则倾向于加强在他们家族之中的贵族情感。虽然贵族主义获得了一种恒久的存在，但它此时却没有成为足够的强烈来根本上改变这些部落初期政治的民主体制。财产与职位，是贵族主义植其根蒂的基地。

贵族主义在将来是否要存在下去或是要消灭，是近代社会在这些时期中所从事探究的诸重大问题之一。作为平等权利与不平等权利，平等法律与不平等法律之间的问题，作为财富、品位及官阶的权力与正义及智能的权力之间的问题，其最终的结果为何如，是不难想象的。虽然几千年已经过去了，除掉在美国之外，却没有推翻特权阶级，但他们在社会之上是一种难堪的负累，则被证明了。

自入文明时代以来，财产的增长是如此其无限，财产的种类是如此之繁多，财产的用途是如此其扩大，财产的管理、为增进其所有者的利益是如此之巧妙，就人民方面而论，财产已经成了一种不可驾驭的力量了。人类的心灵在它自己所创造的事物之前，感觉无所措手足了。虽然，总有一天将要到来，人类的智能将要起来驾驭财产，规定国家对于它所保护的财产的关系，以及规定财产所有者的权利的义务及范围。社会的利益，对个人的利益而言，则是至高无上的，这两种利益，必须使其处于公正调和的关系之中。如果进步是将来的，恰如过去一样，是人类的原则的话，那么仅仅一种获得财产的生涯，决不是人类最终的命运。自从文明时代开始以来所经过的时间，不过是自有人类以来所经过的时间中的一小片断而已；较诸行将到来的时代，亦不过是一小片断而已。社会的解体很有希望将变成为以财产为终点及目的的人生历程的终结；因为这样的一种历程，其中即含有自行毁灭的因素。政治中的民主，社会中的友爱、权利与特权的平等，以及教育的普及，预兆着行将到来的次一较高的社会，而人类的经验、智能及知识，都是稳步地朝着这一方向走去的。这将是古代氏族的自由、平等及博爱之在一种较高级的形态中的复兴。

关于财产观念在人类心灵中的发展的某些原则及某些结果，现在已经提示出来了。对于这一主题的探究虽属不充分，至少其重要性是已经说明了的。

从人类具有同一智能的原理看来，从人类具有同一体质的形态看来，以及一共同的起源，所以在同一文化状态中人类经验的结果，在所有的时代中及所有的地域中，大体上都是同一的。

# 人类起源的统一性

人类智能的原则，虽然在其能力上，被限制于变异的狭窄范围以内，但其对于理想标准的追求，却始终是同一的。因之，人类智能的活动，在人类进步的一切阶段中都是一致的。对于人类起源的统一性所能举出的理由，就其性质上言，再也没有比人类智能共同的原则更为令人满意的了。一种智能的共同原则，我们在野蛮人之间，在开化人之间，在文明人之间，都碰着它。由于这种原则的力量，所以人类能够在同样的情况中制造出同样的工具和器具，作出同样的发明，并且能够从思想的同样的原有萌芽发展出同样的制度。在这一原则中有好些事情是伟大而动人心魄的，它从一些微小的开始，经过不屈不挠的努力，而终于创造出文明；从一个矢镞，它表现一野蛮人头脑中的思想，到铁矿的熔解，它代表一开化人的高级智能，以及最后到开行中的火车列车，这可以说是文明的胜利。

人类的一部分大约在五千多年以前达到了文明之域，这一成就必须视为是一种奇迹。严格言之，只有闪族及雅利安族是未假外力而由自力的发展来完成这一大业的。雅利安族是代表人类进步的主流的，因为它产生了人类的最高的典型，因为它逐渐地取得了世界的控制权而显示出其固有的优越性。但是，文明则必须视为是由环境而产生出来的一种偶发的事象。在某一时期中必定是要达到文明的，这是肯定的；但是，文明能在其完成的时期中而完成，这依然是一种非常的事。在野蛮时代中阻止人类进展的障碍是极大的，并且是经过了困难才加以超越的。当人类到达开化中级状态以后，文明是否能达到则悬而未决，而同时，开化人却正在借着自然金属的实验，探索达到铁矿熔解技术的途径。在未知道铁及其使用的时候，要想进到文明时代则是不可能的事情。如果人类迄至现时尚未突破这一障碍，我们也用不着作为惊异的正当理由。当我们认识到人类存在于地球上期间之长久，当我们认识到人类在经过野蛮时代及开化时代所经历的变迁之广泛，以及我们认识到人类被迫所作的进步时，文明的获得也可能一样延缓至数千年以后的将来，亦是很自然的现象，有如上帝造物时所预先安排它出现的时期一样。所以，我们就不得不作出以下的结论，即文明在其被成就的时候，乃系一系列偶然情况所造成的结果。这也可以使我们追怀到我们的现状，与其多种的安全与幸福的设备，是我们开化的祖先，更远一些是我们野蛮的祖先的奋斗、苦难、英勇的努力以及忍耐的劳作而得来的结果。但是，我们要知道，他们的劳动，他们的苦难，以及他们的成功，都是"最高理智"要使一野蛮人发展成为一开化人，而使这一开化人发展成为一文明人的计划的一部分。

# 校后记

这一译本是依据杨东蓴、张栗原两先生的译本校改的。在校改之时，除作了文字上必要的更动使译文尽可能的忠实于原文外，关于名词上的改译亦至多，现在将一些主要名词的改译略述于后，对于本书读者或者有一些帮助。

*      *      *

当摩尔根著此书的时候（十九世纪七十年代），正是资本主义国家中民族学开始形成的时候——摩尔根本人也是民族学研究创立者之一 ——所以在当时还没有一套为大家所公认和采用的科学名词。摩尔根在他的研究中，自己创造了一套术语，这些术语有少数到现今

还在沿用，但是绝大多数则已为后来的名词所代替了。①要将摩尔根
的这些术语加以适当的移译，除了对摩尔根所赋予这些名词的原来涵
义必须了解外，还须明了资本主义国家中民族学上科学名词的沿革，
采用相当的名词加以翻译，一方面不失其本意，一方面使读者易于了
解。要做到这一点，当然是一件不容易的事情，亦非浅学的我所能完
全做到的。所以在这一译本中的一些改译，也不过是一种尝试，尚望
读者随时予以指正。

＊　　　　　　＊　　　　　　＊

摩尔根将人类进步的整个历程分为三个大时代，他称之为
Ethnical Periods。在原译本中译为"种族上的时代"，近来亦有译
为"发展阶段"者。译 ethnic 为"发展"固较"种族"为胜，但仍非
摩尔根的原意。按 ethnic 或 ethnical 的语源，本有"种族"、"民族"
等义，推之亦有"文化"之义，摩尔根之用 ethnic 一词，实用其作
为"文化的"意义的。因为在摩尔根之时，culture（文化）一词的科
学意义尚未形成，故摩尔根用 ethnic 以代之。若译为"种族"，则去
摩尔根之原意太远，因为摩尔根在全书之中并未论及"种族"，其
所言者均为文化（指包括物质、社会、精神三方面而言）。他又往
往言及 ethnic life（文化生活，亦可译为民族生活），若在现在，则当
言 Cultural life 了。所以，Ethnical Periods 就改译为"文化时代"，或

---

① 例如摩尔根是发现氏族组织在原始社会中的真实意义的第一人——至少是有系统地叙述氏族
组织的第一人——所以他对氏族组织创造了一个专名，他采用拉丁语的历史名称称之为 gens（复数
gentes）。不过这一名称在资本主义国家内民族学中已经不大常用了，一般都用 clan，少数人则用 sib，
亦有少数人用 sib 指一般的氏族、用 clan 指母系氏族、用 gens 指父系氏族的，用法上至不一致。

"文化上的时代"。

摩尔根又将文化上的三个时代命名为Savagery、Barbarism及Civilization。Civilization译为"文明"，一般都是相同的。Savagery与Barbarism则有两种译法。在原译中，Savagery译为"野蛮"，Barbarism译为"半开化"。但又有译Savagery为"蒙昧"，Barbarism为"野蛮"者。[①]这两种译法，均各未合于摩尔根用这两词的原意之处。按Savagery与Barbarism两词，在英语中通常均为"野蛮"之意，即一种未开化的状态（an uncivilized state），但有程度之不同，随其用法而异。摩尔根之用这两词，是具有他自己的科学意义的，均不带有鄙薄或贱视之意。译Savagery为"蒙昧"，不免暗示一种"蒙昧无知"的情况，而与摩尔根用此一词的内容不切。因为，照摩尔根的用法，人类生活中的许多基本技能以及氏族组织，均发生于此时期之中，自不能称之为"蒙昧"了。在校译之始，曾用"启蒙"以代替"野蛮"或"蒙昧"，因为无论是"野蛮"或"蒙昧"，在一般人看来，总带有一些"鄙薄"或"低下"之意，不如"启蒙时代"之能暗示一种人类文化的开始及向前发展的状态，与摩尔根用Savagery一术语的原意较为相合。不过后来因为行文上感觉有些不便，例如Savage或Savage man，若译为"启蒙人"，与一般的译法相去太远，对于读者未免过于生疏，所以后来仍译为"野蛮"。

至于Barbarism，在原译中译为"半开化"，这不仅不切合摩尔

---

① 如恩格斯：《家庭、私有制和国家的起源》，1955年，人民出版社出版的中译本。《马克思恩格斯文选》（两卷集）中所译者，与以上同。

根用这一名词的科学含义，即就这一名词的本身而论，亦有所未妥。因为既有"半开化时代"，其后必须有"开化时代"，而在摩尔根的体系中是没有这样一个时代的。摩尔根所赋于这一时代的内容是非常之重大的，举凡赢得文明的一切要素，如畜牧、农业、陶器、冶金术、文字、单偶家族、政治社会等等，无一不是在这一时代中获得、或萌芽于此时代之中的，所以摩尔根时时称Barbarism为伟大的时代。故译为"野蛮"或"半开化"，均与原义不符，"开化"似较近之。再者，从名词的关联上看，从"野蛮"而"开化"以至于"文明"，亦是一逻辑的顺序。所以在这一译本中，译Savagery为"野蛮"，Barbarism为"开化"，Civilization为"文明"。

关于亲属制度的研究，是摩尔根在民族学中所独创的一门学科，特别是以亲属制度来推阐已经消灭了的古代家族及婚姻制度，是摩尔根所独发的千古之谜。他在1871年发表的《人类血族和姻族制度》（Systems of Consanguinity and Affinity of the Human Family）一书，即是对于亲属制的研究上最早的不朽的巨著。他在《古代社会》中关于古代家族的推论，多半是根据亲属制度而来的。亲属制度的科学研究既创始于摩尔根，所以他对亲属制度的研究上也创造了一套极为专门的术语，这些术语大半还在使用，但也有一部分已经不用了。例如摩尔根称亲属制度为system of consanguinity and affinity，严格译来，应为"血族与姻族制"，因为人类的亲属中包括两大类别，即由血缘关系而来的亲属（consanguineal relatives血族或血亲），与由婚姻关系而来的亲属（affinal relatives姻族或姻亲）。在民族学的研究中，现在已经不用这种笨拙的名词了，一般均用relationship system或kinship system。所以凡是摩尔根用他这一名词以表示一般亲属制度者，即译为"亲属制"，[①]若是用来作为他的书名，则译为《血族与姻族制》，以示区别。

摩尔根将人类中的各种亲属制区别为两大类型，名之曰Classificatory及Descriptive。这是两个极为专门的术语，研究亲属制度者至今尚在部分的沿用，而尤以Classificatory一词为然。所谓Classificatory亲属制者，即是将同行辈的亲属，"类分"成为各种范畴，由之将旁系的亲属归并于直系的亲属之中，故称之为Classificatory。例如：父亲的兄弟、从兄弟、再从兄弟、三从兄弟以及更远的族兄弟等等，均归入"父亲"一范畴之中，而称之为"父亲"；又如：兄弟之子、从兄弟之子、再从兄弟之子、三从兄弟之子以至远房的族兄弟之子等等，均归入"儿子"这一范畴之中，而称之为"儿子"；其余由此类推。所谓Descriptive亲属制，系将每一亲属关系，予以个别的描叙，使直系与旁系亲属系统分明，各不相混。摩尔根称这一种方法是进步的方法，是单偶家族兴起后所创造的一种制度，因为单偶制才能准确地确定父亲对子女的亲权（Paternity）。摩尔根对人类中亲属制的这种分类，讨论及修正之者甚多，因为兹题甚大，不能在这一简短的后记中讨论，这里只根据摩尔根的用法，说明译Classificatory为"类分式亲属制"、Descriptive为"叙述式亲属制"的意义而已。

---

① 以前移译为"血缘制"或"血族制"等名，是未明了此术语之原义及中国亲属制度中之专名者。

亲属称谓——relationship terminology 或 kinship nomenclature——摩尔根称为 terms of consanguinity and affinity，这是与他的用法相一致的。今用我国固有的名词译为"亲属称谓"。[①]Ego 译为"己身"。male speaking 译为"男子呼"，female speaking 译为"女子呼"。这些都是亲属制度中的专门术语，也都是我国固有的名词。

中国的亲属制有一套极严密的亲属称谓，是远非印欧语系的亲属制度所能比拟的，而且这些称谓也是现在人人所知道的。所以在翻译其他亲属制度的称谓时，必须利用这些人人所熟习的亲属称谓，准确地加以移译，不然的话，未有不引起混淆的。

摩尔根在叙述其他部落或民族的亲属制度时，往往将很严密的亲属称谓译成英语中很松放的亲属称谓，其中最具关键性的，莫若 uncle 和 nephew 两词。一般往往不分所叙述的亲属制度的性质是如何，均译 uncle 为伯叔父（父之兄弟），译 nephew 为侄子（兄弟之子）。当然，英语的 uncle 有伯叔父之义，nephew 有侄子之义。不过，若是摩尔根所叙述的亲属制是类分式亲属制（Classificatory System）时，这种译法不仅不能通，而亦无法推论了。因为类分式亲属制中并无"伯叔父"及"侄子"这两种范畴，"伯叔父"即"父"，"侄子"即"子"。而中国的称谓"伯叔父"、"侄子"除了指"父之兄弟"和"兄弟的儿子"以外，别无其他涵义。但英语的 uncle，除了指"伯叔父"而外，还可以指舅父（母之兄弟），

---

① 如清梁章矩有《称谓录》三二卷，其前数卷是考订中国亲属称谓的专著。又如钱大昕的《恒言录》卷三为"亲属称谓类"。其他之例尚多。

nephew除了指"侄子"而外，还可以指外甥（姊妹之子）。摩尔根在叙述母系氏族中的类分式亲属制时，凡是用uncle及nephew的地方，都是指"舅""甥"关系而言的。例如摩尔根说职位及财产由uncle传给nephew，都应该译为从舅父传给外甥，此即民族学上所谓为舅权制（avunclate）和外甥继承权（nepotic inheritance）。如果译为由伯叔父传给侄子，则不但与类分式亲属制相背驰，亦为绝对不可能之事。因为在母系氏族社会中，伯叔父与侄儿是属于不同的氏族的，依照氏族继承权的规定，是绝对不能互相承袭职位和财产的。但在父系氏族制度之下，情形则又与此完全相反了。所以在移译这些亲属称谓时，均将原有亲属制度的称谓列成表解，对照翻译，有时反复数回，以找出摩尔根的英语称谓译名的真实意义。

亲属制表解是摩尔根对家族发展推断的主要论据之一，所以在《古代社会》中占有相当的篇幅，而表解的翻译，困难甚多，其中有若干称谓，除了用"叙述式"的方法[①]外，用汉语的亲属称谓是无法翻译的。兹略为举例说明，附录于此，读者可以意会之。例如辛尼加·易洛魁人的称谓Ah-ge-ah-ne-ah，统括：父之兄弟的子之妻，父之姊妹的子之妻，母之兄弟的子之妻，母之姊妹的子之妻；又如Ha-yǎ-o统括：父之兄弟的女之夫，父之姊妹的女之夫，母之兄弟的女之夫，母之姊妹的女之夫，夫之兄弟，姊妹之夫（女子呼）等等。这两个名词是两个相应的称谓，是一种特殊婚姻的表现，在汉语的称谓中没有相

---

① 所谓"叙述式"的方法，是亲属制度研究上的专门术语，即用少数基本的亲属称谓，以描叙其他的亲属，如"父之兄弟之子""母之姊妹之夫"等等。

当的称谓，故只能以其所在之义而加以叙述。又如罗马亲属称谓中的avunculus magnus（母之母的兄弟），avunculus major（母之母之母的兄弟），avunculus maximus（母之母之母之母的兄弟）等等，在中国的亲属制中不只是没有相当的称谓，而且根本不承认这种关系。这是因为两种亲属制度在计算亲属关系中的方法不同之所致。中国亲属制计算亲属时，不问是男方或女方，均以男系计算，而罗马亲属制在计算女方亲属时，则把男系丢开，完全由女系计算，此其所不同者。所以关于这一类的称谓，不能用汉语的称谓来翻译，也只能加以"叙述"。

原文的亲属表解中有不少的错误尚待校正，兹从辛尼加·易洛魁人的亲属表解中举一二例，以概其余。例如第169项（见原著460页）："父之父之父的兄弟的子之子"，辛尼加人呼为hä'-nih，义为"父"，这是对的；不过其下又注为"长于己者"，这就错误了。因为在亲属称谓中对于己身，只有在平辈中才有长幼之分，未有在长辈中对于己身也有长幼之分的。又如第188项："母之母之母的姊妹的女之女之女之女"，辛尼加人称为Ka-yǎ'-wän-da，义为"甥女"；其下注为"女子呼"，这又不对了。因为若为"女子呼"，则当为Ka-ah'-wuk（女）。这分明是"男子呼"之误。像这样一类的错误，可以由亲属表解的本身"推断地"加以校正者，就暂时加以校正，但是否正确，则有待于将来得到善本、[1]或原著者的《人类血族和姻族制度》后，再加以校正。

―――――――――――――――

① 在校译时无法得到摩尔根《古代社会》的原刊本，只得用美国芝加哥Charles H. Kerr and Co.所出的通行本，其中错误之处颇多。

关于婚姻制度名词的译法，在以往是比较混乱的。例如 Polygamy，一般译为"一夫多妻"，Polyandry译为"一妻多夫"，Monogamy译为"一夫一妻"等。按习惯上译Polygamy为"一夫多妻"，是与字源及科学的意义不合的，"一夫多妻"在科学上自有其专名Polygyny。按人类中的婚姻形式，主要的不外两种，即（一）多偶制（Polygamy），（二）单偶制（Monogamy）。而多偶制又可分为三种：1.多妻制（Polygyny）；2.多夫制（Polyandry）；3.群婚制（Group or Communal Marriage）。所谓"群婚"，即是男子多妻而同时女子多夫之谓。所以在本译本内，Polygamy译为"多偶制"，因为它不仅包括多妻与多夫，亦且包括群婚。Polygyny译为"多妻制"，Polyandry译为"多夫制"。一般所谓"一夫多妻""一妻多夫"等名词，我认为在语法上是多余的，因为多妻的当然是"夫"，而多夫者亦当只有"妻"了。

不过摩尔根也有时照一般的用法，用Polygamy作为"多妻"的意义的，这是因为在现代社会中没有"多夫"的事实，凡言"多偶"者即是指多妻而言而来的。不过在科学研究上则不能不加以区别，所以在译文中，凡摩尔根以一般的用法用Polygamy指多妻而言者，则译为"多妻制"，若是泛指多偶，则译为"多偶制"。

至于monogamy，通译"一夫一妻制"，这也是一种很笨拙的译法。今则译为"单偶制"或"单偶婚"，以与"多偶制"、"对偶婚制"等名词相一致。

关于family一词，以前一般均译为"家族"，近来亦有译为"家庭"者，①但我个人则以为"家族"似较"家庭"为胜。因为，若是我们只言由一男一女的结合为基础的个人集团，则"家庭"一词颇为恰当；惟此一词中尚包括有血缘家族，群婚家族，对偶家族，父权家族等等，其中所包括的人员颇为复杂，故"家族"一词似较为适当。至于family的语源，摩尔根曾有详尽的阐释（见原著477页），此处不赘。

nation一词，一般均译为"民族"。按摩尔根用nation一语与现在"民族"一词的科学涵义不大相合。在摩尔根的古代社会组织系列中，从氏族（gens）开始，经过胞族（phratry），部落（tribe），部落联盟（confederacy of tribes），最后而至民族（nation）。民族乃是部落的合并（coalescence），是在氏族制度之下达成的。民族的形成，即是政治社会的开始。家族则通贯以上五者，而不在古代社会组织系列（organic series）之内。因为家族的主要成员"夫"与"妻"，必须是属于两个不同的氏族的，而在其中起着交叉联系的作用。像这样，若译nation为"民族"，似乎不大相合，但亦无其他更好的名词，故仍以"民族"译之。读者须明了摩尔根所赋予这一名词的内涵，不作现在资本主义之下的"民族"了解。

在翻译上最感踌躇的，莫若people一词。这一词在全书中出现甚多，而摩尔根的用法亦不一致。在英语中people一词的涵义甚广，可以用之指"人"、"人民"、"民族"、"种族"、"部落"等等，亦可用之泛指任何地域上的、社会上的、政治上的个人集团。在英美的民族

---

① 如恩格斯：《家庭、私有制和国家的起源》，中译本对于family（德文familie）均译为"家庭"。

学著作中，一般地说来，偏于政治方面者多用nation，偏于文化方面者则多用people，但这也没有一定的规律。摩尔根除了把people一词用作各种不同的意义之外，又往往将people与nation互用。例如他说"the Roman people or nation"（原著317页），有些地方用the Roman people，又有些地方用the Roman nation，很难捉摸他用这一词的一定的涵义所在。他又往往称许多土著部落为people。所以在译词中是比较混乱的，有时译为"人"，有时又译为"人民"、"族"、"民族"等等，随其所指而译之。

以上所举，不过是比较重要及在全书中所常用的名词而已，至于其他各名词的改动亦颇不少，这里不能一一列举出来，仅略举一二，以概其余。例如摩尔根在论述氏族制的起源时，曾以相当的篇幅叙述澳大利亚人的classes。在以前，均译classes为"阶级"，但是澳大利亚人的社会是一种"前氏族社会"，或者可称为"原氏族社会"，是没有像后来阶级社会中那样的阶级的。所以译classes为阶级，很容易使人发生误会。按澳大利亚人的classes的功能，主要的是为了约制婚姻，所以有人主张译为婚级制（marriage classes），但在本译本中则译为"级别"或"级别制"，以示区别。又如basileus和rex两词，在研究希腊及罗马古代史者，均了解为"国王"。摩尔根一再提出这不仅与希腊罗马的古代政治制度不相符合，而且是将现代的君主制度强加于古代的氏族社会之上。所以在这一译本中，不用一般希腊罗马古代史中的"国王"的译法，而改用音译，以期与摩尔根的论点相吻合。basileus译为"巴赛勒斯"，rex译为"列克斯"；

不过有时亦译为"军务酋长"或"军事指挥官",视其所用的地方而定。阿兹忒克人的teuctli职衔亦仿此。其他如一些原始部落的名称,在著作家中各人的拼写法往往不同,摩尔根在引用各家原著时,均照原文征引,未加统一,所以往往有同一部落而时有不同的拼写法,如Tlinkitt,Thlinkeet,本为一个部落,不知者可能视为是两个部落,在此译本中现均加以统一,译为"特林吉特"。其他各部落名称以及人名、地名等的音译,原译有离原音过远者,亦略加修正,以期较合于原来的音读。

\*　　　　　\*　　　　　\*

以上所举,虽属拉杂,但可以窥见在校译中对于名词改动之一斑。总之,《古代社会》是一本极其专门而不容易翻译的书,兼之摩尔根行文晦涩,往往需仔细揣摸方能明其意旨之所在,所以在本书中错误一定还是很多的,希望读者随时予以指正。

最后须加以申明者,杨东莼、张栗原两先生对于本书的翻译,虽在若干地方不无可商榷之处,但"筚路蓝缕",其开创之功是很大的。在这一校译本中,对原译本有许多改动的地方,但不一定较原译为妥当,也可能原译未错而由我改错了的。所以凡是有错误之处,都应该由我个人来负责。

冯汉骥

1957年2月

于成都四川大学之滨江楼。

# 原名译名对照表

## A

| | |
|---|---|
| A. Torguatus | 阿·托尔高图斯 |
| Abenakies | 阿比纳奇 |
| Abipone | 阿比坡泥 |
| Abraham | 亚伯拉罕 |
| Achaotinne | 阿茶迪里 |
| Achilles | 阿溪里 |
| Acoma | 阿科马 |
| Acosta | 阿科斯塔 |
| Acropolis | 亚克罗坡利 |
| Adair | 阿对耳 |
| Adobe brick | 亚多伯砌砖 |
| Aegicores | 伊吉可尔 |
| Aegina | 伊斋那 |
| Aegyptus | 伊吉普塔斯 |
| Aemilii | 伊密力 |
| Aemilius | 伊密力阿斯 |

| | |
|---|---|
| Aeolus | 伊奥拉斯 |
| Aeschylus | 厄斯奇拉 |
| Aesculapius | 厄斯丘雷琶 |
| Aethiopia | 爱西阿比亚 |
| Aetolian | 挨陀利亚 |
| Agamemnon | 阿加绵农 |
| Agathyrsi | 阿加择尔西 |
| Agora | 阿哥拉 |
| Aicidas | 阿西达 |
| Alabamas | 阿拉巴玛 |
| Alaska | 阿拉斯加 |
| Alba | 阿尔巴 |
| Albanians | 阿尔巴尼亚 |
| Alexander Culbertson | 亚历山大·库尔伯特逊 |
| Algonkins | 阿尔衮琴 |
| Allehany | 阿利根尼 |

| | | | |
|---|---|---|---|
| Amram | 暗兰 | Ashiras | 亚西拉 |
| Anah | 亚拿 | Asklepiads | 阿斯克内比亚德 |
| Anax | 安拿克斯 | Athapascan | 亚大巴斯喀 |
| Anchisteia | 恩歧斯特亚 | Athene Polias | 雅典·波利奥斯 |
| Ancus | 盎卡斯 | Athenians | 雅典人 |
| Ancus Martius | 盎卡斯·马齐乌斯 | Athens | 雅典 |
| | | Attia | 阿替亚 |
| Andes | 安第斯 | Attica | 阿提喀 |
| Anglo–Saxon | 盎格罗·萨克森 | Ausean | 奥惜安 |
| Angom | 盎敢姆 | Aventine | 阿文丁 |
| Anio | 阿泥奥 | Aztecs | 阿兹忒克人 |
| Apache | 阿帕齐 | Aztlan | 阿兹特喃 |
| Apii | 阿比依 | | |
| Aponos | 亚旁罗 | **B** | |
| Appius Claudius | 阿匹奥斯·克罗狄奥斯 | Babylonian | 巴比伦尼亚 |
| | | Bachofen | 巴可芬 |
| Arab | 阿剌伯 | Balakai | 巴拉开 |
| Areopagus | 亚略巴古 | Bancroft | 班克落夫 |
| Argades | 阿尔格德 | Bandelier | 班德里亚 |
| Argive Helen | 亚吉夫·赫伦 | Bangalas | 班嘎拉 |
| Argive Io | 亚吉夫·依阿 | Banyai | 班雅 |
| Argola | 阿哥拉 | Bartlett | 巴特勒特 |
| Argos | 亚各斯 | Basutos | 巴苏托 |
| Arickarees | 阿里加里 | Bechuanas | 贝丘安拉 |
| Aristotle | 亚里斯多德 | Becker | 柏刻 |
| Arizona | 亚利桑那 | Beckmann | 柏克曼 |
| Arkansas | 阿肯色 | Bell | 柏尔 |
| Arrawak | 阿拉洼克 | Bengalese | 孟加拉人 |
| Artemus Bishop | 阿提木斯·比沙普 | Bernau | 柏尔脑 |
| Ashangos | 阿陕果 | Berne | 伯尔尼 |

| | | | |
|---|---|---|---|
| Berosus | 柏落萨斯 | Canuleius | 卡奴来阿斯 |
| Big Sioux | 大苏河 | Capitoline | 卡匹托来那 |
| Boeckh | 柏克 | Carian ( Caria ) | 加里亚 |
| Bonnaks | 波拿克 | Carolina | 卡罗来纳 |
| Boston | 波士顿 | Carver | 卡费尔 |
| Brandt | 布蓝特 | Cassange Valley | 卡散治山谷 |
| Brasseur de Bourbourg | 布拉色·德·布尔堡 | Castes | 卡斯特 |
| | | Caunians | 科尼亚人 |
| Brazil | 巴西 | Cayuga Iroquois | 揆由加·易洛魁 |
| Brett | 布勒特 | Cecrops | 栖克洛普斯 |
| Briseis | 布赖栖易斯 | Celts | 克勒特人 |
| British America | 不列颠·亚美利加 | Chalca ( Chalcans ) | 加尔卡 |
| Britons | 布立吞人 | Champlain | 张卜伦 |
| Buta | 布达 | Charles C. Copeland | 查理·西·柯普南德 |
| Byzantium | 拜占庭 | | |
| | | Charles G. N. Lockwood | 拉克武 |
| **C** | | Cherokees | 拆洛歧人 |
| Cacao | 可可茶 | Chiapas | 济阿巴 |
| Cadmus | 卡德马斯 | Chichimec | 歧歧麦克 |
| Caesar Augustus | 恺撒·奥古斯都 | Chickassa | 契卡索 |
| Caius Julius Caesar | 揆雅斯·朱理奥·恺撒 | Chimsyans | 歧姆赛安 |
| | | Chione | 济阿勒 |
| Caius Octavius | 揆雅斯·屋大维 | Choctas | 绰克托人 |
| Cameron | 康麦伦 | Choereatae | 绰利达 |
| Camillus | 卡密拉斯 | Cholulans | 绰芦拉人 |
| Campagna | 坎判纳 | Chota–Nagpur | 超塔·纳普尔 |
| Canada | 坎拿大 | Cibola | 西波那 |
| Canadian | 喀拿的安 | Cicero | 西塞禄 |
| Canandaigua | 坎喃对瓜 | Cimon | 赛梦 |
| Canarese | 卡拉里司 | Circassians | 塞加西亚人 |

| | | | |
|---|---|---|---|
| Maranoa District | 马拉诺亚区域 | Meztitlan | 麦兹提特喃 |
| Marathi | 马拉第 | Miamis | 迈安密 |
| Marcatus | 马尔卡图斯 | Michigan | 密齐根 |
| Marcelli | 马锡黎 | Michoacan | 米绰阿坎 |
| Marcus Attius, Balbus | 马卡斯·阿替斯·巴尔布斯 | Micmac | 米克马克 |
| | | Micronesia | 密克罗内西亚 |
| Marian | 马利安 | Milesian Hekataeus | 米内斯的·赫刻特斯 |
| Maroboduus | 马罗波丢斯 | | |
| Marquesas Islander | 玛盔撒斯岛人 | Miletus | 米利都 |
| Mars | 马尔兹 | Minerva | 密涅发 |
| Martin Dobrizhffer | 马丁·多布立兹荷夫 | Minnesota | 明尼苏达 |
| | | Minnitarees | 明尼达里 |
| Martius | 马齐乌斯 | Minos | 迈落斯 |
| Martyr | 马忒 | Mississippi | 密西西比 |
| Maryland | 马里兰 | Missouri | 密苏里 |
| Mason | 梅逊 | Mohawks | 摩和克 |
| Massagetae | 马萨择提 | Mohegan | 摩黑冈 |
| Mata | 马达 | Montezuma | 梦提组马 |
| Mathew Walker | 马条·倭克尔 | Montreal | 蒙特利奥 |
| Matlatzinco Toluca | 马特拉新科·托卢卡 | Moqui | 摩其 |
| | | Mormonism | 摩门宗 |
| Max Müller | 马克司·穆勒尔 | Moses | 摩西 |
| Mayas | 玛雅 | Mound Builder | 满德·壁尔特 |
| Mc Leunan | 马克楞喃 | Mounnsen | 蒙森 |
| Mechoacan | 美觉阿康 | Mows | 谟 |
| Medon | 麦顿 | Munda Clan | 满达·克兰 |
| Medontidae | 麦顿迪得 | Munniepore | 蒙尼波尔 |
| Megara | 墨加拉 | Munnieporee | 蒙尼波利 |
| Menominee | 麦诺米泥 | Munsees | 猛西 |
| Merari | 米拉利 | Murams | 穆拉姆 |

| | | | |
|---|---|---|---|
| Murri | 穆利 | Niger | 尼遮 |
| Murring | 穆林 | Nikomachus | 泥科马卡斯 |
| Muscokees | 马斯科基 | Ningthaja | 凌塔奢 |
| Mushi | 母示 | Niobrara | 奈奥布刺刺 |
| Mytilene (Mitylene) | 密替利泥 | Norman | 诺耳曼 |
| | | North Carolina | 北喀罗林纳 |
| | | Nottoway | 诺托威 |

## N

| | | | |
|---|---|---|---|
| Nahor | 拿鹤 | Numa | 奴马 |
| Nahuatlac | 拿华特拉克 | Numa Pompilius | 奴马·傍披利 |
| Nair | 纳壹尔 | Nundy | 伦底 |
| Narragansett | 那剌干塞特 | | |
| Narrinyeri | 那林耶里 | | |

## O

| | | | |
|---|---|---|---|
| Natches | 那拆兹 | Obes | 奥伯 |
| Naucrary | 诺克拉里 | Oceanica | 大洋洲 |
| Naudowissies | 老多维西 | Octavia | 屋大维亚 |
| Nauplia | 瑙比里亚 | Odysseus | 奥狄秀斯 |
| Nautii | 老细爱人 | Ogalallas | 阿加拉拉 |
| Neilgherry Hills | 厄尔盖利山地 | Ohio | 俄亥俄 |
| Nepaul | 尼泊尔 | Ojibwas | 阿吉布洼 |
| Neptune | 涅普通 | Olympiad | 奥林比亚德 |
| Nestor | 涅斯忒 | Olympian | 奥林比亚 |
| Neuse | 纽斯 | Omahas | 俄马哈 |
| Neutral Nation | 中立民族 | Oneatae | 温内达 |
| New England | 新英格兰 | Oneida | 奥奈达 |
| New South Wales | 新南威尔斯 | Onondaga | 温嫩多加 |
| New Spain | 新西班牙 | Ontario | 安剔厘阿 |
| New Zealander | 新西兰人 | Ontonagon | 安托那干 |
| Niagara | 耐亚嘎拉 | Oraon Clan | 阿拉安·克兰 |
| Nicaragua | 尼加拉瓜 | Oraybe | 阿拉依比 |
| Niebuhr | 尼布尔 | Orchomenians | 奥觉麦尼亚人 |

| | | | |
|---|---|---|---|
| Oregon | 俄勒冈 | Peschel | 帕瑟尔 |
| Orestes | 奥勒斯提 | Phoenician | 腓尼基人 |
| Osages | 奥舍治 | Piankeshaws | 笔安克沙 |
| Oscans | 阿斯堪人 | Piegan | 皮尔冈 |
| Oscar Peschel | 鄂斯加·柏瑟尔 | Pindar | 品得 |
| Ostiaks | 奥斯迪亚克人 | Pizarro | 比撒罗 |
| Oswego | 鄂斯威哥 | Platte | 普拉特 |
| Otawas | 奥达洼 | Pliny | 布林移 |
| Otoes | 奥托 | Plutarch | 波芦塔克 |
| Otomie | 奥托米 | Polibius | 波里比阿 |
| | | Politorium | 波里拖里安 |
| **P** | | Pollux | 坡拉克斯 |
| Palace of Priam | 普赖安宫 | Polynesia | 坡里内西亚 |
| Palatine | 帕拉泰因 | Polynices | 坡力尼色斯 |
| Palestine | 巴力斯坦 | Popilian | 波匹利亚 |
| Pamphyli | 旁非利 | Portland | 波特南 |
| Papua | 巴布亚 | Poseidon Erechtheus | 坡赛顿·伊勒克 |
| Paraguay | 巴拉圭 | | 条斯 |
| Patagonia | 巴达哥尼亚 | Potawattamies | 坡塔窝托密 |
| Paterculus | 帕忒丘勒斯 | Powell | 鲍威尔 |
| Patroclus | 帕特洛克拉 | Pquot | 倍揆特 |
| Pawnee | 庞尼 | Prasia | 普拉西亚 |
| Pedregal | 佩德拉各尔 | Prescott | 普勒斯珂特 |
| Pelasgians | 皮拉斯吉 | Prometheus | 伯罗米修士 |
| Pelopidas | 百乐丕达 | Protomachus | 普洛托马卡司 |
| Peloponnesus | 伯罗奔尼撒 | Puget Sound | 普热海峡 |
| Pennsylvania | 宾夕法尼亚 | Punalua | 普拉努亚 |
| Peorias | 皮奥立亚 | Punic War | 普尼克战争 |
| Pericles | 贝里克 | Punkas | 彭加 |
| Peruvians | 秘鲁人 | Puzzuolani | 波佐阿那尼 |

## Q

| | |
|---|---|
| Quappas | 跨把 |
| Queensland | 昆士兰 |
| Quintilius Varus | 提尼奥斯·发剌斯 |
| Quiquerez | 岐金勒 |
| Quirinal | 奎利纳 |
| Quivira | 丘维纳 |

## R

| | |
|---|---|
| Ramne | 拉姆雷 |
| Rau | 劳 |
| Rawlinson | 罗灵逊 |
| Rebekah | 利百加 |
| Red–Jacket | 红约克 |
| Red River | 红河 |
| Regili | 勒吉里 |
| Rewas | 勒华 |
| Rhode Island | 罗得岛 |
| Ridley | 利特里 |
| Robert Hart | 罗伯特·哈特 |
| Robert Meldrum | 罗伯·麦尔竹姆 |
| Robert Kennicott | 罗伯·垦尼科特 |
| Rocky | 落机 |
| Romulus | 罗缪勒斯 |
| Rotuman | 洛图马 |

## S

| | |
|---|---|
| Sabellians | 萨伯利亚人 |
| Sabine | 萨宾 |
| Sahagun | 萨哈干 |

| | |
|---|---|
| Sahaptin | 舍哈甫定 |
| Salaminians | 萨拉密尼安人 |
| Salish | 舍力西 |
| Salmoneus | 萨尔门留斯 |
| Samoan | 萨摩亚人 |
| Samuel Allis | 撒母耳·阿利斯 |
| Samuel Gorman | 撒母耳·郭尔曼 |
| Sanchoniathon | 桑觉尼亚顿 |
| Santa Fe | 圣大·非 |
| Sarah | 撒拉 |
| Sarpedon | 萨皮顿 |
| Sauks | 索克 |
| Sault St. Mary | 苏圣·马利 |
| Saxon | 萨克森 |
| Scaevola | 斯卡弗拉 |
| Scandinavian | 斯干的那维亚 |
| Schawnees | 萧尼 |
| Schmitz | 史密慈 |
| Schoolcraft | 斯库尔克拉夫特 |
| Scottish | 苏格兰的 |
| Scyros | 锡罗斯 |
| Seminoles | 森密诺尔 |
| Semites | 闪人 |
| Semitic | 闪姆 |
| Seneca | 辛尼加 |
| Servius Tullius | 塞维阿·塔力阿 |
| Seville | 塞维尔 |
| Shimei | 示每 |
| Shoshonee | 勺匈尼 |
| Shuro | 修罗 |

| | | | |
|---|---|---|---|
| Shyans | 佘安 | Suetonius | 苏韦托尼奥 |
| Sicyon | 息细温 | Sulla | 苏拉 |
| Sierra | 塞拉 | Sungeneia | 逊者内衣亚 |
| Simcol | 西木可 | Superior | 苏必利尔 |
| Simeon | 西缅 | Susquehannochs | 萨斯刻罕那 |
| Simpson | 辛普孙 | Sydney | 悉德尼 |
| Sinaitic Peninsula | 西奈半岛 | Syracuse | 昔拉丘斯 |
| Sioux | 苏 | | |
| Siskatchowun | 锡斯卡圻温 | **T** | |
| Sissetons | 锡色顿 | Tabasco | 塔巴斯科 |
| Skenandoah | 斯鉴南垿 | Tacitus | 塔西佗 |
| Slave Lake | 奴隶湖 | Tamil | 坦密耳 |
| Slavonic | 斯拉窝尼亚 | Taos | 陶斯 |
| Smith | 斯密 | Tarquinius Priscus | 塔克文尼阿斯·普力斯可斯 |
| Smithsonian | 斯密逊 | Tarquinius Superbus | 塔克文尼阿斯·苏剖布斯 |
| Sochimilca | 梭奇米尔卡 | | |
| Sochimilco | 梭其米尔哥 | Tellini | 特里尼 |
| Solis | 索利斯 | Telugu | 特鲁古 |
| Solymi | 苏力米 | Telush | 特鲁施 |
| Spencer | 斯宾塞尔 | Temressee | 田纳西 |
| St. John | 圣·约翰 | Ten Broeck | 腾·布鲁克 |
| St. Lawrence | 圣·罗凌士 | Tepanecans | 铁潘尼冈 |
| St. Mary | 圣·玛利 | Tepeaca | 铁比阿卡 |
| St. Mary the Round | 圣·玛利 | Tezcucans | 铁兹旧冈 |
| St. Paul | 圣·保罗 | Teeton | 提顿 |
| St. Sebastian | 圣·瑟巴士新 | Texas | 得克萨斯 |
| Stephauns | 史梯芬 | Tezozomoc | 推凿凿莫克 |
| Stikeen | 斯迪肯 | Thebes | 底比斯 |
| Strabo | 斯特累波 | Theseus | 提秀斯 |
| Suburra | 苏布剌 | | |

| | | | |
|---|---|---|---|
| Thessaly | 帖撒利 | Tuscarora | 塔斯卡洛剌 |
| Thirlwall | 忒尔华尔 | Tusculans | 塔斯旧南人 |
| Thomas Miller | 汤姆斯·密尔 | Tutelos | 吐特罗 |
| Thucydides | 修昔的底斯 | Tydeus | 题德斯 |
| Thum | 萨姆 | Tylor | 泰勒 |
| Tiber | 台伯 | Tyro | 泰罗 |
| Tigris | 底格里斯 | | |
| Tiguex | 梯丘 | **U** | |
| Tismaeus | 泰米阿斯 | Ulysses | 攸力栖兹 |
| Tities | 迪提 | Umbrians | 安布立亚人 |
| Tlacopan | 特拉科班 | Upsarokas | 乌布萨阿卡 |
| Tlaidas | 特来达 | Uralian | 乌拉尔 |
| Tlascala | 特辣斯卡那 | Ute | 犹提 |
| Tlatluican(Tlatlueco) | 特拉特吕康 | Utic | 犹提喀 |
| Tlinkitt | 特林吉特 | Uzziel | 乌泄 |
| Toltecs–Culhuas | 托尔特克斯·丘尔华 | | |
| | | **V** | |
| Tongans | 东拉人 | Vancouver | 温加华 |
| Torquemada | 托尔克马达 | Varro | 发禄 |
| Totonac | 托托纳克 | Veientian | 威恩提安 |
| Trittys | 特里迪斯 | Venezuela | 委内瑞拉 |
| Troezen | 特罗依宗 | Venus | 维那斯 |
| Trons Darling | 特兰斯·达令 | Vera Cruz | 委拉·克路斯 |
| Troy | 特类 | Vide Figuier | 飞给 |
| Tucayan | 图卡扬 | Virginia | 维基尼亚 |
| Tulliä | 塔力亚 | | |
| Tullus Hostilius | 图鲁斯·贺斯低留 | **W** | |
| Tungusians | 通古斯人 | Wachsmuth | 瓦克司马斯 |
| Tunians | 组尼安人 | Wakea | 威克亚 |
| Turanian | 图兰 | Walker | 倭克尔 |

# 中国亲属
# 制度

据上海文艺出版社1989年版徐志诚译本

# 导　论

　　中国人对亲属关系很早就发生了兴趣。这种兴趣主要是实用性的。因为中国的整个社会结构都建立在"扩大家庭"组织的基础之上，而扩大家庭又建立在其内部成员系统化了的相互联系的基础之上。如果整个社会的结构要协调地发挥作用，那么，表述和规定个人之间的权利和义务的亲属制度必须首先得到调整。这种观念后来被儒学进一步加以发展。因此，亲属关系就成了各个时代都感兴趣的课题。

　　对亲属名词的系统的记录可以追溯到《尔雅》——一本出现于公元前2或3世纪的书（根据较保守的估计）。[①]在这本书里，对亲属

---

① 按传统说法，《尔雅》是周公（？—公元前1105年）所编，由孔子（公元前551—前479年）、子夏（公元前507—？）、叔孙通（约公元前200年）等人修订。它不是由一人所写，也非一时之作，而是在公元前一千年间逐步完成的。参见B·卡格雷，《远东古代博物馆学报》第3卷，1931年，44—49页。《尔雅》中的"释亲"部分很可能完成于约公元前200年。参看《尔雅新研究》，刊《先秦经籍考》第2卷163—184页。

称谓进行了认真的分类和编排。后起的《尔雅》类著作都用了专章来记录亲属称谓词。例如《释名》和《广雅》就是这样——在此仅提及这类著作中较早的两种。这类著作记录了后来产生的而在《尔雅》里未见的称谓，在某种意义上说这使每个时代都有一个《尔雅》系统。这种作法一直沿袭至今。① 甚至大型的类书也有专门章节谈亲属称谓。比如，《太平御览》中有十卷，② 《图书集成》中有一百一十二卷。③ 当然，这些书的内容不全都与亲属称谓有关，其大部分还是属于纯文学的范畴。清代产生了一大批关于亲属称谓的专著，其中影响最大、最有价值的是梁章钜的《称谓录》和郑珍的《亲属记》。这两本书都收录旧有的称谓，都或多或少地保持了《尔雅》的传统。其中，《称谓录》收录的范围广，但材料的安排较散乱。《亲属记》仅仅包括父系直系亲属，较多地按儒家的正统观点来安排处理材料。④

对亲属材料的最重要的划分体现在礼仪著作《礼》中间。在这类著作里，不仅把亲属看成亲属本身，而且还把他们与其他事物联系起来。《亲属记》则不是这样，它主要论述亲属关系名词，而缺少《礼》的内容⑤。要研究中国亲属制的功能，礼仪著作是最重要的资

---

① 训诂学的大部分著作都有亲属称谓内容。例如《骈雅》（卷五《释名称》）、《拾雅》等。甚至方言著作，像杭世骏（1696—1773）的《续方言》、钱坫（1744—1806）的《异语》等，都有专章谈亲属称谓的各种变体。其他以《说文》为首的字词典也收录亲属称谓，不过没有把它们系统编排起来。

② 《太平御览》卷五百一十一至卷五百二十一"宗亲部"。

③ 《图书集成·明伦汇编》："家范典"。

④ 重要的著作还有翟灏（？—1788）的《通俗编》（卷四《伦常》和卷十八《称谓》），钱大昕（1727—1804）的《恒言录》（卷三《亲属称谓类》），郑珍行（1757—1825）的《证俗文》，以及张慎仪的《广释亲》。除此之外，还有许多毫无特色的、仅仅是互相重复的著作。

⑤ 从《白虎通》中的引文来看，《亲属记》在性质上十分接近《尔雅》。

料来源，因为它们都注重实际的社会生活中的亲属关系。《仪礼》和《礼记》便是如此。这两本书产生于公元前1—5世纪，在广大的背景中来看待亲属关系；尤其是把亲属关系与丧服、"敬祖"以及礼的其他方面相联系。在后来的所有礼仪著作中（数量太大，在此无法一一例举），亲属关系都是基本的论题。

除此之外，大量的杂记著作也常常涉及亲属称谓。从中国亲属制演变的角度讲，这些是最重要的资料来源。一般说来，正是在此可以找到新产生的称谓（包括方言的或不大通行的）。作为一种惯例，礼仪著作和其他文学著作是不理会这些称谓的。在杂记著作中，人们常常可以发现有关新称谓产生和发展情况的精辟论述。

所以，对亲属称谓的研究在中国学者中早已不是新鲜事，事实上，他们曾做过的某些解释甚至可以跟现代社会学理论相媲美；然而，对中国亲属称谓的系统的社会人类学的研究却是从摩尔根开始的。[①]摩尔根的材料是由罗伯特·哈特，一个受雇于中国海关的英国人所提供的。尽管哈特提供的材料不够真实，尽管他深受摩尔根进化论的影响，以致他的大部分推论没有意义，但摩尔根—哈特的工作却仍为后来的研究奠定了基础。自那以后，涌现了不少杂录，一些包含在法律文献中或语言学入门书中，另一些包含在词汇著作中。然而，除了一本以外，没有哪一本值得重视。这就是T·S·切恩和J·K·施赖奥克的著作。[②]施赖奥克的研究主要根据两本现代词典：《中华大字典》

---

① 《人类家族的血亲和姻亲制度》，1870年，第3部分，第4章，413—437页。
② 《中国的关系名词》，刊《美国人类学家》34卷，1932年，623—664页。

和《辞源》。虽然这样的材料不够翔实，不大可靠，但两位作者却能很好地利用。而乔治·W·邦纳柯夫的尝试却似乎有点糟糕，[①]他试图像处理欧洲语言那样按摩尔根的假说把这些材料综合起来。

这些欧洲人的著作显然有局限性。首先，这些称谓词是通过未受过专门训练的非正式合作人收集的。其次，作者都没有利用中国丰富的早期文献材料——看来，他们真的不知道有这些材料。结果，这些研究大部分都有不少错误和遗漏。由于这些研究者没有把中国的亲属称谓系统作多层次划分，所以他们几乎不能确定称谓的确切性质。[②]

现在这本书，主要以笔者从基本的中文文献里收集到的称谓词为依据。全部材料都以批判的眼光加以验证，以保证准确地使用和阐释各个称谓。研究方法主要是历史的和语言学的[③]方法。这一方面是因为历史的和语言学的方法最能揭示中国亲属制的特点，尽管它不好理解；另一方面是因为这种预备工作是深刻理解中国亲属制的各个方面的必要前提。考察的时期限于近二十五个世纪，这一时期的亲属制的文献保存完备。如果说亲属制到现在发生了变化，那么两千年的历史对于这种变化来说已经是够长的了。

---

① 《汉语中的关系名词：人种语言学研究》（N.J·马尔，苏联科学院语言与心理研究所，1936年）。我没有看到该书的俄文原著，只见到该书的英文摘要；所以，我只能指出一点：邦纳柯夫主要用的是第二手的英语材料，只有《尔雅》除外，虽然《尔雅》也有英文译本。他尽管利用了大量的欧州人的研究成果，但似乎没有注意到古斯塔夫·施莱戈的"中国的亲族关系表"（见《附有吴方言汉字转写的荷汉词典》，莱顿，1886—1890年，第1卷，1343页）。不过，最值得注意的还是他的建立在马克思的历史观和H·I·马尔的印欧语言理论基础之上的方法论。他把这二者与摩尔根的进化阶段论结合起来，竟然就发现了中国社会的"共同起源"。

② 原计划写一节"早期研究述评"，但由于在结构上不好安排，而且将占很大篇幅，后来便放弃了。

③ 此处"语言学的"，指研究亲属制通常正式采用的方法，也就是考察亲属称谓本身、亲属称谓的整个结构，以及其体现的原则。

# 第一章

# 称谓的构成原则

决定称谓的构成的原则是语言学的和社会学的原则。从语言学来看，亲属称谓是按汉语的句法规则组成的；从社会学看，亲属称谓的语义是由其反映的亲属关系以及所处的语境来决定的。中国的复杂而多样的亲属关系名词可以概括为四种基本类型，即核心称谓、基本修饰语、叙称修饰语和面称称谓。核心称谓表示核心的亲属关系，可以不带修饰语。每个核心称谓都包含一种主要意义，一种或多种次要意义。当它单独使用时，主要意义起作用；当它与其他语素联合使用时，次要意义就变成主要的了。大部分基本修饰语都是表示旁系亲属关系以及辈份的，不能独立作为亲属称谓使用。核心称谓构成扩大的亲属关系的基础，基本修饰语则规定每个亲属在总的格局中的确切位置。这两种类型的称谓语素通过一次组合和二次组合就形成了现代的标准称谓系统，这个系统是所有其他称谓的样板。叙称修饰语在特定语境中把标准系统改变为适当的叙称形式。面称，除了主要用法以外，还把称谓变成亲属之间使用的直接称呼形式。

下面，就是对这四种类型的称谓的分析，以及对支配其构成和应用原则的说明。在分析核心称谓时，首先给出主要意义，然后给出次要意义。

## 一、核心称谓

祖：父之父。祖先。与别的语素连用指所有高于父亲一辈的上辈亲属。

孙：子之子。下辈。与别的语素连用指所有低于儿子一辈的下辈亲属。

父：父亲。上辈男性。上辈男性的标志，加在所有比"己身"（ego）辈份高的上辈男性亲属的称谓后面。

子：儿子。下辈男性。下辈男性的标志，可以加在比"己身"辈份低的男性亲属的称谓后面，但其用法是自由的。

母：母亲。上辈女性。上辈女性的标志，加在所有比"己身"辈份高的女性上辈亲属的称谓后面。

女：女儿。下辈女性。下辈女性的标志，加在所有比"己身"辈份低的女性亲属的称谓后面作后缀。

兄：兄弟中的年长者，男性兄长一辈。与"己身"平辈的年龄较长者的标志，与其他语素连用表示长于"己身"的平辈男性亲属。

弟：弟弟。与弟弟同辈的男性。与"己身"平辈的年龄较幼者的标志，与其他语素连用表示幼于"己身"的平辈男性亲属。

姊：姐姐。与姐姐同辈的女性。为"己身"同辈中较年长的女性亲属的标志，与别的语素连用表示比"己身"年长的平辈女性亲属。

妹：妹妹。与妹妹同辈的女性。比"己身"年幼的平辈女性，与别的语素连用表示年幼于己的平辈女性亲属。

伯：父之兄。年较长者的标志。把直系男性亲属系统作为参照系，"伯"可以用作从己辈算起向上推溯的亲属的称谓。又指夫之兄。

叔：父之弟。年较幼者的标志，把直系男性亲属系统作为参照系，可以用作从己辈起向上推溯的亲属称谓。

侄：兄弟之子。男性旁系的世系标志。与其他语素连用指与"己身"同辈的男性亲属的后代。

姑：父之姊妹。可与父之姊妹相比的亲属的标志。表示血缘关系起自父之姐妹，或起自可与父之姐妹相比拟的女性亲属。又指夫之姐妹。

甥：姐妹之子。女性旁系的世系标志。与其他语素连用指与"己身"平辈的女性亲属的后代。

舅：母之兄弟。可与母之兄弟相比的亲属的标志。表示血缘关系起自母之兄弟，或起自可与母之兄弟相比的亲属。又指妻之兄弟。

姨：母之姊妹。可与母之姊妹相比的亲属的标志。表示血缘关系来自母之姐妹。或来自可与母之姐妹相比的女性亲属。又指妻之姐妹。可与妻之姐妹相比的亲属的标志。表示血缘关系来自妻之姐妹，或来自可与妻之姐妹相比照的女性亲属。

岳：妻之父母。可与妻之父母相比的亲属，如他们的表哥、表姐的标志。

## 二、基本修饰语

高：第四代上辈亲属的修饰性标志。

曾：补充，增加。对第三代上辈和下辈亲属的修饰性标志。

玄：遥远，深奥。第四代下辈亲属的修饰性标志。

堂：厅堂。表示第二旁系的标志。垂直向上推溯，它指父之父之兄弟之子和父之父之父之兄弟之子。也就是指堂伯父、堂叔父和堂姑母，以及堂伯祖父、叔祖父和堂姑祖母。

从：跟从。它在使用上与"堂"同义。"堂"是后起的称谓，其使用范围有限。在用"堂"的地方，"从"就可能被替换。

再从：再次跟从。表示第三旁系的标志。向上推，指再从伯父、叔父和再从姑母。

族：宗族、家族。表示第四旁系及更远的亲属关系的标志。

表：在外；外部。是父之姊妹、母之姊妹和母之兄弟的子女的标志。同时，它也用来表示以"姑"（父之姊妹）、"舅"（母之兄弟）或"姨"（母之姊妹）等称谓相称呼的那些人的一切后代子女。

内：在内；内部。妻子。是妻之兄弟或可与之相比的亲属的后代子女的标志。

外：在外。表示母之父母和女之子女的修饰语。

以上是根据现代标准称谓所作的概括分析，是从全部称谓中抽象出来的，对每一称谓都进行了考察。但是，对于每一个中国人来说，在使用称谓时都存在多种可能的组合，因此，例外现象是不可避免的。在以历史角度来考察整个系统时，这些例外现象（它们不仅数量少，而且相对而言无代表性），就可以清楚地显示出来。

# 三、称谓的构成

在构成各种称谓时，表示核心亲属关系的称谓是作为结构的基础来使用的；只有表示父母和子女、妻子和丈夫的关系的称谓例外，这些称谓被用作性别标志。[①]所有表示旁系关系和下辈的修饰性语素都依次作所选的结构基础——核心称谓——的前缀，[②]表示最近的亲

① 性别标志为：父、母、子、女、夫、妇、媳、婿。在理解中国亲属制时由于没有认识到这套称谓的性质，已经引起了极大的误解。第一个注意到这种误解的可能要算 H·P·威金斯。他在《中国的家族称谓》（《新中国评论》，1921年，159—191页）中写道："这些研究者的第一个错误……是……把附加在各种'描写性'亲属名称上的表示男女性别的标志当成了一类亲属——'儿子'和'女儿'的总称。"A·L·克鲁伯也独立地发现，"这最后四个称谓（指父、母、夫、妇）在附于别的亲属称谓上面时，仅仅表示被指称者的性别。"（《中国亲属系统的形成过程》，《美国人类学家》35卷，1933年，151—157页）

② 术语"前缀"和"后缀"是在不严格的意义上使用的，因为在汉语里无真正意义上的"前缀"和"后缀"（也许个别语素例外，特别是那些貌似后缀的语素）。"前缀""后缀"在此只表示：在句法关系中某个不可分的语素（汉字）置于另一个不可分的语素（汉字）之前或之后。

属关系的语素离核心称谓最近，表示最远的亲属关系的语素离核心称谓最远，以这样的方式来构成所需的称谓。所有的性别标志都作后缀。假如结构基础中的"辈份"范畴不明显，如"舅"和"姨"，那么这时的性别标志就同时也是辈份标志。这时，它们也总是作后缀。

在选择一种亲属关系的称谓的结构基础时，首先要考虑的因素是辈份，其次是世系。让我们拿父之父之姊妹之子之女之子的称谓来作例子。这是一个复杂称谓，因为世系已从女系变成了男系，后来又变回到女系。我们先来看看辈份，暂不说世系。这里所指的这个人属于儿子一辈，因此，立即可以把结构基础缩小到两个可替换的称谓上："侄"和"甥"。他与"己身"（ego）的关系是通过与"己身"平辈的女性亲属而建立的，因此，可以排除称谓"侄"。剩下的是"甥"。进一步看，他与"己身"的关系不是宗亲关系，而是血亲关系。此世系是经由父之父之姊妹传递下来的，其关系可与"己身"父之姊妹的关系相比照，因此，应加上限定性语素"姑"和"表"。他属于非宗亲的第三旁系亲属，因此，可以用限定语"堂"。把以上这些语素组合起来，就构成了称谓"堂姑表外甥"—— 一个表达十分精确的称谓。在后面加个"女"字就构成了与上述关系相同的女性亲属的称谓"堂姑表外甥女"。要表示与堂姑表外甥结婚的女性亲属的关系，就把"女"换成"妇"；若要表示与堂姑表外甥女结婚的男性亲属的关系，则用"婿"替换"女"。

复杂称谓的各种构成要素一般应该按其扩大的意义即次要意义来理解，决不应按主要意义来理解。全部扩大的意义的综合就形成了称谓的新的含义。这种现象是汉语句法的一个特征，不了解这点将造成绝大的误解。

下面的表代表了这些结构基础的实际范围。这里的范围还是有限的，充分的讨论留待后面第四章的各表里详细展开。

例解　加着重号的字代表用作结构基础的称谓，一般字体为附加修饰语。

祖　父之父

伯祖母　父之父之兄之妻

堂叔祖父　父之父之父之兄弟之子幼于祖父者

伯　父之兄

堂伯父　父之父之兄弟之子长于父者

姑表伯父　父之父之姊妹之子长于父者

叔　父之弟

堂叔母　父之父之父之兄弟之子幼于父者之妻

再从叔父　父之父之父之兄弟之子之子幼于父者

姑　父之姊妹

堂姑父　父之父之兄弟之女之夫

姑表姑母　父之父之姊妹之女

舅　母之兄弟

堂舅父　母之父之兄弟之子

堂表舅父　母之父之父之姊妹之子之子

姨　母之姊妹

堂舅父　母之父之兄弟之女之夫

再从舅母　母之父之父之兄弟之子之女

兄　兄

姑表兄　父之姊妹之子长于己者

堂姑表兄　父之父之姊妹之子之子长于己者

嫂　兄之妻

舅表嫂　母之兄弟之子长于己者之妻

堂舅表嫂　母之父之兄弟之子之子长于己者之妻

弟　弟

堂弟妇　父之兄弟之子幼于己者之妻

再从弟　父之父之兄弟之子之子幼于己者

姊　姊

堂姊夫　父之兄弟之女长于己者之妻

妹　妹

姨妹　妻之妹

堂姨妹夫　妻之父之兄弟之女幼于妻者之夫

姨表妹夫　母之姊妹之女幼于己者之夫

堂姨表妹　母之父之兄弟之女之女幼于己者

侄　兄弟之子

族侄女　父之父之父之兄弟之子之子之女

再从侄婿　父之父之兄弟之子之子之女之夫

外甥　姊妹之子

堂外甥女　父之兄弟之女之女

堂姑表外甥　父之父之姊妹之子之女之子

孙　子之子

侄孙女　兄弟之子之女

堂侄孙　父之兄弟之子之子之子

外甥女婿　姊妹之女之夫

在构成上三辈、上四辈亲属和下三辈、下四辈亲属的称谓时，以上二辈亲属和下二辈亲属的称谓作基础，另以辈份标志附加其上。世系标志通常放在最前端，在作前缀的辈份标志之前。例如：

祖　父之父

曾祖母　父之父之母

曾伯祖父　父之父之父之兄

高祖父　父之父之父之父

孙　子之子

曾孙女　子之子之女

曾侄孙妇　兄弟之子之子之子之妻

玄孙　子之子之子之子

上述内容便是中国亲属称谓的标准系统[①]的构成原则。标准称谓具有普遍意义，是其他称谓所据以建立的模式。因此，在正式文献即家谱、法律条文和礼仪作品里，大多使用标准称谓，在日常应用中，标准称谓必须配上适合特定语境的修饰语。

---

① 如果从广义上说，可能有人会称这为"书面语系统"。

# 四、叙称修饰语

叙称修饰语实际上不仅反映中国人对社会地位的态度，而且反映中国人的社会礼仪准则。它是讲礼貌、举止文雅的表现：对他人纯粹表示尊敬和赞美，对自己则表示谦卑。这态度精确地支配着亲属称谓的使用规则。

叙称修饰语还是亲属内部成员的集团意识的表现形式。表敬意的修饰语和表谦卑的修饰语不能不加选择地使用，其使用规则是由一亲属集团与另一亲属集团之间不同的身份认同决定的。表敬意的修饰语随意使用也无妨，但表谦卑的修饰语却只能用于那些绝对属于"自己"这一亲属集团的人。

这两种态度便是使用和理解所有中国亲属称谓的基础。

叙称修饰语有严格的用法规则，总是加在标准称谓前面。依性质和用法的不同，可以把它们分成四大类：1. 敬称修饰语；2. 谦称修饰语；3. 自称；4. 谥称修饰语。

敬称修饰语　这些修饰语用来指听话人或收信人的亲属，包括下述三种：（1）令：美好的，可尊敬的。它可加在任何标准称谓前面，除了标准称谓具有特殊语素时例外。（2）尊：可尊敬的，尊贵的。与"令"的意思相同。但严格地说它仅适用于比听话人的辈份或身份高的亲属。（3）贤：贤德，可敬的。与"令"替换使用。但严格地说它仅用于称那些听话人的亲属中比他辈份或身份低的人。不过这一规则也有例外，如"贤叔"便是。"贤叔"意为"你的贤德的叔父"。

当一个人不好确定是用"尊"还是"令"作前缀时，他可用"令"。"令""尊""贤"都含有礼貌性的"您的"的意思。

当听话人为非亲属时，称呼其亲属应该用表敬修饰语作前缀。在与下辈亲属谈话提到其长辈亲属时用表敬修饰语，除此之外，宗亲之间不用表敬修饰语。这实际上是从儿称呼的用法。当叙称中提到某位非宗亲亲属的亲属时，如果他不是一个与自己有关系的亲属，对他的称谓应前加表敬修饰语；如果他是一个与自己有关系的比己辈份高的亲属，那么应该使用一般的标准称谓或面称称谓。作为惯例，人们对那些与自己关系紧密的直系亲属不用敬称。

谦称修饰语[①]　当向旁人谈话或写信提称到自己的与己同姓的亲属时，在其标准称谓前加上表谦修饰语。这里的"表谦修饰语"按"自己的"或"谦虚的"的意义来用，包括三种语素：（1）家：家庭，居家，家务。用在所有比己辈份身份高的宗亲的称谓前面。（2）舍：农舍，房屋，住处。用在比己辈份身份低的宗亲的称谓前面，主要用于对第一旁系下辈宗亲的叙称，有时可称所有下辈亲属，但不能用于对直系亲属的叙称，如不能用来叙称自己的儿女。（3）小：微小。加在比己辈份低的宗亲的称谓前面，主要用来称自己的儿女和孙儿孙女等。"舍"除了不用于直系下辈亲属以外，与"小"可以换用。

"家""舍""小"都有某种自我谦卑的意味。值得重视的是：

---

① "谦称"是与"敬称"相对应使用的。如"家""舍"所示，谦称暗含有"我本人的家庭"或"我本人的家族"的意思。

表谦性修饰语不用于称呼不同姓的亲属，①甚至不能用来称呼己之父亲的已婚的姐妹或己之已婚的姐妹。因为她们已经采用丈夫的姓，不再属于自己这个家庭或家族，所以不能以谦称来称呼他们。②

自称③　在别的亲属面前称呼自己时（口语或书信形式），称谓前面加上自称。例如一个侄儿在伯父面前称呼他自己时就用自称。它们包括两种语素：（1）愚：简单，愚笨，鲁莽。它可以加在自己称呼自己所用的称谓前，主要用于听话人为下辈亲属、说话人为上辈亲属时的情境。（2）小：微小。它可加在自己称呼自己所用的称谓前，主要用于下辈亲属与上辈亲属说话的情境。

当"自己"跟直系亲属如父亲、儿子、祖父、孙子等说话时，"愚"和"小"都不适合于称呼"自己"本人。这时，需要以专门的称谓来称呼"自己"。

谥称修饰语　这部分修饰语——除了几个特殊的词根以外——放在对已死的亲属的称谓前面，对已故的父母、祖父母和伯叔父等尤其是这样。它们包括两种语素：（1）亡：已故的。加在所有已死的亲属的称谓前。（2）先：在先的，原先的，从前的。仅仅加在比己辈份或地位高的已死亲属的称谓前面。在称呼别人的已死的亲属时，表敬修饰语必须加在上述修饰语的前面。但这种用法不常用，一般是用委

---

① 有一个通称——"敝亲"（我的穷亲戚），可以用于任何非宗亲。
② 《颜氏家训·风操篇》："凡言姑、姊、妹、女子子，已嫁则以夫氏称之，在室则以次第称之。言礼成他族，不得云家也。"
③ 如果不是在一定的语境中，自称与谦称在某些方面很难区分，尤其是语素"小"。这里为了论述起见，特地把二者区分开来。

婉词语来指称。

　　还有一些用作叙称修饰语的特殊的词根，这些将在第四章相关的表里列出。为简洁明了起见，所有受叙称修饰语限定的，或者由特殊的词根构成的称谓，将在后面以敬称、谦称、自称或谥称等形式来展开讨论。

# 五、面称称谓

　　面称是对个别的具体的亲属的直接称呼形式。在文学作品，即书面语作品中，必须使用标准称谓作面称。面称不能与叙称修饰语连用。叙称修饰语只能与标准称谓连用。

　　面称只限于称呼比己辈份高的或与己同辈但比己年长的亲属，对辈份低的或年龄小的亲属可以直接用名字来称呼，或者用标准称谓作面称。

　　祖父母的面称　对祖父母的面称形式依地域的不同有多种。由于这些称谓未系统记录过，所以要确定哪一种是最流行的很难。下列几种也许是最通用的：称呼祖父的"爷爷"、"翁"或"翁翁"、"公"或"公公"，称呼祖母的"婆""婆婆""奶奶"。不论各地采用哪一种称谓，它们在扩展用于系统里的其他亲属方面则是一致的。在扩展使用时，将上述称谓与标准称谓中的"祖父、祖母"相替换，作标准称谓的后缀。例如，将"翁"或"公"替换标准称谓"伯祖父"中的"祖父",就构成了面称形式"伯翁"或"伯公"。

父母的面称　对父母的面称比对祖父母的面称变体少。称呼父亲的有"爹""爷"和"爸爸",称呼母亲的有"妈"和"娘"。"爸爸"决不扩展使用,"娘"也很少扩展。

爹:对父亲的面称,并用于构成上一辈男性亲属的面称,代替"父"。

妈:对母亲的面称,并用于构成上一辈女性亲属的面称,代替"母"。[①]

在存在特殊面称的场合,上述规则将不适用。在某些不必用称谓的场合,上述称谓可以略去,就像有时略去"父""母"这样的称谓一样。

兄和姊的面称　"哥"或"哥哥":称呼兄,并用于构成对长于己的男性平辈亲属的面称,代替"兄"。

"姐"或"姐姐":对姊的面称,并用于构成对长于己的女性平辈亲属的面称,代替"姊"。

正是面称称谓形成了众多的地方变体。在现代,面称变体主要集中在祖父母和父母的称谓上。兄和姊的面称变体很少。但不论各地的面称形式如何不同,上述的构造规则仍然适用,只要用各地的称谓来替换标准称谓中的特定部分即可。

面称的使用较随便,也就是说,他们比标准称谓系统更具有"类分"性质。当两个亲属面对面说话时,他们总知道对方的确切的

---

① "妈"和"母"在外延上是指已婚者,因此不能用于未婚的女性亲属。

亲属关系，因此，只是在叙称情况下才需要使用较精确的亲属称谓。姓氏、①名字、头衔和排行②也广泛用作对每个亲属的面称，这使精密的称谓系统更加复杂化了。

## 六　其他次要性称谓

另有几组称谓可以称为次要性称谓，即祭祀称谓、碑铭称谓、书面语称谓和替代性称谓。这些称谓在后面的第四章里将论及。

祭祀称谓在古代用于祭祀时称说直系祖先。这类称谓仅有几个，现在已经停用。碑铭称谓用于墓碑和纪念碑的碑文。严格讲这类称谓只有两个，一个是"考"，指父亲，一个是"妣"，指母亲。只有儿子才给父母立碑。祭祀称谓和碑铭称谓常常与由谥称修饰语所构成的称谓相混淆，二者常常互换使用，因为他们都是指已死的亲属，虽然在意义上有细微差别。不过，仍有一些很有趣的变化发生。这些变化反映了历史的发展进程。

书面语称谓是仅用于书面文献的称谓，通常没有面称与叙称之

---

① 姓氏仅仅用于称述非宗亲以及嫁入本族的妇女。

② 古代表示长幼用"伯、仲、叔、季"，它们早已停用。现代完全以排行来表示。如果己身的父亲是六个同胞兄弟姊妹A、b、C、D、e、F中的一个（大写体代表男性，小写体代表女性），那么他们相应的排行就是大、二、三、四、五、六。"大"意为"最年长的"。《日知录》卷二十三："今人兄弟行次，称一为大，不知始自何时。汉淮南厉王常谓上大兄，孝文帝行非第一也。"如果己身的父亲是D，己身就称呼A"大伯"，称呼b"二姑"，称呼C"三伯"，称呼e"五姑"，称呼F"六叔"。如果己身的父亲A，己身就称呼b"二姑"，称呼C"三叔"，称呼D"四叔"，称呼e"五叔"，称呼F"六叔"。称谓"伯"和"叔"调换了位置，使之与己身父亲的排行相一致，但整个排行的顺序依然不变。还有另一种表示排行的方式，即把男性和女性分开。如上例中，把A、C、D、F分别表示为大、二、三、四，把b、e分别表示为大、二。使用哪种方式依各地风俗和各个家庭的习惯而定。

分。他们大部分是已过时的古词，但在书面语中仍在使用。替代性称谓是指那些可与通用的称谓形式同义使用的称谓。是采用这种或那种称谓，完全取决于地方习俗以及个人的喜好。

# 第二章

# 结构原则与称谓范畴

中国亲属制的构成结构依据两个原则：直系亲属与旁系亲属的划分，辈份的分层。前者是垂直划分，后者是水平划分。通过这两个原则的结合，每一种亲属就被牢牢地固定在整个系统结构中。

## 一、直系与旁系的分别

区分旁系亲属的方式在古代亲属制和现代亲属制中是不相同的。古代亲属制中，如《尔雅》和《仪礼》中，每支旁系的区分，是通过共用与该旁系所源出的直系亲属最接近的那一亲属的称谓而实现的。例如：父之父之父之兄弟称为"族曾王父"，其后代直到与"己身"同辈的各代旁系亲属，就在各自的称谓前加上"族"字，以示区别。父之父之兄弟称为"从祖王父"，其后代直到与"己身"同辈的所有各代旁系亲属，都在称谓前加上"从祖"，以示区别。这种方式也适用于更遥远的旁系亲属。①

在《尔雅》系统，对兄弟之子及其后代无称谓，对父之兄弟之子之子及其后代也无称谓。好像兄弟之子和族兄弟之子无分别，意即兄弟之子也就是自己之子。另一方面，《尔雅》又给了姊妹之子的称谓"出"（男子用），②姊妹之子之子的称谓"离孙"（男子用）；③以及兄弟之子的称谓"侄"（女子用），④兄弟之子之子的称谓"归孙"（女子用）。⑤在周代严格的父系宗族社会里，甚至自己的儿子也是按继承权的次第而相互分别开来的。因此很难理解为什么没有称谓把己之子与兄弟之子区分开来。与此相反，却存在男子用来把己之子与姊妹之子区别开来的称谓，以及女子用来把己之子与兄弟之子区别开来的称谓。⑥（图1）

在现代亲属制里，旁系的区分更完善更统一。但实现的原则却有所不同。表示旁系的修饰语，以"己身"这一辈份层作基础，朝

① 参见郑珍《补正尔雅释亲宗族》，刊《巢经巢文集》卷一。
② 《尔雅》："男子谓姊妹之子为出。"
③ 同上："谓出之子为离孙。"
④ 同上："女子谓昆弟之子为侄。"
⑤ 同上："谓侄之子为归孙。"
⑥ 《尔雅》系统是否完整，很值得怀疑。对父之姊妹之子之子和母之姊妹之子之子也没有称谓。既然姊妹之夫、父之姊妹之子、母之兄弟之子被称作"甥"，姊妹之子被称作"出"，照此推断，父之姊妹之子之子和母之兄弟之子之子也当称作"出"。但是，母之姊妹之子之子无称谓也不好解释，这类称谓不可能全都与己身之子或别的亲属的称谓合流了。出于某种原因，《尔雅》的编者对与己身平辈的旁系亲属的子女的称谓似乎不感兴趣。另一方面，《尔雅》系统似乎重视母系的后辈子女的称谓。这是不是母系制的遗迹还有待研究，因为尚无其他有说服力的证据可证明。

上辈和下辈垂直扩展。例如，父之兄弟之子称做"堂兄弟"，堂兄弟之子、孙相应地被称做"堂侄"和"堂侄孙"。朝上辈推，"堂"扩及父之父之兄弟之子，如"堂伯父"和"堂叔父"；扩及到父之父之父之兄弟之子，如"堂伯祖父"和"堂叔祖父"。其他的旁系亲属如"再从"和"族"这两支旁系，也依此扩展。（图2）

现代的旁系划分原则起源于汉代。最初，以"从子"或"犹子"这样的称谓来区分己之子和兄弟之子。[1] 在晋代，"侄"这个称谓开始从女子对其兄弟之子的称呼变成了男子对其兄弟之子的固定称谓。"同堂"最早使用是在五、六世纪，[2] 表示第二旁系亲属，后来简称为"堂"。"再从"的使用要稍晚一点。"族"是一个古老的略含界定意义的称谓。随着这些重要的旁系称谓的完善，大约在公元10世纪时，全部旁系划分原则的演变就完成了。

# 二、辈份层

在图3里，竖轴线表示旁系，横轴线表示辈份。当一条轴线与另一条轴线相交时，就给系统里的一个亲属规定了一个位置框。每个亲属都被严格地固定起来，不受变动的影响。辈份层由于辈份标志的使用而得到保留。这种标志大部分是取自直系亲属的核心称谓，因为在

---

[1]　参见第四章第1表125号称谓。

[2]　参见第四章第1表41号称谓。

## 图1 古代亲属制的旁系划分

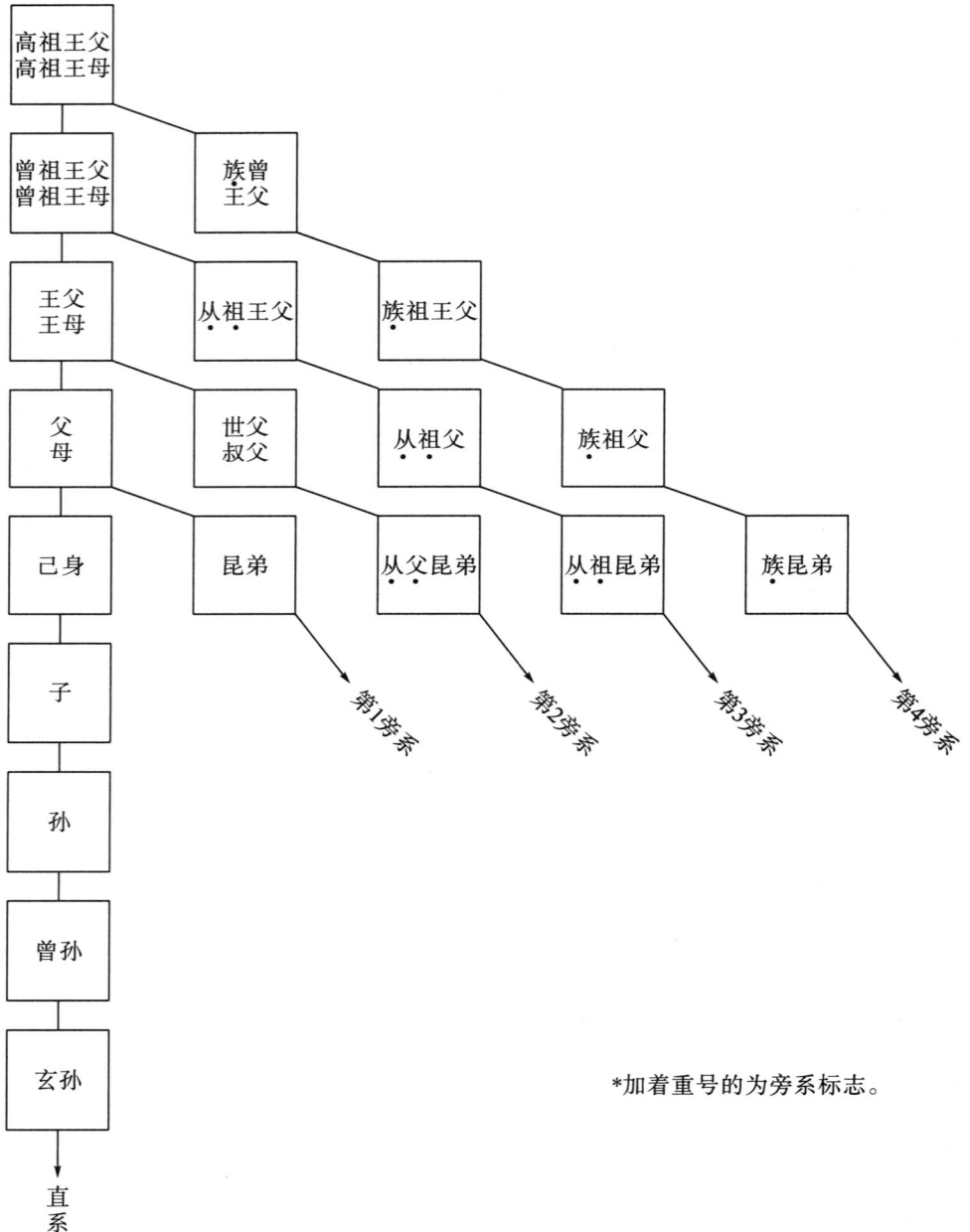

*加着重号的为旁系标志。

图 2　现代亲属制的旁系划分

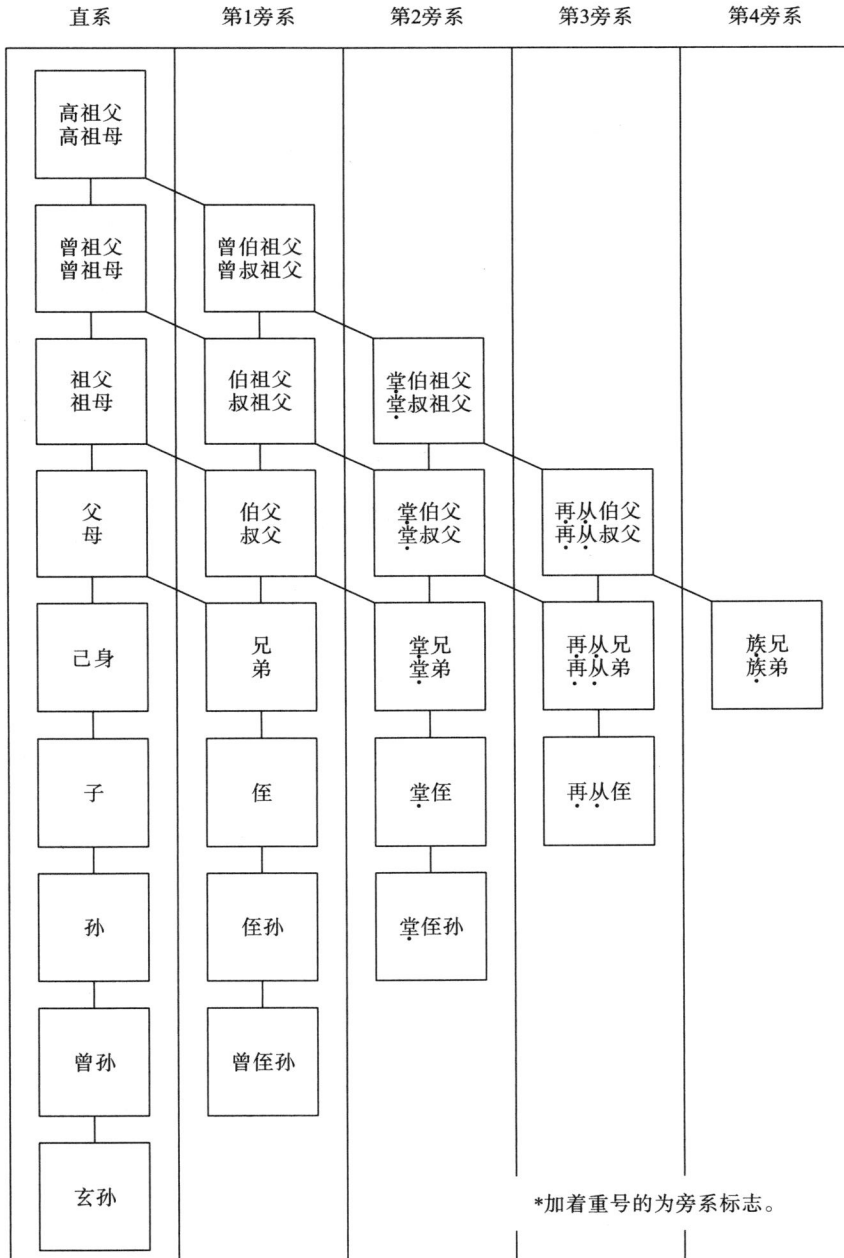

| 直系 | 第1旁系 | 第2旁系 | 第3旁系 | 第4旁系 |
|---|---|---|---|---|
| 高祖父高祖母 | | | | |
| 曾祖父曾祖母 | 曾伯祖父曾叔祖父 | | | |
| 祖父祖母 | 伯祖父叔祖父 | 堂伯祖父堂叔祖父 | | |
| 父母 | 伯父叔父 | 堂伯父堂叔父 | 再从伯父再从叔父 | |
| 己身 | 兄弟 | 堂兄堂弟 | 再从兄再从弟 | 族兄族弟 |
| 子 | 侄 | 堂侄 | 再从侄 | |
| 孙 | 侄孙 | 堂侄孙 | | |
| 曾孙 | 曾侄孙 | | | |
| 玄孙 | | | | |

*加着重号的为旁系标志。

图3

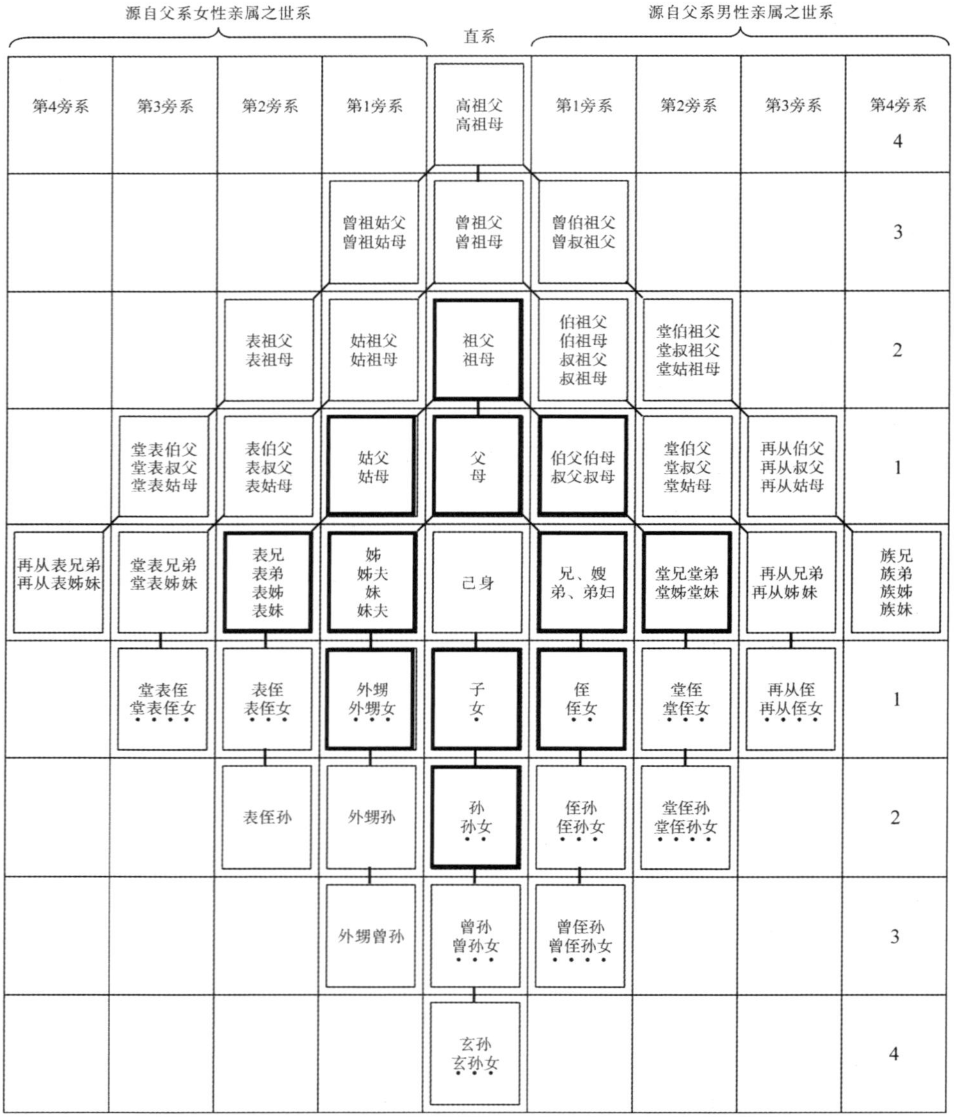

源自父系女性亲属之世系　　　　　　直系　　　　　　源自父系男性亲属之世系

| 第4旁系 | 第3旁系 | 第2旁系 | 第1旁系 | 高祖父高祖母 | 第1旁系 | 第2旁系 | 第3旁系 | 第4旁系 |  |
|---|---|---|---|---|---|---|---|---|---|
|  |  |  |  | 高祖父高祖母 |  |  |  |  | 4 |
|  |  |  | 曾祖姑父曾祖姑母 | 曾祖父曾祖母 | 曾伯祖父曾叔祖父 |  |  |  | 3 |
|  |  | 表祖父表祖母 | 姑祖父姑祖母 | 祖父祖母 | 伯祖父伯祖母叔祖父叔祖母 | 堂伯祖父堂叔祖父堂姑祖母 |  |  | 2 |
|  | 堂表伯父堂表叔父堂表姑母 | 表伯父表叔父表姑母 | 姑父姑母 | 父母 | 伯父伯母叔父叔母 | 堂伯父堂叔父堂姑母 | 再从伯父再从叔父再从姑母 |  | 1 |
| 再从表兄弟再从表姊妹 | 堂表兄弟堂表姊妹 | 表兄弟表姊妹 | 姊夫妹夫 | 己身 | 兄、嫂弟、弟妇 | 堂兄堂弟堂姊堂妹 | 再从兄弟再从姊妹 | 族兄族弟族姊族妹 |  |
|  | 堂表侄堂表侄女 | 表侄表侄女 | 外甥外甥女 | 子女 | 侄侄女 | 堂侄堂侄女 | 再从侄再从侄女 |  | 1 |
|  |  | 表侄孙 | 外甥孙 | 孙孙女 | 侄孙侄孙女 | 堂侄孙堂侄孙女 |  |  | 2 |
|  |  |  | 外甥曾孙 | 曾孙曾孙女 | 曾侄孙曾侄孙女 |  |  |  | 3 |
|  |  |  |  | 玄孙玄孙女 |  |  |  |  | 4 |

---

＊　着重号表示：这种亲属的子女不再往下传递世系。例如，"女"的子女为"外孙"和"外孙女"，但在"女"下面的方框却不列"外孙"和"外孙女"。阿拉伯数字代表上辈和下辈的辈份。

计算辈份时，直系亲属总是无条件地作为衡量的标准。这种以核心亲属称谓作为辈份标志的做法历来被解释为旁系和直系的部分融合。但按我们现在对中国亲属制的分析，这一解释是站不住脚的。

辈份是一个重要的结构原则，它不能被打乱，以免使整个结构受到破坏。对这个原则最严重的破坏因素（如果算不上唯一的因素的话），是不同辈份的亲属之间的通婚。为了抵制这种影响，辈份就成了婚姻关系准则中最重要的因素。在中国，不提倡某个人与其任何亲属结婚，但如果亲属间一定要通婚，则通婚双方必须属于同一个辈份。换言之，中国人可以与本宗族以外的任何人结婚，若结亲双方有亲属关系，那么他们必须属于同一辈份，而年龄的大小可以不论。

这个辈份原则在古代看来是不太严格的。在周代，一个封建诸侯可以以他的妻子的侄女为妾，在妻子死后甚至可以把她立为正妻。汉代，惠帝（公元前194—前188年在位）娶其姊之女。[1]唐中宗（公元705—710年在位）娶其姑婆之女。[2]这些事例都被后代的历史学家和道学家严厉地斥责为乱伦，[3]但是当事人所处的那些时代的人却未对他们进行如此严厉的抨击。也许因为这是个别现象，也许因为当事人是帝王，所以才未受到责难和惩罚。但不管是哪种情况，都确实表

---

[1]　《汉书·外戚列传》："（孝惠张皇后）宣平侯敖尚帝姊鲁元公主，有女，惠帝即位，吕太后欲为重亲，以公主女配帝为皇后……"

[2]　《唐书》卷七十六："中宗和思顺圣皇后赵……父环，尚高祖常乐公主，帝为英王，聘后为妃。"

[3]　王鸣盛（1723—1797）在其《十七史商榷》（卷八十六）（广雅书局本）中讨论了这些事例："人伦之极变。"

明了上古时代辈份原则的不严格性。①

　　当然，毋容置疑，就是在周代也是很重视辈份原则的。②根据有记载的婚姻资料来看，不同辈份之间的通婚是个别现象，而不是一种通例。③对辈份原则的强调是逐步进行的，大约在五、六世纪达到高潮。这一原则似乎在3—4世纪得到大发展。《唐律》（约制订于600年）制订了严禁不同辈份之间通婚的条文。④后来的所有律例都包含这种禁令以及引证的案例。从公元10世纪到现在，不同辈份之间的通婚不仅受到法律严厉禁止，而且引起民众的强烈反感，以至于一个教师与其学生或一个人与其朋友的儿女结婚，都将被认为是大逆不道。

　　这种根深蒂固的观念就是想使亲属的辈份永远保持不变，不遭到破坏。假如一个亲属的辈份被婚姻所打乱，那么所有与他有关系的亲属的位置都将被打乱，亲属制就会失去对亲属关系的正确反映，从而不能发挥自身应有的功能。

---

①　《通典》讨论了不同辈份间通婚引起的丧服等级的提高带来麻烦的两个事例，见卷九十五"族父是姨弟为服议"；还讨论了假设的例子，见卷九十五"娶同堂姊之女为妻，姊亡服议"。在公元1—5世纪时，不同辈份的远亲之间通婚似乎是可以容忍的。

②　在周代发展起来的宗法制和丧服制强调辈份的区分。丧服在后面将详细讨论。至于说宗法，其大宗分为小宗在多数情况下由辈份的计算来决定。

③　不同辈份间通婚的早期事例屈指可数。梁玉绳说："楚成王取文芈二女（《左传·僖公二十二年》），晋文公纳嬴氏《僖公二十四年》），皆以甥为妻者，可谓无别矣。嗣后妻甥者，汉孝惠取张敖女，章帝取窦勋女，吴孙休取朱据女，俱楚頵晋重作之俑也。"（《瞥记》卷二）

④　《唐律疏议·户婚》："若外姻有服属，而尊卑共为婚姻……以奸论。"紧接在这段引文后面的是对这一条款的解释，以及另一条性质相同但更特别的条款。"尊卑"是指属于不同辈份的亲属。

# 三、范畴

克鲁伯的论文《亲属关系的类分制》①并未使人类学的两个术语"类分"和"描写"失去意义。该文的贡献在于提出了存在于各种亲属制中的范畴。这些范畴为测试一种亲属制的工作过程提供了一个便利的工具。把中国亲属制的所有内容都纳入一个表里是不可能的，但我们可以根据克鲁伯提出的八个范畴，把其中的核心称谓纳进一个表里。必须注意的是：这些核心称谓加上修饰语后也可以在次要意义上来使用，在下表中只考虑了其主要意义。

下面让我们把中国亲属制作为一个整体，看看核心称谓在每一范畴中的分布。

（1）同辈与不同辈之别。这一范畴可从整个亲属制的辈份标志使用中准确地观察到。辈份不仅是亲属制中重要的结构原则，而且还是婚姻关系中重要的调节因素，以及面称称谓使用中的决定因素。但在全部核心称谓中，它仅占78.3%。在"伯、叔、姑、舅、姨"这些称谓中，辈份范畴受到压制而未能显示出来。这种不同辈份的混淆不是亲属制本身固有的，而是由从儿称引起的混乱造成的。

（2）直系与旁系之别。这一范畴在整个亲属制中受到严格限定。旁系由特殊标志来区分。实际上，所有基础修饰语的功能都是为了发展这一范畴。在核心称谓中所有称谓都能表示这一范畴。

（3）平辈的年龄之别。这一范畴在亲属制中仅有部分代表。在

---

① 《大不列颠及爱尔兰皇家人类学学报》39卷，1909年，77—84页。

| 范畴 ＼ 称谓 | 祖孙父子母女兄弟姊妹伯叔侄甥姑舅姨岳婿夫妻嫂妇 | 总计 | 百分比 |
|---|---|---|---|
| 辈分 | ＋＋＋＋＋＋＋＋＋　　＋＋　　　＋＋＋＋＋ | 18 | 78.27 |
| 血缘或婚姻 | ＋＋＋＋＋＋＋＋＋　　＋＋　　　＋＋＋＋＋ | 18 | 78.27 |
| 直系或旁系 | ＋＋＋＋＋＋＋＋＋＋＋＋＋＋＋＋＋＋＋＋＋＋＋ | 23 | 100 |
| 亲属的性别 | ＋＋＋＋＋＋＋＋＋＋＋＋＋＋＋＋＋＋＋＋＋＋＋ | 23 | 100 |
| 所从出的亲属的性别 | ＋＋　　　　　＋＋＋＋＋＋＋＋　　＋＋ | 13 | 56.53 |
| 说话人的性别 | | 0 | 0 |
| 同辈中的年龄长幼 | 　＋＋＋＋＋＋　　　　　　＋＋ | 8 | 34.78 |
| 所从出的亲属的生命状况 | | 0 | 0 |

＊ 根据克鲁伯提出的范畴对核心称谓进行的分类。

"己身"这一辈，不论男性还是女性都有年龄之别。在上辈亲属中，只有男性亲属及其妻子有此分别，在下辈亲属中，无此分别。

里弗斯把平辈中年龄的区分归之于部落的启蒙礼仪，即哥哥将比弟弟先接受启蒙。[①]不管这正确与否，这还是认真提出来的唯一解释。在古代中国，存在着各种启蒙礼仪，大部分记录在《仪礼》[②]和《礼记》[③]里。这些古代的启蒙礼仪与平辈的年龄分别这一范畴有无关系，尚不能肯定。中国学者一般把这一范畴与宗族组织"宗法"相联

① W·H·R·里佛斯《社会组织》（W·J·佩里编，1924年）189页。

② 《仪礼·士冠礼》。

③ 《礼记·冠义》。

系，因为在宗族组织里，在爵位和财产的继承上以及在祭祀祖先和继承世系的特权上，兄长都具有绝对的优先权。[①]

（4）亲属的性别。这一范畴在中国亲属制里通过性别标志的普遍使用来实现，在核心称谓中它占100%。

（5）称呼人的性别。这种范畴完全没有反映。因称呼人的性别总是可知的，所以不需要表示。但在古代亲属制里有这一范畴留下的痕迹。例如，在《尔雅》和《仪礼》里，称谓"侄"仅为女子使用，称呼其兄弟之子。也许，还有另一些称谓也仅为女性使用或仅为男性使用，但我们无法肯定是不是这样。

（6）某亲属关系所从出的那一亲属的性别。这一范畴在中国亲属制里通过特殊标志的使用得到充分的表述。例如，"表兄弟"这个称谓可能包含几种亲属关系：父之姊妹之子、母之兄弟之子、母之姊妹之子。但假如我们把父之姊妹之子称作"姑表兄弟"，把母之兄弟之子称作"舅表兄弟"，把母之姊妹之子称作"姨表兄弟"，那么这几个称谓就分别准确地反映了相应的亲属关系。在面称中没有做这种精确的划分，因为称呼人与被称呼人之间的确切亲属关系总是很明显的，不需要表述出来。

（7）血亲与姻亲之别。这一范畴得到全面的反映，只有"舅、姨"两个称谓例外。母之兄弟（血亲）和妻之兄弟（姻亲）都称作"舅"，母之姊妹和妻之姊妹都称作"姨"，这是从儿称呼的影响所

---

[①]　程瑶田（1725—1814）《宗法小记》："宗之道，兄道也。大夫士之家，以兄统弟，而以弟事兄之道也。"又："尊祖故敬宗，宗之者，兄之也。故曰：宗之道，兄道也。"

致。面称中的从儿称呼比较随便，丈夫和妻子可以互称对方"爸爸"或"妈妈"。

（8）某亲属关系所从出的那一亲属的生命状况。这种范畴是存在的，但一般并未得到全面的反映。最常见的区别方式是用特殊标志来区分已故亲属和健在的亲属。对已故的和健在的父母、祖父母、伯父叔父等，分别存在不同的称谓。对亲属的其他生命状况未加以反映，或仅用委婉语来表示。

上述这些范畴（第2，第4，第6，第7也可能）对于保持一种严格的单系——在中国为父系——世系是必要的。准确地讲，正是在中国亲属制里，这些范畴得到了充分的表述。

要求区分已故或健在的祖先的作法也许可以归因于祖先崇拜——这在现代已不流行。


# 四、相关性

在各种亲属制中，一般都存在影响某些范畴的表达的相关性因素。相关性有三种：逻辑或概念相关、言语相关以及自我相关——即在概念和言语两方面都相关。[1] 从总体上看，相关性不是中国现代亲属制中的一个特征，因为从某种程度上讲，它与全面地表达某些范

---

① 参见A·L·克鲁伯对"相关性"下的定义。见《加利福尼亚亲属制》（《加利福尼亚大学美国考古学和人种学文集》第12卷第9部分340页，注释1）和《祖尼人的亲族和氏族》（《美国自然博物馆人类学论集》第18卷，1919年，78—81页）。

畴、准确地区分各种亲属是不相容的。

在古代亲属制里存在概念相关的遗迹。《仪礼》说："谓吾姑者，吾谓之侄。"①反过来说也是正确的："谓吾侄者，吾谓之姑。""姑"，如《尔雅》和《仪礼》所用，意指父之姊妹，"侄"意指兄弟之子女（女子用）。换言之，"姑""标记的是被称呼的亲属的性别，非称呼人的性别"；而"侄""不表示被指称的亲属的性别，仅暗示称呼人的性别"。②所以，"姑"和"侄"都包含一个对方所没有表述的范畴。在古代用法中，"姑""侄"确实是概念相关。

《尔雅》又说："谓吾舅者，吾谓之甥。"③"舅"在此处用来指母之兄弟，"甥"指姊妹之子女。但，反之却不能成立。实际上，这种说法与《尔雅》中记录的"甥"的另一些含义是相矛盾的。在那里，"甥"指父之姊妹之子，母之兄弟之子、姊妹之夫（男子用）及妻之兄弟。《尔雅》还用了另一个称谓"出"来指称这同一种亲属关系——姊妹之子女。上引《尔雅》那句话很可能是后人加进去的，因为"舅""甥"很可能是在汉代至唐代这段时期才发生相关关系的。④交表婚和从儿称（它们将在后面加以讨论）的影响使这个问题复杂化了。因此，在古代亲属制里"舅、甥"很可能没有相关性，但

① 《仪礼·丧服》："传曰：'侄者，何也？谓吾姑者，吾谓之侄。'"

② Ａ·Ｌ·克鲁伯《亲属关系的类分制》81页。

③ 这种说法在《仪礼·丧服》中也可见："传曰：'甥者，何也？谓吾舅者，吾谓之甥。'"

④ 在这一时期，"舅"仅用于指母之兄弟，"甥"的其他含义消失，成了仅指姊妹之子女的称谓，如"外甥"。

"甥"有部分相关，即"甥"仅用在男性亲属之间。①

这些便是在中国古代亲属系统里能找到的仅有的相关性遗迹。后来，普遍应用各种范畴的趋向变得非常强大，以致这些残存的古代相关性称谓在现代亲属制度中便完全消失了。

---

① 意即"甥"用于己身（男性）与母之兄弟之子、父之姊妹之子、姊妹之夫和妻之兄弟之间。他们称己身为"甥"，己身也称他们为"甥"。

# 第三章

# 影响亲属制的因素

　　中国的古代亲属制在向现代亲属制发展演变的过程中，存在着一种缓慢的然而却很顽强的趋势：向系统化发展，向更有效更精确的描写式称谓发展。这种趋势在很大程度上是由中国社会据以组织起来的基础——社会家系决定的，在较小程度上则是由狂热的礼学家和礼仪执行者人为促成的。然而，在另一方面又存在着一些潜在的抵制过分系统化的力量。这些力量时常暗地里破坏着亲属制的某些范畴，使亲属制的某些部分失灵。促进系统化的力量是宗族组织和丧服制，二者对亲属制产生互补性的影响。削弱系统化的力量是中国的婚俗和从儿称。礼学家在保持宗族的稳固发展和丧服规则的准确使用方面是一支稳定的力量，他们顽强地维护称谓的传统规范。[①]但是总的来

---

① 例如，自公元1世纪起，"舅""姑"就不再指夫之父母，但是，在礼仪著作中仍然按这个意义来使用。"舅"大约在公元900年的时候扩展到指妻之兄弟，但我们在正式的书面文献中从未发现过这样的用法。

说，他们无法抗拒称谓使用中的普遍趋势，常常不得不接受已经广为流行的称谓，然而却时常试图将这些称谓纳入原有的系统，并使之协调一致。[①]因此，无论我们多么不相信"模拟亲属代数学"——借自马林诺夫斯基的用语，[②]但是我们对影响中国亲属制（它现在正处于解体的境地）的这几种相互冲突的力量进行研究探索还是很应当的。

# 一、宗族：世系与族外婚

在家庭内部，亲属关系必然首先作为一种生育单位出现。如我们上面所述，各个社会中的家庭内部的这些主要亲属关系，从生物学角度讲都是相同的，[③]可是从功能上讲却是依文化的不同而有所差异。[④]亲属关系不仅仅局限于具有生育功能的家庭内部，而且还扩大到广大的个人圈子里，这些个人在事实上或名义上与具有生育功能的家庭的成员有联系。在扩大的过程中，一些有联系的个人集团受到重视，另一些则受到冷落，即使这两类人的亲等关系可能完全一样。人类学非常重视（也可说是过分重视）在亲属分类中存在的这种变异的

---

① 例如，大约在公元前500年"姨"扩展到指母之姊妹。在其后的七八百年里，指母之姊妹的新旧称谓交替使用。到了大约公元400年，"姨"被确立为指母之姊妹和妻之姊妹的标准称谓。

② 《亲属》，刊《人类》杂志第30卷，1930年第7期19—20页（据英文本，应为1930年第17期19—29页——编者）。

③ 即父、母、子、女、兄弟、姊妹这些严格的生育家庭的成员在任何亲属制中都是存在的。

④ 例如，在父系社会中父亲和生育家庭组织的其他成员的关系同在母系社会中的这种关系可能完全不同。

基础。从现实来看它也是值得重视的，因为这种亲属分类模式在各民族中存在着变异，极不相同，每一特定亲属制各以完全不同的方式来划分亲属。受到强调的亲属集团的特征也同样反映了社会结构的广大范围，亲属制是这社会结构的一部分。

在中国亲属制里，男系亲属受到强调，其形成的基础是族外婚下的父系宗族组织。宗族组织在中国称为"宗法"，照字面讲就是"宗族之法"。宗法与封建制有密切联系。[1] 封建制在公元前3世纪崩溃，[2] 然而宗族组织却保存到现代，尽管在形式上有了相当的改变。封建制结束以后，到公元3—8世纪时，宗族组织发展到了顶点。这时它通常被称为"世族"或"宗族"。引起这种大发展的原因很多，但主要是由封建制消亡后其对立的社会力量的发展造成的。显赫的大家族取代了封建贵族在国家政权中和社会等级体系中的位置。[3] 到了唐代，豪门世族的影响开始下降。这一方面是因为唐统治者采取了压制政策，另一方面是因为唐的衰落加速了社会的动乱。[4] 到现代，宗族组织对于大多数人来说已不如从前那么重要，但它的传统影响仍渗透于中国社会生活的每一个角落。

宗法已经有人很好研究过了。这里我们只需要考察那些直接影

[1] 对封建时期宗族组织的研究，可参看万光泰的《宗法表》、万斯大的《宗法论》，以及程瑶田的《宗法小记》。至于现代人的研究，可参看孙曜的《春秋时代之世族》（1931年）。

[2] 此处所言"封建制"是按旧史的观点，指盛行于上古的封王侯建国的制度。此制相传于黄帝建国始，至周代达到完善，秦统一全国后，开始崩溃。以下的"封建时代""封建时期"也是在这个意义上来使用的。——译者注

[3] 参见《陔余丛考·六朝重世族》。

[4] 《通志·氏族略序》。

响亲属集团的划分的两个因素：父系世系和族外婚。就"宗"——"宗族"来说，每一世系不仅在姓氏的继承上，而且在财产、爵位等等的继承上，都是严格的父系氏族继承制。同时，每一世系都遵循长子优先的原则：长兄对其他弟兄有优先权。[1] 在"宗"内部实行绝对的族外婚制。属于同一个宗族的人不能通婚，即使一百代以后也不行。同时，在"宗"内部实行严格的居夫家制。[2] 在中国历史上究竟存不存在过一个母系社会阶段，现在还不能充分证明。[3] 但族外婚则明显地是周代的风俗。[4] 族外婚在中国出现较晚。据古代经典文献证实：在夏、商时代（约公元前1700—1100年），同宗者间隔五代以后才可互相通婚。[5] 依照传统说法，严格的宗族外婚制是由周公（约公元前1100年）建立的。他设此制旨在保证宗族的稳固发展。但是仍有充分的证据表明：就是在周代，族外婚也是既不普遍也不强制推行的。[6] 只是在封建制被推翻、宗法组织发生变化以后，绝对的族外

---

[1] 在继承爵号时是实行长子世袭的原则，但是财产却是在各兄弟之间平均分配的，虽然长兄通常能得到额外的份额。只有在祭祖的时候，长兄长子长孙才对所有的次兄次子次孙有绝对的优先权。

[2] 由于想得到一个儿子，便把女婿视为儿子。这时这个男子要用妻子的姓，居住在妻家，在各个方面他都被作为儿子来看待。他的第三代子女又用他原来的姓，即"三代回宗"，但通常允许其中一位男孩儿继承这个男子的妻子的世系。

[3] 关于远古时代存在母系社会一说，已成了近来许多研究中国古代社会的著作提出假说的依据。例如 M·格兰特的《中国之文明》（巴黎，1929年），郭沫若的《中国古代社会研究》（1931年）。他们提出的论据多是联想性的，而不是推理性的。

[4] 《礼记·大传》："系之以姓而弗别，缀之以食而弗殊，虽百世而婚姻不通者，周道然也。"《通典·晋范汪祭典》："且同姓百代不婚，周道也。"

[5] 《太平御览》（鲍刻本）卷五百四十引《礼外传》。"五代"包括己身一代。即使这样，夏殷时代的人是否实行族外婚仍大可怀疑。

[6] 赵翼在《陔余丛考》卷三十一中说"同姓为婚，莫如春秋时最多"，并引用了许多例子来证实他的观点。他推断："此皆春秋时乱俗也，汉以后此事渐少。"

婚制才开始逐步流行。从公元五、六世纪到现在，同族不婚的原则都一直受到各个朝代的法律的强有力支持。[①]

族外婚下的父系宗族的影响从中国亲属制的亲属二分方式中可见。所有亲属依据族系被分成"宗亲"和"非宗亲"（称为"外亲"或"内亲"）。所有宗亲都属于"己身"这个家族，拥有同样的姓氏；而父系亲属中的女性亲属及其后代子孙则为"外亲"，母系亲属和姻亲也都属外亲。

为了保持宗亲和外亲的分别，称谓就必须相应地一分为二：把父系亲属中自男系而出的男性亲属与自女系而出的男性亲属区分开来。即把父之兄弟之子（堂兄弟）及其后代与父之姊妹之子（表兄弟）及其后代区分开，把兄弟之子（侄）与姊妹之子（外甥）区分开，把儿子之子（孙）与女儿之子（外孙）区分开，把其他的上辈、下辈和旁辈亲属中的宗亲和非宗亲区分开，通过这种"二分"来保持宗亲与非宗亲的差别。这种"二分"是必要的，因为父之姊妹、己之姊妹、己之女儿，或者任何在族外婚制下嫁到别的家族去的女性宗亲及其后代子孙，按父系世系的原则，都不属于"自己"这个家族。

可是，从整个亲属制来看，对宗亲的重视并不像上面所说的那样明显。其原因，部分是由于称谓的精细区别在一定程度上阻碍了亲属的分类。但是，当我们把视线转向表谦的修饰语的使用时，这种重视程度就会立即明显起来。表谦性称谓只能用于指称宗亲，因为他们

---

① 如《唐律疏议》卷十四："诸同姓为婚者，各徒二年，缌麻以上以奸论。"参见皮埃尔·霍格《从法律角度考察中国的婚姻》（1898年）43—53页。

是"自己"这个亲属集团的成员；而对非宗亲则不能使用表谦性称谓，因为他们是属于"自己"亲属集团以外的人。

在观念上，宗亲与"自己"的关系被认为比非宗亲近，即使他们的亲等是完全一样的。这一点在丧服制中得到最充分的体现。对祖父祖母的服丧期是一年，但对外祖父外祖母的服丧期则仅为五个月；对伯父叔父的服丧期是一年，对舅父的服丧期则仅为五个月；对父之兄弟之子服丧期是九个月，对母之兄弟之子服丧期仅为三个月。更富启发意味的，是未婚女性宗亲和已婚女性宗亲在服丧期上的差别。对父之未婚姊妹、己之未婚姊妹、己之未婚的女儿以及兄弟之未婚的女儿，服丧期均为一年。但如果她们是已婚的，服丧期就降为九个月，即降低一个等级。因此我们发现，这些女性亲属只要没有结婚，她们就依然属于"自己"这个家族，一旦结婚她们就属于丈夫的那个家族。这种由婚姻关系发生的世系的改变，减少了她们与原有家族的联系，其结果自然也减少了与"自己"的联系。[①]

对非宗亲的称谓也许更能表达这种亲属的二分。把祖父母与外祖父母区分开，伯父叔父与舅父区分开，姑母与姨母区分开，这自然是建立在外婚性社会组织之上的亲属制的一个普遍特征。但有趣的是，父之姊妹的后代、母之姊妹的后代和母之兄弟的后代都合用一个单一的称谓"表"[②]。"表"，就字面讲是"外""外部"的意思。父之

---

① 妇女未婚时对父系亲属的服期与对兄弟们的服期相同。结婚后她对这些亲属的服期降一等，相应地，这些亲属对她的服期也降一等。

② "姑表""舅表""姨表"是中国亲属制中的三个第一等表亲。

姊妹的后代和母之姊妹及兄弟的后代，虽然从血亲关系看属于不同的系属，但他们全都属于非宗亲。因此，他们合用一个称谓"表"便是可以理解的了。

"表"的引入和普遍使用也是由历史造成的。在《尔雅》和《仪礼》的古代系统中，在交表婚的影响下，父之姊妹之子与母之兄弟之子的称谓发生合流，都用一个"甥"。[①]而母之姊妹之子女则仍然用"从母兄弟"（指其子）和"从母姊妹"（指其女）来表示。在公元1—2世纪时，交表婚已长期废除，对父之姊妹之子女便以"外"相称，例如"外兄弟"；[②]对母之兄弟之子女便以"内"相称，例如"内兄弟"。[③]大约在其同时，[④]"从"和"表"也作为"内"和"外"的同义词来使用。"从"意为"中间，内部"，"表"意为"外面，外部"。

在公元前最后几个世纪和公元最初几个世纪，"从母兄弟"虽然还可以使用，但通常却以新起的称谓"姨"来称呼母之姊妹之子女。

从公元4—7世纪，对母之姊妹之子女使用"外"或"内"导致了长期混乱，这种混乱后来扩大到父之姊妹的后代、母之兄弟的后代和母之姊妹的后代身上。[⑤]究其原因可能在于这一事实：这些亲属

---

① 参见后面的"交表婚"一节。
② 《仪礼·丧服》："姑之子"。郑玄注："外兄弟也。"
③ 《仪礼·丧服》："舅之子"。郑玄注："内兄弟也。"
④ 《后汉书·郑太传》："……公业俱，乃诡词更对曰：'……又明公将帅，皆中表腹心。'"
⑤ 例如《通典》卷九十五"为内外妹为兄弟妻服议"："晋徐众论云：'徐恩龙娶姨妹为妇，妇亡，而诸弟以姨妹为嫂，嫂叔无服，不复为姨妹行丧。'"《海录碎事》（引自《称谓录》）说："唐人两姨之子，相谓为外兄弟。"《山堂肆考》《角集》卷四："两姨之子为外兄弟，姑舅之子为内兄弟。一说，舅子称姑子为外兄弟，姑子称舅子为内兄弟。'"内"和"外"的使用十分混乱，连这类书的编者也不知哪种用法是正确的。

虽然系属不同，但都属于非宗亲，都与外婚制下的父系宗族组织有区别。到了唐代"从"消失，"表"便独自用于上述那些亲属，[①]这样"表"就成了对血亲中辈份比己高的非宗亲亲属的后代子女的通称。

这种在称谓上和观念上对亲属进行的二分，是族外婚制下的父系宗族制原则的特定表现。同时这一原则又受到另一因素——丧服的制约，导致对宗族组织中的旁系亲属作精细划分，因此大大地破坏了该原则原来的功能。然而，对这一原则的理解又是从总体上把握中国亲属制的最根本的要求，因为它不仅是一个潜在的影响力量，而且在许多重要的亲属称谓——即谦称和敬称的使用中还是一个钳制力量。

## 二、丧服等级

中国丧服制不仅以父系宗族组织为基础，使宗亲与非宗亲互相区别，而且还以亲属关系的等级为基础，以此确立丧服等级。对于宗亲施行丧服的范围为：旁系到第四旁系为止，直系到上四辈和下四辈为止。[②]其结果，在中国亲属制中，第1—4旁系与其他统称为"族"的更远的旁系之间便存在根本的区别。"丧服"本身就是一个大题

---

① 第六世纪时表亲关系变得如此普遍，就连家谱中也有其一席之地。如《魏书·高谅传》："谅造亲表谱录四十许卷，自五世以下，内外曲尽，览者服其博记。"

② 《礼记·大传》："四世而缌，服之穷也。"

目，在这里我们只能涉及它的一些主要方面，这些方面对于阐释丧服对中国亲属制的影响是很有必要的。丧服的五个等级为：斩衰（三年）、齐衰（一年）、大公（九个月）、小公（五个月）和缌麻（三个月），这些一般被称为"五服"。实际上其种类不止这五种。这些丧服等级的规格在不同时期有很大不同，在每一特定时期，丧服等级随着中间值上升或下降。虽然丧服规格可能发生变化，但决定这些规格的基本原则仍然不变。

上述"斩衰"等术语表述的仅仅是附属性单位，[1]而丧服的基本单位是"期"，期的基本单位是"年"。丧服的其他等级规格一是"加隆"（提高丧服等级），二是"降杀"（降低丧服等级），二者都以基本单位"年"为基点。《礼记·三年问》对丧服规则做了详尽论述，[2]其曰："至亲以期断，是何也？曰：天地则已易矣，四时则已变矣；其在天地之中者，莫不更始焉。以是象之也。""然则何以三年也？曰：加隆焉尔也，焉使倍之，故再期也。"[3]"由九月以下，何也？曰：焉使弗及也。故三年以为隆，缌小功以为杀，[4]期九月以为间。上取象于天，下取法于地，中取则于人。人之所以群居和壹之理尽矣。"

为亲属服丧从最亲近的亲属始，以"期"——"一年"为其基本

---

① 斩衰、齐衰、大公、小公、缌麻这些术语规定了为某一亲属居丧时穿的衣服。

② 有关欧洲语的译本，可参看 J·莱格的《礼记》（《东方的圣书》第二十八卷，393—394页），S·库里渥《礼记》（1913年，580—586页）。

③ 二十五个月算作三年，因此服期三年实则只有两年零一个月。

④ 五个月算作两季六个月。以五替换六反映了古代中国人不喜欢双数。因此，基本服期是：三月（一季）、五月（两季）、九个月（三季）和一年（四季）。

单位。最亲近的亲属有三种。《仪礼·丧服传》说："父子一体也，夫妻一体也，昆弟一体也。"[1]有了三种最亲近的亲属，有了基本单位"期"，再加上"加隆"和"降杀"规则，全部丧服制就与亲属制联系起来了，如图4所示。

丧服的具体内容如下：为父服"期"，一年；为父之父服"大公"，九个月；为父之父之父服"小公"，五个月；为父之父之父之父服"缌"，三个月。以上为"上杀"（即往上递减）。为子服"期"，一年；为孙服"大公"，九个月；为曾孙服"小公"，五个月；为玄孙服"缌"，三个月。以上为"下杀"（即往下递减）。为兄弟服"期"，一年；为父之兄弟之子服"大公"，九个月；为父之父之兄弟之子之子（祖父之兄弟之孙）服"小公"，五个月；为父之父之父兄弟之子之子之子（曾祖父之兄弟之曾孙）服"缌"，三个月。以上为"旁杀"（即平行递减）。

为父服"斩衰"三年，是丧服的升级，属于"加隆"。按基本规则，为父只服"期"一年。为祖父和伯父叔父服"期"一年也同样属于"加隆"，他们原来只属于"大公"那一级——九个月。

所有的非宗亲，不管跟"己身"的关系是亲近还是疏远，不管是血亲还是姻亲，都只适用最后一级丧服——"缌麻"（三个月）。[2]他们也受"加隆"规则的制约。例如，在古代丧服制中，母之姊妹的丧服级别是"小公"，五个月；而母之兄弟的丧服级别却是"缌

---

① 《仪礼》卷三十。
② 《仪礼·丧服》："外服之亲皆缌也。"参看《日知录》卷五。

麻"，三个月。①前者是"加隆"，后者不是。按基本规则，他们都属于"缌麻"。②

　　简单的丧服制早在周代以前可能就产生了。只是到了儒家手中，丧服制才开始复杂起来。③儒家以家庭和家族为其思想体系的基础，为了保持家族的稳固，他们把丧服制复杂化了。在这丧服制的复杂化过程中，他们也对丧服制的基础——亲属制进行了规范化。因为有严格的等级分别的丧服制要求具有区别性强的亲属称谓系统，以避免丧服等级与亲属身份不符的情况发生。把《尔雅》系统与《仪礼》系统相对比，这一点就显得特别明显。与《仪礼·丧服传》记录的系统相比，《尔雅》系统在许多方面都是前后矛盾的。一些古代学者天真地试图以《仪礼》系统来修正《尔雅》，他们认为《尔雅》系统与儒家划分亲属的标准不符。④他们没有看到，《尔雅》实际上代表的是中国早期的亲属制，而《仪礼》代表的则是后期的亲属制。为使《仪礼》系统与丧服制保持一致，对它已经进行过订正，使之趋于合理。（图4）

　　毋庸置疑，在儒家思想的影响下，对《尔雅》系统已进行了一定程度的人工处理，但其人工处理的程度远不如《仪礼》。从公元前2世纪起，随着儒家思想顽强地渗透于中国的社会结构，丧服制便逐

---

① 在近代丧服制中，对母之兄弟的服期提高到五个月，"小功"。

② 此处论述的仅仅是一般原理。要想确知现实的丧服规则，人们必须查阅所处时代的礼仪著作。

③ 一些学者认为，为父服丧三年是商代的习俗；在商代实行此俗而后来演变成了儒家的。"儒"是商代人的后裔。参见胡适《说儒》（《胡适论学近著》第一集，19—23页，90—94页）。与此相反的观点请参看冯友兰《墨家和儒家之起源》（《CHHP》）10卷279—310页）。

④ 参见郑珍《补正尔雅释亲宗族》，刊《巢经巢文集》卷一。

图 4

丧服等级：
1=期，一年
2=大公，九月
3=小公，六月
4=缌麻，三月
"Ⅰ、Ⅱ、Ⅲ、Ⅳ"表示
与己身相隔的辈份。

| | | | | | |
|---|---|---|---|---|---|
| Ⅳ | 高祖 4 | | | | |
| Ⅲ | 曾祖 3 | 曾伯祖 曾叔祖 4 | | | |
| Ⅱ | 祖 2 | 伯祖 叔祖 3 | 堂伯祖 堂叔祖 4 | | |
| Ⅰ | 父 1 | 伯 叔 2 | 堂伯 堂叔 3 | 再从伯 再从叔 4 | |
| | 己身 | 兄 弟 1 | 堂兄 堂弟 2 | 再从兄 再从弟 3 | 族兄 族弟 4 → 旁系 |
| Ⅰ | 子 1 | 侄 2 | 堂侄 3 | 再从侄 4 | |
| Ⅱ | 孙 2 | 侄孙 3 | 堂侄孙 4 | | |
| Ⅲ | 曾孙 3 | 曾侄孙 4 | | | |
| Ⅳ | 玄孙 4 | | | | |

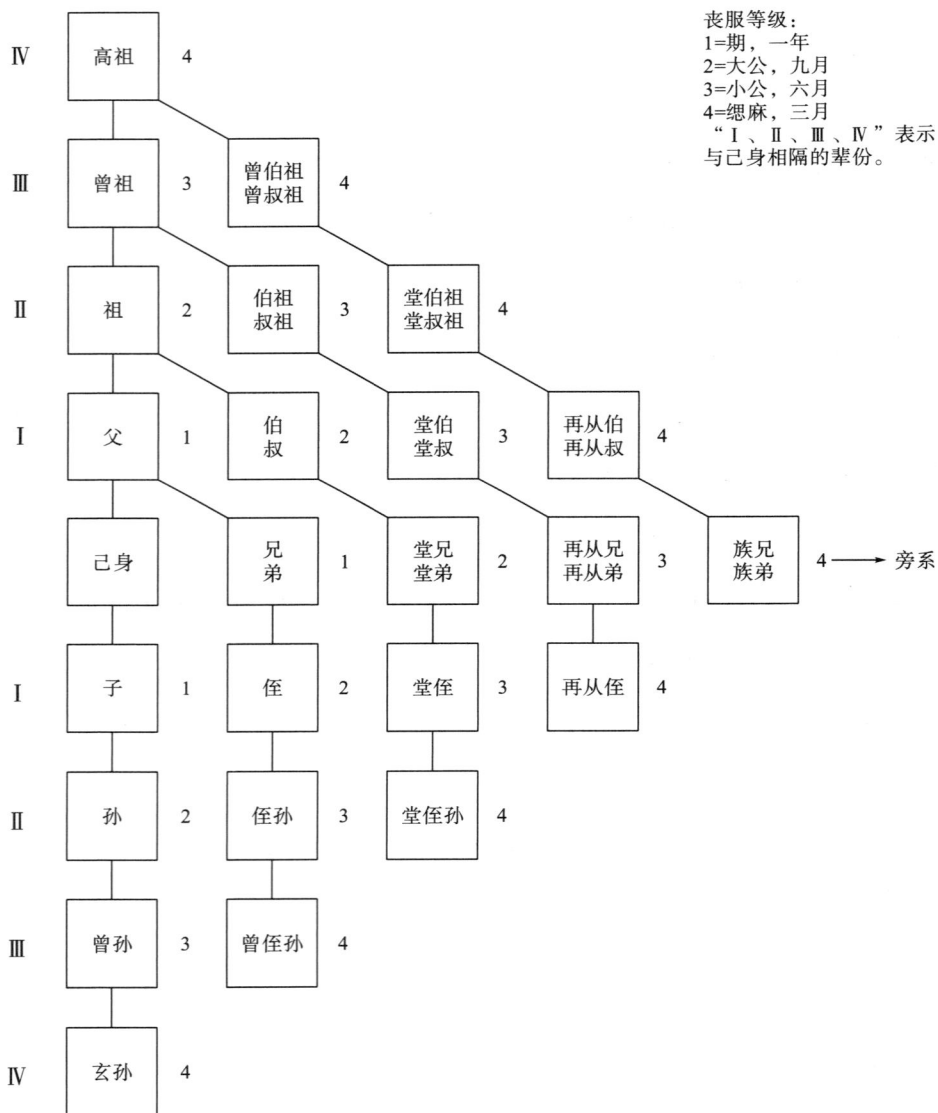

\* 作者仅勾勒了丧服制的基本面貌，因此只举了男性亲属。全部丧服规格需要8至12张图表才能表述。

渐变得复杂化、大众化了。①相应地，中国的亲属制也随之复杂化、大众化了，这两种趋向到唐代发展到高潮。

复杂的丧服制是中国的礼俗和社会生活的代表性特征。在其影响下，中国亲属制渐渐重视旁系的划分和辈份的分层，从一种以族外婚下的宗族组织为基础的类分式亲属制逐步转变成描写式亲属制。②

# 三、交表婚

在现代中国，交表婚是允许的，但并不提倡。一般来说，交表婚不被支持，不是由于血缘关系太近，而是由于年轻的表兄妹结婚可能产生纠纷，而这纠纷将影响老一辈亲属之间的亲近关系，使他们疏远开来。然而，另一方面，人们又想实施交表婚，因为交表婚可以增加亲属集团的人数，把亲属集团网织得更密，使结亲双方"亲上加亲"。从公元1世纪起，交表婚就开始遭到社会礼俗和理论学说的反对。③但从法律上加以明文禁止则是较晚的事情，在《明律》里，才

---

① 参见胡适《三年丧服的逐渐的推行》，见前引著作95—102页。

② 金斯利·戴维斯和W·劳埃德·沃纳在分析亲属关系时已经对"类分式"和"描写式"这两个术语的使用做了中肯的论述（见《亲属关系的结构分析》，刊《美国人类学家》39卷2期，1937年，291—315页）。他们还建立了一套有关亲属关系结构分析的新的范畴。我认为，不会有多少学者会赞同这套范畴。他们对中国亲属制所做的许多解释我个人是不同意的。但由于我的这篇文稿即将付印，来不及在此展开我的观点。

③ 《白虎通》卷十："外属小功以上，亦不得娶也。是春秋传曰，讥娶母党也。"晋代的袁准说："今之人内外相婚，礼与？曰：'中外之亲，近于同姓，同姓且犹不可，而况中外之亲乎！古人以为无疑，故不制也。今以古之不言，因谓之可婚，此不知礼者也。'"（《通典》卷六十"内表不可为婚议"）

第一次发现明令禁止交表婚的条文。[①]由于以法律手段禁止非常困难，所以，在《清律》里这一禁令就为另一条文所取代，这条文允许实行交表婚。[②]必须提到的是，在现代中国，影响婚姻的主要因素不是亲属制，而是族外婚和辈份原则。因此，不仅交表兄妹之间通婚得到许可，而且平表兄妹之间通婚（即与母之姊妹之子女通婚）也得到许可。[③]虽然我没有关于现代中国交表婚方面的确切的调查材料，但总的印象是交表婚所占比重甚小。总之，在现代中国亲属制里，交表婚没有得到反映。[④]

---

① 《明律集解》卷六："若娶己之姑舅两姨姊妹者，杖八十并离异。"《唐律》中的条款"其父母之姑舅两姨姊妹……并不得为婚……"（《唐律疏议》卷十四）有时是扩大化的禁止交表婚的条文。参见《容斋随笔》卷八。这些条文似乎仅仅针对父母的交表兄弟姊妹，而不是针对己身的交表兄弟姊妹。如果真是如此，那么这种禁令反对的是不同辈份之间的婚姻，而不是交表兄弟姊妹之间的婚姻。但《通典》似乎表明，在唐代实际上是禁止与交表亲以及母之姊妹之女通婚的。

② G·杰米森《中国皇朝法律通典》第18章："一个人不能与其姑母的子女或舅父和姨母的子女结婚，虽然辈份相同，但他们都是五服以内的亲属。"但后来在谈到《礼》时，他又说："人们从功利目的出发，则允许与姑母的子女或舅父和姨母的子女结婚。"（《中国评论》10卷，1881—1882年，83页）另见斯汤顿《大清律例》，1810年，115页。

③ 与母之姊妹之女结婚的事实至少在公元3—4世纪就已经存在了。例如，《通典》（卷九十五）就引用了晋代徐众对下述问题——当某人之母之姊妹之女嫁与某人之兄后出现的双重身份的服制——的议论。不过，对这一问题的讨论大部分可以说是无价值的。

④ T·S·切恩和J·K·施赖奥克在《中国的亲属关系名词》（《美国人类学家》34卷4期，623—669页）一文中，根据交表婚来解释父之姊妹之子女和母之兄弟之子女使用同样的称谓的现象（见切恩—施赖奥克文章中的第I表，85—92号称谓；第IV表，17—24号称谓；以及注释33）。但是，我不认为这与交表婚有关。这些称谓除了表示这些亲属之间具有交表关系以外，不表示别的任何东西。如果要按交表婚来理解这些称谓的话，母之兄弟就必须用称呼妻之父亲的称谓来称呼，或者父之姊妹之夫必须用称呼姊妹之夫或妻之兄弟的称谓来称呼。可惜的是，在现代亲属制里不存在这样的称谓。因此，这两位先生在注释33、34、39、42、61、64、65、67里对交表婚所作的解释是靠不住的。此外，这些解释所依据的材料也是不完整、不可靠的。例如，重要的修饰性语素"表"在母之姊妹之子女的称谓中省掉了，使得母之姊妹之子女与妻之姊妹的称谓混同。母之姊妹之子女称为"表"，犹如母之兄弟之子女和父之姊妹之子女称为"表"一样。不仅交表亲用"表"来表示，而且源自母之姊妹的平表亲也用"表"表示。这样的认识便使上述对交表亲称谓所作的解释变得毫无意义。实际上，正如二位先生已经指出过的，交表婚俗的废止对现代亲属制的发展有重大影响，那么怎么还能把现代亲属制理解为是交表婚的反映？

　　《尔雅》和《仪礼》等所记录的古代系统反映了在某些亲属范围中优先实行交表婚的倾向。①下述称谓就是例证：②

　　"舅"：a.指母之兄弟；b.指夫之父亲；③c.指妻之父亲，如"外舅"。④

　　"姑"：a.指父之姊妹；b.指夫之母亲；c.指妻之母亲，如"外姑"。

　　"甥"：a.指父之姊妹之子；b.指母之兄弟之子；c.指妻之兄弟；⑤d.指姊妹之夫（男子使用）。⑥

　　这些称谓不容怀疑地显示了双向的与姊妹互换婚姻相结合的交表婚。这种姊妹互换婚尤其体现在称谓"甥"上面。"甥"既指妻之兄弟，又指姊妹之夫。

　　间接例证可从《尔雅》的编排中获得。在那里，亲属称谓分为四组来编排：（1）宗族——父系亲属；（2）母党——母系亲属；（3）妻党——妻系亲属；（4）婚姻——夫系亲属。有趣的是，父之姊妹之子，母之姊妹之子，姊妹之夫以及姊妹之子都归入第三组"妻

①　第一个以交表婚来解释《尔雅》系统的是M·格兰特，见《中国之文明》187页。这一观点后来由切恩和施赖奥克加以进一步发展，见上引著作629—630页。

②　在以下的注释中，列举了中国古代对这些称谓语义扩大所作的一些解释。这些解释不一定正确，但确实反映了中国的传统观点。

③　古代对"舅""姑"的语义扩大到夫之父母所作的解释如下："称夫之父母谓姑舅何？尊如父而非父者，舅也。亲如母而非母者，姑也。故称夫之父母为舅姑也。"（《白虎通》卷八）

④　《释名》："妻之父曰外舅，母曰外姑，言妻从外来，谓至己家为归，故反此义以称之，夫妇匹敌之义也。"

⑤　《释名》："妻之昆弟曰外甥，其姊妹女也，来归己内为妻，故其男为外姓之甥。甥者，生也。他姓子本生于外，不得知其女来在己内也。"

⑥　郭璞对《尔雅》的"甥"注为："四人体敌，故更相为甥。"后来的解释大都以"敌体"这个概念为基础。例如，"姑之子为甥，舅之子为甥，妻之昆弟为甥，姊妹之夫为甥解"（俞樾《诂经精舍自课文》，春在堂全书本）。

党"。把这些不属于姻亲的亲属都归为"妻系亲属",这样的编排方式很清楚地表明,《尔雅》系统是以现实的交表婚为基础的。

## 四、姊妹同婚

姊妹同婚在封建时代很流行,至少在封建贵族中是如此。[1]《尔雅》给出了对姊妹之夫的称谓(女子用),如"私",字面意义为"私人的"。这意味着女子把姊妹的丈夫看作是自己"私人的",[2]因此,我们在一定程度上可以把这视为姊妹同婚的证据。当然,如果没有别的称谓进一步证明,单凭这一个例子是没有多少说服力的。《尔雅》和《仪礼》中称母之姊妹的称谓"从母"也可看作是姊妹同婚的反映。"从母"从字面讲是"随之而来的母亲"的意思。[3]其中的"从"表示旁系,而不是表示潜在的母亲,因此,"从母"最好看成是与父之兄弟的称谓——"从父"相对应的一个称谓。

在中国历史上,包括现代,都存在姊妹同婚,但是,幼年订婚

① 参见M·格兰特《共夫的姊妹同婚与中国封建时代的姊妹同婚》(1920年)。本书作者虽然是在充分利用材料的基础上做出的有力论断,但这本小书仍然包括了大部分相关材料。他后来的著作《中国之文明》也利用了这些材料,在《中国之文明》里作者运用了已经过时的人类学理论——姊妹同婚和收继婚是远古时代亲密关系的集团婚的反映。

② 参见前引切恩和施赖奥克的论文(628页)。《释名》对"私"的解释有所不同,其曰:"姊妹互相谓夫曰私,言其夫兄弟之中,此人与己姊妹有恩私也。"按照这个古代的解释,"私"与女性己身完全无关,就很难成为姊妹同婚的证据。

③ 刘熙(约公元200年)在他的《释名》中是这样解释的:母之姊妹嫁与己之父作"娣",便具有"从母"的身份;但即使她们不嫁给己之父亲,她们还是可以称作"从母"的。我相信,这是已知最早的对亲属称谓所作的社会学解释。这一解释正确与否那又是一回事。

的风俗降低了发生姊妹同婚的可能性，所以姊妹同婚一直只是一种个别现象。在现代亲属制里，唯一反映这一现象的是称谓"姨"，它指母之姊妹、父之妾、妻之姊妹以及己之妾。虽然下面的论证似乎无可辩驳，但其他解释也是可能的。作为一种礼貌而亲密的表示，男子称呼其朋友为"兄"或"弟"。出于同样目的，女子也称其女性朋友为"姊"或"妹"。自然地，妻子也把丈夫之妾看作自己的"妹妹"，并以"妹"相称。在现实生活中，妻子正是这样做的。如果不是受到现实的姊妹同婚的制约，"姨"这一称谓也许会扩展开来。同样地，"姨"常常被儿童用来称呼父之妾，[①]被仆人用来称呼主人之妻。在这两种用法中"姨"都作敬称。

在姊妹同婚盛行之处，往往存在娶妻之兄弟之女的婚姻形式。因为假如妻子没有可以出嫁的姊妹，那么妻子的兄弟的女儿便是最好的代替人。在中国封建社会的贵族集团中，存在过这种婚姻形式。

封建诸侯结婚时，新娘有八名随嫁女郎，称为"媵"，这些"媵"便是未来的妾。[②]封建诸侯以下述方式来接收这些媵：新娘和八名媵被分成三组，每组三人；第一组包括新娘、新娘的一位妹妹或

---

① 《通俗编》说父之妾称作"姨"，是因为古老的媵婚制的缘故。"姨"最初是对同嫁给一个丈夫的几位姊妹的共有称谓。到后世媵婚制虽然废除了，但妾实际上就相当于媵。因此，尽管父之妾不再是母之姊妹，"姨"还是可以用于父之妾的。这种社会学意义上的解释很不正确。媵婚制与"姨"无任何联系，媵从未被称作"姨"，而总是被称作"侄"和"娣"。

② 《公羊传·庄公十九年》："媵者何？诸侯娶一国，二国往媵之，以侄娣从。侄者何？兄之子也。娣者何？弟也。"

同父异母的妹妹——"娣"①以及新娘哥哥的一位女儿"侄",这三位
女子构成最基本的一组;与新娘同姓的另外两个封建诸侯国提供一
名"媵"、一名"娣"和一名"侄",②因此总共为三组九位女子。同
姓的诸侯国提供媵必须完全是自愿的,不能向他们提出这种要求,③
因为要求别人的女儿做不太体面的媵是不合适的。④

实行这种复杂的媵婚制,旨在确保有众多的子嗣继承爵位。⑤选
新娘的侄女为媵,而不选新娘的第二个妹妹,其目的是为了制造出血
缘上的差异。当新娘和其妹妹两人都无后嗣的时候,血缘不相同的
侄女便可以生一个儿子。同样地,另外两组媵分别从不同的诸侯国
选出,也是为了使媵的血缘关系更加遥远,获得子嗣的机会便可增
加三倍。⑥选本族亲属为媵,是为了防止妻妾之间产生妒忌,搞阴谋
诡计。⑦

嫁媵之俗严格讲不等于一般所说的"重婚"。所有女子成年后都

---

① 说"娣"是指新娘的同母妹妹,或者说是指新娘的异母妹妹(即她的父亲的媵的女儿),都只是一
种猜测。很可能"娣"仅仅指新娘的异母妹妹,因为有充分证据表明:正妻(夫人)的女儿总是嫁出去
做"夫人",而媵的女儿总是嫁出去做"媵"。这样,高贵者其后代也高贵,卑贱者其后代也卑贱。这
种解释与《尔雅》中"姨"和"娣"的用法相吻合。参见毛际盛《说文解字述谊》(聚学轩丛书本)。
② 《左传·成公十八年》:"卫人来媵共姬,礼也。凡诸侯嫁女,同姓媵之,异姓则否。"这可能是一
般通则,也有例外。
③ 《公羊传·庄公十九年》何休注:"言往媵之者,礼。君不求媵,二国自往媵夫人,所以一夫之尊。"
④ 《白虎通》卷十二:"所以不聘妾者,何?人有之孙,欲尊之,义不可求人为贱也……妾虽贤不得
为嫡。"
⑤ 同上书卷十:"天子诸侯一娶九女者何?重国广继嗣也。"又:"大夫成功受封,得备八妾者,重国
广嗣也。"
⑥ 《白虎通》卷十:"不娶两娣何?博异气也。娶三国女何?广异类也。恐一国血脉相似,以无子也。"
⑦ 《白虎通》卷十:"备侄娣从者,为其不必相嫉妒也。一人有子,三人共之,若己生之也。"《公羊
传·庄公十九年》何休注:"必以侄娣从子者,欲使一人有子,二人喜也。所以防嫉妒,令继重嗣也。
因以备尊尊亲亲也。"

很快要结婚。选做媵的女子如果年纪太小，可以"待年父母之国"，直到长大成人以后再出嫁，[①]但这不大常见。从理论上讲，一个封建诸侯一生只能结一次婚；[②]假如他的正妻——"夫人"死了，他的一位媵就可接替夫人的位置，但不可享受夫人的尊号。[③]实际上，这样的媵合法地位很低，只能算封建诸侯的"被认可的女主人"。

封建贵族中的"卿大夫"，可以有一个正妻，两个妾，但不能以妻子的姊妹或侄女为媵。[④]在经典文献中，对这一规则的解释有分歧。有一些例子证明，卿大夫也同封建诸侯一样娶妻之姊妹和侄女为妾。[⑤]知识分子阶层——"士"（即下层统治阶级）允许有一个正妻、一个妾。[⑥]至于这个妾可不可以是妻子的姊妹或侄女，学者们的观点尚不一致。顾炎武（1613—1682）认为，士不能娶妻之妹妹或侄女为妾。[⑦]平民百姓则只能有一个女人，至少在理论上是如此。[⑧]

从上面的事例来判断，媵婚之俗也许仅仅是一种"被法律认可的乱伦"，借助此俗封建王侯可以确保自己有后嗣。不过，某些下层

---

① 《公羊传·隐公七年》："叔姬归于纪。"注："叔姬者，伯姬之媵也。至是乃归者，待年父母之国也。"

② 同上《庄公十九年》："诸侯一聘九女，诸侯不再娶。"

③ 《左传·隐公元年》："孟子卒，继室以声子。"杜注："诸侯始娶，则同姓之国以侄娣媵，元妃死则次妃摄治内事，犹不得称夫人，谓之继室。"但这一规则不是绝对的，参看《白虎通》卷十。

④ 《白虎通》卷十："卿大夫一妻二妾何？尊贤重继嗣也。不备侄娣何？北面之臣贱，势不足尽人骨肉之亲也。"

⑤ 如《左传》卷三十五："初臧宣叔娶于铸，生贾及为而死，继室以其侄。"

⑥ 《白虎通》卷十："士一妻一妾何？下卿大夫礼也。《丧服小记》曰：'士妾有子，则为之缌。'"

⑦ 《日知录》卷五"贵臣贵妾"条。

⑧ 这就是所谓的"匹夫匹妇"。在封建制下，实际上全部土地都为封建主所有；老百姓是在农奴制下面干活，谁也没有能力娶两个老婆，除非他是统治阶级的一员。

贵族也可以步其后尘。不难理解，为什么这么一种高度专制的婚俗甚至在贵族中间也没有流行开，因为它限制了可提供的妇女的数量，而且实际违反了封建时期的辈份原则思想。例如，封建诸侯不可以娶其领地内的贵族妇女。从理论上讲，他的封建领地内的每一个人都是他的财产，如果他与领地内的某位女子结婚，这位女子的父母就自动成为他的长辈，就不再是他的财产了。为了避免这一矛盾，就要求封建诸侯娶他的领地之外的女子为妻。① 到公元前3世纪，媵婚制随着封建制的崩溃而消失。从西汉初年起，就没有再发现这方面的记载，无论是皇室中的媵婚还是贵族中的媵婚都没有。②

当我们再回过头来看古代亲属制时，我们发现了一个特例，它似乎反映了娶妻之兄弟之女为妻的婚姻。在《尔雅》中，把姊妹之子称为"出"，后来又把他们称为"甥"。这在上面论及交表婚时已谈过了。《尔雅》中"甥"主要用来指父之姊妹之子、母之兄弟之子、妻之兄弟以及姊妹之夫。"甥"指姊妹之子的用法没有恪守《尔雅》所强调的辈份原则。③

在孟子（公元前373—289）的著作里，"甥"还有一种特殊的用法。孟子用"甥"来表示女儿的丈夫。④ 辈份原则对"甥"失去影响，似乎是在封建后期才发生的。在封建时期，"甥"用来指：（1）

---

① 《白虎通》卷十："诸侯所以不得娶国中何？诸侯不得专封，义不臣其父母。《春秋传》曰：'宋三世无大夫，恶其内娶也。'"

② 有些学者怀疑媵婚制仅仅是汉代的文人臆造出来的。

③ 《尔雅》中另一个不区分辈份关系的称谓是"叔"，指父之弟，也指夫之弟。

④ 《孟子》卷十（一）："舜尚见帝，帝馆甥于贰室……"

父之姊妹之子；（2）母之兄弟之子；（3）妻之兄弟；（4）姊妹之夫；（5）姊妹之子；（6）女儿之夫。

上述前四种意义可以从双向型的与姊妹互换婚相伴随的交表婚中得到解释，后两种意义大概要根据双向型的与娶兄弟之女相联的交表婚来解释。在这里，姊妹之夫和姊妹之子都能够娶"己身"之女；而"己身"之女之夫将具有双重身份：既是女儿的丈夫，又是姊妹的儿子。然而，如果我们考虑到这一事实：与妻之兄之女发生的婚姻仅仅是一种在贵族中间存在的"合法的乱伦"，它从未发展成为普遍实行的婚姻形式；那么我们用"从儿称呼"来解释"甥"的后两种用法就显得较为合理、较为简便。在交表婚存在的条件下，姊妹之子和女儿之夫都将是"己身"之子之甥，而"己身"只不过借用了儿子所用的称谓来称呼他们罢了。

总之，不论在古代还是在现代，姊妹同婚对中国亲属制的影响都是微乎其微的。就以上的例证来看，姊妹同婚在古代中国和现代中国都仅仅是一种可允许的婚姻，也就是说，"己身"和某位女子的婚姻不影响该女子的姊妹的婚姻，也不影响"己身"本人的婚姻。

# 五、收继婚 [1]

弟收兄妻的收继婚在现代中国的某些地区肯定存在，至少在贫困阶级中存在 [2]。但是，即使在存在收继婚的地方，收继婚也是不受欢迎的。男子实施收继婚仅仅是以此作为娶妻的最后手段。如有必要，他可以卖掉他的兄弟的遗孀，用卖新娘所得的钱去另娶一个女人。在法律上，与兄或弟的遗孀结婚是严格禁止的 [3]，违反的双方将被处以极刑。G·贾米森因此怀疑，在如此严厉的刑罚下中国会有收继婚存在 [4]。

中国古代存不存在收继婚目前仍大有争议。格兰特虽然从《左

---

[1]　詹姆斯·弗雷泽爵士坚持认为姊妹同婚和收继婚有密切的并存关系（《图腾崇拜和族外婚》，1910年，第4卷139—150页）。R·H·罗维也认为："倘使不因为我们关于初民婚俗的报告不怎么顶详确，这个关系还要见得更密切。那就是说，我们可以假定，在不少的案例中，完全是疏忽将事观察不道底，使那些著作者报告这个制度而不提及那个制度。"（《初民社会》中译本，商务印书馆1987年版43页）

[2]　参见《中国的收继婚》，刊《中国评论》第10卷，1881—1882年，71页。还可参看黄节华《叔接嫂》，刊《东方杂论》31卷第7期，1934年。冯·默伦多夫曾经说过："我还没有发现过收继婚的些微遗迹。收继婚对其他民族来说非常重要，但对中国人则不然。对中国人来说，收继婚的重要性远比不上谥称。"（《中国人的家族之法》，1896年，17页）

[3]　这条法律在洪武年间（1368—1398）颁布的《明律集解》（1610年重新修订）中第一次得到明确表述。在所有早期法典中收继婚都是遭到禁止的。例如，《唐律疏议》卷十四："诸尝为袒免亲之妻而嫁娶者，各杖一百。缌麻及舅甥妻，徒一年。小功以上以奸论。妾各减二等，并离之。"按照这一条款，收继婚是根本不可能的。

另一方面，《明律》明确规定禁止收继婚可能是对在元统治下收继婚传入中国的一种逆反行为。参见李鲁人《元代蒙古收继婚俗传入内地之影响》，刊《大公报·史地周刊》第8期，1936年4月10日第3版。

[4]　见《中国评论》10卷83页："考虑到刑罚是这样残酷，因此在中国任何地方出现收继婚都是不可能的。"

传》里找到两个例证，但还是不能以此证明存在收继婚①。切恩和施赖奥克认为，"亲属关系名词仅仅反映'弟收兄妻'的收继婚，在此婚姻形式中，兄娶其亡弟的妻子为妻。妻子对丈夫和丈夫之兄（潜在的丈夫）都以同一称谓'伯'相称，但对丈夫之弟却用另外的称谓来称呼"。②这两位先生对收继婚的认识有点模糊。兄娶弟妻的婚姻应是"兄收弟妻"的收继婚，而不是"弟收兄妻"的收继婚。"兄收弟妻"的收继婚在亚洲还没有单独发现。在一个民族中间，这两种收继婚要么是同时存在，要么是仅仅存在"弟收兄妻"的收继婚，如印度、东南亚和东北亚就是这样。另外，他们在转引"伯"的语义时没有注意语义的时代性。"伯"在《尚书》里有几处可以理解为指丈夫，③但这种用法在公元前500年以后的文献里就没有再出现。此外，

---

① 见《中国之文明》424—425页。引用的两个例子是：敝无存（莱格《中国古籍》5卷第2部分773页）、子渊（译音）和息妫（同前引书5卷第1部分115页）。在第一例里，敝无存将去打仗，他想荣立战功归来后娶一位身份较高的女子。于是便以可把提到的那位女子嫁给他弟弟为由，拒绝了父亲给他提的亲。这位他所拒绝的女子不仅不是他的妻子，甚至连未婚妻都不是。在第二例里，子渊在楚国已经握有充分的权利，不需要通过娶其兄的遗孀的方式来获取权力。从另一方面看，息妫是一个美貌的女子，子渊是由于性欲冲动才企图诱奸她的。子渊没能把她弄到手，很快就把她杀掉了。这些事实对格兰特的论点是很不利的。

根据古代丧服制度的规定，姻姊妹和姻兄弟无服，而无服的亲属是可以通婚的，因此格兰特认为他的假说无懈可击。但是，亲属之间的婚姻并不是仅仅由丧服来决定的。例如，交表亲虽然都是有服的亲属，可是，根据格兰特的理论他们却是可以相互通婚的！

我们需要的是收继婚的实际事例，而不是那种可以用来支持任何假说的模棱两可的特殊例子。格兰特竭力想用姊妹同婚和收继婚来证明远古时代存在过一种亲密关系的集团婚，这本身就是一种毫无希望证明的假说。

② 前引切恩和施赖奥克的论文628—629页。

③ 《诗经》卷三（三）："伯兮朅兮，邦之桀兮；伯也执殳，为王前驱。自伯之东，首如飞蓬，岂无膏沐，谁适为容……"此处的"伯"有时被人理解为指丈夫。但是"伯"是对丈夫的称谓，还是指丈夫所享有的官衔，或者仅仅表示"勇敢英俊的丈夫"，这都还不能肯定。从上下文来看，最后一种解释较为合理。

"伯"指丈夫之兄也是直到公元10世纪时才出现的。[1]因此，"伯"指丈夫和"伯"指丈夫之兄不仅不是同时产生的，而且还整整间隔了15个世纪！在历史上，尽管中国人可能善于联想，但我仍然不明白怎么能用收继婚来解释"伯"的意义。

曾以"弟收兄妻"的婚姻来解释在印度兄和弟之间的区别，[2]这种解释除非在称谓上得到证实，否则是相当脆弱的。即便"弟收兄妻"的婚姻可以解释兄和弟的区别，它却肯定不能解释姊和妹的区别，而这一区别也是印度大多数亲属制度的特征。宗法能不能圆满解释中国亲属制中同辈亲属年龄范畴的表述方式，我们不知道；但是可以肯定，用"弟收兄妻婚"是不能解释的，因为"弟收兄妻婚"在中国仅仅是一种个别现象。

# 六、从儿称

我们讨论了与决定少数亲属的特征有关的几种婚姻形式，除了交表婚以外，婚姻对中国亲属制的影响不论在古代还是在现代都是微不足道的。在此，我们将联系从儿称和亲属制的其他特点来进一步讨

[1] 陶岳《五代史补》（豫章丛书本）卷五："（李）涛为人不拘礼法，与弟瀚虽甚雍睦，然聚话之际，不典之言，往往间作。瀚娶礼部尚书窦宁固之女，年甲稍高，成婚之夕，窦氏出参涛，辄望尘下拜。瀚惊曰：'大哥风狂耶？新妇参阿伯，岂有答礼仪？'涛应曰：'我不风，只将是亲家母。'"

[2] 查特帕德海《印度的亲属与收继婚》，刊《人类》杂志第22卷，1922年，25页。W·劳埃德·沃纳在《北澳大利亚41个部族的亲属关系形态研究》（刊《美国人类学家》第35卷66页）中也提出了类似的解释。

论这类问题，以发现真正起作用的决定因素。

如前文所述，辈份是中国亲属制中的一个重要的结构原则。辈份因素制约着亲属的婚姻，在中国的社会生活和礼仪活动中起着重要的作用。亲属内部的活动在许多方面都以辈份的区分为先决条件，在丧服等级的确立等方面也是这样。既然辈份在中国亲属制中是如此重要的因素，我们就可以预料到辈份原则在称谓上也将得到相应的体现。但是，仍有一些例外现象值得注意。比如，母之兄弟和妻之兄弟用同一个称谓"舅"表示，母之姊妹和妻之姊妹用同一个称谓"姨"表示，父之兄和夫之兄用同一个称谓"伯"表示，父之弟和夫之弟用同一个称谓"叔"表示，父之姊妹和夫之姊妹用同一个称谓"姑"表示，等等。这些例外现象是很重要的。按理说，对这些辈份不同的亲属应该用不同的称谓加以明确区分。只是随着时间的推移，他们才逐渐混同起来了。

我们首先看看称谓"舅"的语义的演变，以及各个时期对妻之兄弟使用的称谓。我们把他们列表如下：

| 时期 | "舅"的语义 | 对妻之兄弟使用的称谓 |
|---|---|---|
| 1<br>（公元前1000年间） | 母之兄弟<br>夫之父<br>妻之父 | 甥 |
| 2<br>（公元后1000年间） | 母之兄弟 | 妇兄弟 |
| 3<br>（公元11—20世纪） | 母之兄弟<br>妻之兄弟 | 舅 |

在第1时期，称谓"舅"的各种意义可以从上面讨论过的交表婚中得到合理的解释。在交表婚条件下，母之兄弟和夫之父亲为同一个人，母之兄弟和妻之父亲也为同一个人。在第2时期交表婚消失，于是"舅"的语义就限定在母之兄弟上面。

妻之兄弟的称谓在三个时期中各有不同。第1时期，妻之兄弟称为"甥"。这一时期"甥"同时又指父之姊妹之子、母之兄弟之子和姊妹之夫（男子用）。[①]这也可根据双向的与姊妹互换婚相联系的交表婚来解释。在第2时期，由于交表婚的消失，"甥"便不再应用于上述亲属，新的称谓便开始产生并取代了"甥"。"妇兄弟"成了对妻之兄弟的称谓。[②]

在第3时期，称谓"舅"（母之兄弟）的使用范围扩大到妻之兄弟。这一新义的使用在《新唐书》里首次发现。我们在《新唐书·朱延寿传》里读到："（杨行密）妻，延寿姊也，……行密泣曰：'吾丧明，诸子幼，得舅（指朱延寿）代，我无忧矣。'"[③]"舅"在使用中的这种扩展确实令人费解，因为，在此之前不论如何变化，"舅"的辈份特征总是保留的。在这里，辈份原则不起作用了，这肯定是"舅"得以扩展使用的原因之一。社会学的解释则将这种现象完全归

---

① 参见《尔雅》。

② "妇兄弟"纯粹是一个表谦性称谓。"妇"意为妻子，"兄弟"是兄和弟的合称。《北齐书·崔昂传》："崔昂直臣，魏收才士、妇妹夫，俱省罪过。"又《郑元礼传》："但知妇夫，疏于妇弟。"在这个时期也可使用"妻兄弟"和"内兄弟"。

③ 《新唐书·朱延寿传》："田颓之附全忠，延寿阴约曰：'公有所为，我愿执鞭。'颓喜。二人谋绝行密。行密忧甚，绐病目，行触柱、僵。妻，延寿姊也，掖之。行密泣曰：'吾丧明，诸子幼，得舅代，我无忧矣。'"

结于娶妻之兄弟之女的婚姻。在第1时期，"舅"也指岳父。在存在娶妻之兄之女的婚姻的社会中，妻之兄弟便是潜在的岳父；因此，"舅"扩展到岳父上面便是顺理成章的事。但是，这样的解释仍有不少疑点。首先，这种解释看来不符合事实。以妻之兄弟之女为媵的婚姻从未占居主要地位。如上所述，它也不是普遍的形式，即使在封建贵族中也是如此；并且，它在公元前3世纪便同封建制一起消失了，从此没有再恢复过。其次，早在扩展到妻之兄弟以前至少一千年，"舅"就已经停止用来指妻之父亲了。因此，这两种前后相隔一千多年的存在短暂的概念与上述解释不相符。再次，娶妻之兄弟之女的婚姻与辈份原则相冲突。妻之兄弟之女比己身低一辈，因此，这种婚姻在中国亲属制里属于乱伦。在法律上，不同辈份亲属之间的婚姻早在"舅"扩展到妻之兄弟之前五百年就已被严格禁止了。[1]所以，从这几点来看，上面的解释是不能令人信服的。

值得提到的是：在E·B·泰勒把这种称谓纳入人类学的视野之前，中国学者就一直用从儿称来解释上述称谓不可思议的长期存在性[2]。钱大昕（1727—1804），他是那个时代目光最敏锐的学者之一，将"舅"的语义扩展归因于从儿称。"舅"用作从儿称引起其语义发生了缓慢的难以觉察的变化，最终导致语义扩展[3]。"己身"的妻子的兄弟对于己身的儿女来说是舅，"己身"对于儿女来说是父亲，因此

---

① 公元627—683年间编纂并颁布的《唐律》严厉禁止不同辈份之间的通婚（见《唐律疏议》卷十三）。

② 《论调查风俗演变的方法》，刊《人类学学会会刊》第18卷，1889年，245—269页。

③ 《恒言录》卷三："予按……后世妻之兄弟独得舅名，盖从其子女之称，遂相沿不觉耳。"

"己身"可以用儿女用的称谓"舅"来称呼妻子的兄弟。这一过程在上面所提到的朱延寿的例子中可以清楚地看到。杨行密在谈到自己儿子的同时，称朱延寿为"舅"。我们可以推想，"舅"在长期用作从儿称以后，便固定下来并最终取代了原来的称谓。

这一假说能否成立，有赖于我们能否再找到一些充分的证据，或者换句话说，有赖于该假说能否解释中国亲属制中的所有特殊现象。下面，让我们来考察妻子称呼丈夫的兄弟所用的称谓。"伯"用来称夫之兄，"叔"称夫之弟。但"伯"最早是用于称父之兄的，"叔"是称父之弟的。这种背离辈份原则的现象，无论从什么角度来看，都是很不正常的。据我所知，在中国还没有哪种社会的或婚姻的行为能导致这种称谓的产生。从人类学提供的材料来看，在其他民族中也没有相类似的现象存在。

从历史的观点看，对这些亲属所用的称谓在各个不同时期是各不相同的。《尔雅》里，父之兄称为"世父"。从公元前2世纪到现在，"伯父"一直是标准称谓，但是从第4世纪起的一段时期内，仅仅单用"伯"。[1]

《尔雅》称夫之兄为"兄公"，[2]在其后几个世纪，夫之兄常称为"兄章"。[3]到大约第10世纪时，"伯"扩大到了夫之兄上面。

《尔雅》称父之弟为"叔父"，一直沿用至今而未发生大的变

---

[1] 《礼记·曾子问》："已祭而见伯父叔父。"《颜氏家训·风操篇》："古人皆呼伯父叔父，而今世多单呼伯叔。"参见《恒言录》卷三。

[2] 夫之兄为兄公。

[3] 《释名》："夫之兄……俗间曰兄章。"参见第四章第4表，第5号称谓。

化。与"伯"相同，从第4世纪起也仅仅单用"叔"。《尔雅》也用"叔"来指夫之弟。这种用法是很不寻常的，它混淆了不同的辈份，与《尔雅》本身表达的原则——"婿之党为姻兄弟"——是矛盾的。①

因此，如上所述，这种辈份的混同从婚姻形式上不可能找到答案，只有用从儿称才可能加以解释。夫之兄弟对于己身（女性）的儿女来说是"伯"和"叔"，"己身"对于儿女来说是母亲，因此，这个作母亲的"己身"可以采用儿女用的称谓"伯""叔"来称呼夫之兄弟。这种情形有力地支持了我们的假说，而别的已知的社会因素或婚姻形式都不能完满地解释上述用法。

同样的情形在以下亲属的称谓中也存在：称父之姊妹和夫之姊妹的"姑"，称母之姊妹和妻之姊妹的"姨"。

如上文已经提出的，由于交表婚的影响，在《尔雅》里"姑"指父之姊妹、夫之母亲和妻之母亲（如"外姑"）。当交表婚消失以后，"姑"一般就仅指父之姊妹。《尔雅》里，夫之姊称作"女公"，夫之妹称作"女妹"。②后来还偶尔用过"淑妹"来称夫之妹。③到第4世纪，"姑"开始扩展到夫之姊妹上面。④尽管这一时期的婚姻规则

---

① 《尔雅》："妇之党为婚兄弟，婿之党为姻兄弟。"
② 夫之姊为女公，夫之女弟为女妹。
③ 《后汉书·曹世叔妻（班昭）传》："妇人之得意于夫主，由舅姑之爱己也；舅姑之爱己，由叔妹之誉己也。"
④ "小姑"指夫之姊妹最早出现在名诗《古诗为焦仲卿妻作》（见《玉台新咏》卷一）里："却与小姑别，泪落连珠子。新妇初来时，小姑始扶床，今日被驱遣，小姑如我长。"有关这首诗的年代已有很多文章讨论过。胡适倾向于认为它产生的时间比其他同时代的诗歌早，约产生于3世纪中叶。参见《孔雀东南飞的年代》，刊《现代评论》第6卷149期9—14页。其他人认为它产生的时间较晚，约产生于4—5世纪。

和社会风俗已经为人熟知，但是引起这种扩展的因素仍然无法确切肯定。这种扩展不可能归因于娶妻之兄弟之女的婚姻，因为在这种婚姻里，夫之姊妹将被提高到夫之父亲的姊妹的地位。上面所引的解释"舅"的例子在此也适用。另外，从称谓上[1]或观念上[2]也找不出别的可供解释的线索。因此，既然夫之姊妹是"己身"的儿女的姑，那么用从儿称来解释是再好不过了。

"姨"最早是用来指妻之姊妹，如《尔雅》。《尔雅》称母之姊妹为"从母"。"姨"指母之姊妹最早见于《左传》。《左传·襄公二十三年》（公元前550年）写道："穆姜姨之女。"[3]我们查考了与穆姜有关系的亲属，发现本该指妻之姊妹的称谓"姨"在此并不是指妻之姊妹（或已婚的姊妹，女性用），而是指母之姊妹。因此，上面那句话应理解为"穆姜的从母的女儿"，而不应理解为"穆姜的姨的女儿"。

从理论上讲，与娶父之遗孀相伴随的收继婚将充分解释这种用法。在这种婚姻里，父亲娶母亲的姊妹，己身娶妻子的姊妹。当父亲病故后，己身又娶父亲的遗孀。这时，母之姊妹就变得与妻之姊妹相等同了。这种解释听起来有点离奇，但还是有依据的。因为男子的第二个妻子（妾）也可被称作"姨"，即母之姊妹、妻之姊妹和第二个

---

① 例如，在米沃克人中间，与妻之兄弟发生的婚姻有12个称谓来反映（E·W·吉福德《米沃克部族的各个分支》，《加利福尼亚大学考古学和人种学文集》，1916年，186页）。

② 在奥马哈人中间，与妻之兄弟发生的婚姻在观念上有所反映，即反映在对父之姊妹、女性己身和兄弟之女的认识同上，但是在称谓上却无所表示。在中国亲属制中，父之姊妹、夫之父之姊妹以及夫之姊妹虽然在称谓上没有加以区分，但在观念上仍是可以明显区分的。

③ 《左传·襄公二十三年》。

妻子都划在一个类别里。众所周知，收继婚在封建贵族中流行过，至于说收继父之遗孀的婚姻还没有得到可靠的证明。[1]确实，这种婚姻本来不大适应于古代中国人。我们知道，从前的文人学士都憎恶娶父之遗孀的匈奴人，历来就把这做为嘲笑他们的笑料。[2]

孙颖达（574—648）把"姨"由指妻之姊妹向指母之姊妹的扩展，归结为这两种亲属之间存在的心理共性。[3]母亲的姊妹对于"己身"的父亲来说是姨，如同妻子的姊妹对于"己身"来说是姨一样。因此，儿子如果跟着父亲称呼，就可以称母亲的姊妹为"姨"。总之，这一现象看来不仅需要用心理学来解释，而且还需要用逆从儿称（即子从父称）来解释。

"婶"的演变同样是有意义的。面称时，父之弟之妻和夫之弟之妻都称作"婶"。《尔雅》里，父之弟之妻称作"叔母"，这在今天是标准称谓。"婶"的最初使用是在宋代。通常认为它是"世母"二字

---

[1]　M·格兰特引用了卫国的宣公（公元前718—700年）娶其父之妾夷姜的例子（《中国之文明》401页）。然而，格兰特显然不知道顾栋高（1679—1757）已经令人信服地证明，夷姜从前不是宣公父亲的妾（见《春秋大事表·卫夷姜晋齐姜辨》，刊《皇清经解》）。退一步说，即便承认这种继母与继子结婚的事是有根据的，它也不能证明什么，因为这种事例是相当特殊的。从春秋时代起，不仅这类特殊例子可以找到许多，就连涉及直系血亲关系，如祖母与孙子、兄弟与姊妹之间乱伦的例子也可以找到不少。（参见王士廉《左浮类记》）但格兰特避而不谈这些。说实在的，上述这种特例在中国历史上总是存在的，即使在稍后的朝代里也是如此。例如，唐高宗（650—684年在位）娶其父之妾武曌，武曌后来成了臭名昭著的武后。唐玄宗（712—756年在位）娶其子之妃杨玉环，欧洲人都知道她是中国的绝代佳人。我们不知道格兰特将如何看待这些事情。

[2]　《史记·匈奴列传》："父死妻其后母，兄弟死皆取其妻妻之。"古代中国人对匈奴人娶父之遗孀而不娶己之母亲的婚俗以及收继婚是如此熟悉，因此他们把这视为匈奴人道德败坏的标志。

[3]　《左传·襄公二十三年》。

的合音。① 大约在这一时期，"婶"的使用扩展到了夫之弟之妻。② 没有哪一种婚姻关系可能造成这种均衡的亲属关系，别的社会因素也不可能。但是，若以从儿称来解释就非常简单：夫之弟之妻是己身（女性）的孩子的婶。

表示夫之父亲的"公"和表示夫之母亲的"婆"，其语源还未考察过。古老的称夫之父亲的称谓是"舅"，称夫之母亲的称谓是"姑"，二者都反映着交表婚。在公元1—10世纪期间，在交表婚中止以后，虽然涌现出了大量的指称这两种亲属的称谓，但最终流行开的只有"公"和"婆"。③

另一方面，"公"和"婆"又是称呼祖父母的最常用的称谓。④ 妻子为什么会用称呼祖父母的称谓来称夫之父母，这是很不好理解的。用不合规范的婚姻来解释是最容易的，但我们不知道是什么样的婚姻形式（不管它多么令人惊奇）在其中起作用。可是如果我们假定是从儿称造成的，那么就可以立即做出解释。

上述这些例子包括了称谓上最值得注意的特殊现象，概括了中国古代和现代亲属制中辈份原则受到公开破坏的全部情况。对每一种情况，我们都力图用事实和假说来解释其中的例外现象，每种假说都

---

① 《明道杂志》："王圣美尝言，经传无婶字……考其说，婶字乃世母二字合呼也。""世母"连读成一个字就成了 Shim 或 Shen。

② 吕祖谦（1137—1181）《紫薇杂记》（《说郛》卷十九）："吕氏旧俗，母母受婶房婢拜，以受其主母拜也。婶见母母房婢妮，即答拜，是亦毋尊尊之义也……母母于婶处自称名，或去名不称新妇，婶于母处则称之。""母母"意为夫之兄之妻，"婶"意为夫之弟之妻。

③ 见第四章第4表1、2号称谓。

④ 见第四章第1表13、14号称谓。

对别的例外现象的考察具有启发意义。但是，我们没有发现哪一种假说适合于中国的情况，反之，只有用从儿称才能做出满意的解释。

因此，毋庸置疑，从儿称是上述这些情况的决定因素。也许有人会问，在中国从儿称是否普遍存在，是否大部分古代中国人都运用从儿称。从儿称在中国的流行范围很难划定，不过，它的使用程度很可能依时代和地域而有所不同。在有些朝代，从儿称受到特别重视，以致一般的称呼形式都变得微不足道了[①]。在有些地方，如江苏无锡，新娘通常以对长辈的态度来称呼自己丈夫的亲属，仿佛她比他们低一辈。在实际运用中，从儿称一般属于这一类型：省去儿女的姓名，就像英国人直接称呼妻子为"妈妈"那样。从儿称对上述那些不规范称谓的产生起着特殊的作用。

关于古代的从儿称，我们必须从历史材料中去寻找。可以看作是从儿称的最早例证见于《春秋公羊传》。该书卷二十七《哀公六年》记载了一段有关陈乞的史料，陈在谈到其妻时说："常之母……"[②]已知常是陈乞的儿子，显然这里是一种从儿称。这一公元前5世纪的史料与我们上面所讨论的大部分实例相比要早一千多年，只有"姨"和"姊"的情况例外，它们差不多发生于同一个时期。另一方面，如果我们考虑到古代学者在记录民间口语方面的保守态度，

---

[①]　在中国南方存在着极端的从儿称例子，如宋代吴处厚（约1080年代）《青箱杂记》（涵芬楼本）记载："岭南风俗相呼不以行第，唯以各人所生男女小名呼其父母。元丰中（1078—1085），余任大理丞，断宾州（今广西宾阳县）奏案，有民韦超，男名首，即呼韦超作父首。韦遨男名满，即呼韦遨作父满。韦全（男）女名播娘，即呼韦全为父播。韦庶女名睡娘，即呼庶作父睡，妻作姊睡。"

[②]　《公羊传·哀公六年》："诸大夫皆在朝，陈乞曰：'常之母，有鱼菽之祭，愿诸大夫之化我也。'"

那么就有理由推断，从儿称的实际发生年代要比文献记载的早得多。

从儿称对亲属称谓的影响是非常明显的。吉福德在讨论英语中的类似的用法，以及加利福尼亚人的亲属称谓时，已经令人信服地指出："在其他的亲属制中，一定存在许多与之相类似的用法（即类似于英国人称呼丈夫为'爸爸'、称呼妻子为'妈妈'的从儿称那样的用法），其中一些用法演变成了固定不变的习俗；一定存在许多不需要用令人惊讶的婚姻形式来加以解释的称谓的使用情况。但如果我们对所要讨论的家族组织很熟悉，那么这些称谓的使用就能很容易理解，如同理解我们自己的称谓一样。"①

在关于从儿称的有限的论著中，已经有若干种探寻其起源的理论，但是还没有哪一种理论试图用从儿称来认真地解释别的社会现象。

从儿称作为一种习惯用法，是建立在亲属关系和亲属称谓之上的，是对那些不好称呼的亲属使用的委婉的称呼方式。经过长期的频繁地使用，从儿称这一称呼方式为什么不能使亲属称谓产生某些新的特殊的意义呢？就像别的社会习惯行为那样。中国的从儿称是特别富有启发性的。对"舅、伯、叔、姑、姨、婶、公、婆、甥"的特殊含义需要用一系列的婚姻或其他社会因素来解释，而这些特殊含义又全都可以用从儿称这一个原则来解释。

---

① 见《加利福尼亚人的亲属称谓》265页。中国的情形非常明显，因此，即使像哈特这样的非专业工作者也能观察到："用来指称两姻兄弟和两姻姊妹的称谓，即妻子用来指称夫之兄弟和姊妹以及丈夫用来指称妻之兄弟和姊妹的称谓，似乎来源于子女（或者说是被称呼者的侄儿侄女）对这些人所用的称谓。所以，如果某个人妻子的兄弟是某个人的子女的'舅'，那么这个人在谈到其妻子的兄弟时就用同一个称谓"舅"来指称，对另外几种亲属的称谓也同此理。"（摩尔根《人类家族血亲与姻亲的制度》413页）。然而，当摩尔根沉溺于构建他的进化阶段论时，却完全忽略了这一中肯的意见。

# 第四章

# 称谓词的历史考察

　　中国人计算亲等的方法是从最近的三种亲属算起，即从父子、夫妻和姊妹算起，然后扩展到其他亲属。如果要讨论中国的亲属的范围，一般总要涉及到"九族"——一个被广泛讨论过却仍很模糊的术语，它的首次使用见于《书经》。[①]对它的解释主要有两种，分别代表了两种不同的古典学派。今文经学派的解释是：父系四族，外加母系三族和妻系两族。

　　父系亲属的四族是：1.以"己身"为中心，上推四代，下推四代。对于四支旁系亲属，从源自男性直系亲属的男性旁系亲属起，每一支数四代。2.父之姊妹，若已婚则包括其后代。3."己身"之姊妹，已婚则包括其后代。4."己身"之女，已婚则包括其后代。

---

① 《书经·尧典》："以亲九族。"这到底是不是"九族"的最早使用还大可怀疑，因为《尧典》是否真是古人所作还很难说，不过，这正是近来人们争论的焦点。顾颉刚已经对"九族"问题做过深入的分析。见《清华周刊》第37卷，9、10期合刊，105—111页。

母系亲属的三族是：5.母之父母。6.母之兄弟。7.母之姊妹。

妻系亲属的两族是：8.妻之父。9.妻之母。

古文经学派的解释则与此不同。他们认为"九族"仅仅包括宗亲，而不包括非宗亲。因此，在他们看来，"九族"仅仅指上述九类亲属中的第一类。也就是说，"九族"仅仅指九代，即上辈四代，下辈四代，加上中间的"己身"一代。自然地，由于对个人的社会行为抱有集体责任感，许多学者都倾向于对"九族"作狭义的理解，以减少社会生活和法律方面的复杂性。不过，无论怎么解释，"九族"问题都仅仅是一个纯学术性的历史问题。

在今人的著作里，一般都沿用《尔雅》的分类法。然而，实际引述的亲属称谓的范围却完全由现代研究的需要和可用的材料所决定，虽然在丧服等级里包括了所有这些亲属。宗亲受到特别重视，这在一个以严格的父系社会组织为基础的亲属制里是不可避免的。在这样的亲属制里，很多表示非宗亲的称谓不过是扩展了的宗亲称谓。

所有亲属分成两大类，在此之下又分为四个小类。两个大类是血亲亲属和姻亲亲属。在血亲亲属中有两个支系：父系亲属和母系亲属；在姻亲亲属有两个支系：妻系亲属和夫系亲属。每一类亲属中都包括那些与这些亲属有婚姻关系的人，这是一种惯例。

在下面的各个称谓表里，每一项首先列出现代的标准称谓，这些称谓代表现代的亲属制。对一些复合称谓的变体根据现在的资料逐个进行了仔细核对。核对时采用了两种标准：统计标准和逻辑标准。即，如果两个（或两个以上）形式都同为通用形式，那么就以与亲属制的内在原则最一致的那个形式为标准形式，而以另一个为替换形式。这些变体不很重要。在中国，亲属称谓通行地域广，使用人口多，产生变体是必然的。

在每一标准称谓下面按时间顺序写出历史上出现过的称谓。指出这些称谓的性质以及在现代的状况，[①]而不管它们是替换性称谓，是书面语称谓，还是地方性称谓。[②]接下来是叙称称谓和面称称谓。如果没有列出叙称和面称，那么应该知道，他们是可以按照先前提到的公式来构成的。虽然这中间无规律可循，但一般来说，每种面称和叙称都要依据构成成分的不同而有所不同，都要适合各种特殊的环境。

说明各种称谓的用法的引文放在注释里。正文中只列出那些能表明某个新称谓的最早用法或者能表明旧称谓的新义的引文。在有些情况下，引用了最典型的例子。这些引文是非常重要的，因为只有从这里面才能确定一个称谓的准确性质和使用年代。

在以下各表中，我力图尽可能全面地列出每种称谓的不同的形式。[③]因此，在"父之父"项下，就出现了将近20个称谓，分别代表不同的用法、不同的时期。在有些情况下，列出的称谓数量比这还要多。当然，并不是对每种称谓都是这样处理的，特别是对那些用基本称谓组合而成的远亲称谓就不是这样处理；但复合称谓如有可能的变

---

① 即某个称谓在现代的准确含义和性质，如果这个称谓仍在使用的话。

② 中国亲属称谓的方言差异被过分夸大了。很多方言称谓仅仅在语音上有所不同，但并不影响亲属称谓系统的外部形态。

③ 不包括那些性质特殊的或流行面很窄的称谓。例如，北周宣帝不喜欢别人使用称谓"高"，于是就把"高祖"改成"长祖"，把"曾祖"改成"次长祖"。《北史·周宣帝纪》："又不喜听人有高者、大者……改……九族称高祖者为长祖，曾祖为次长祖。"像这种类型的称谓将不涉及。

体则一律列出。在对中国亲属制的早期研究中产生的错误，大部分是由对层次不同的亲属称谓构成的中国亲属制所作的片面而混乱的解释所致。因此，要正确理解和解释中国亲属制，就必须详细地描述全部亲属称谓以及每一称谓的确切性质。

# 一、血亲亲属——第 1 表：父系亲属

## I. 高祖辈

1. 高祖父（父之父之父之父）[1]

在古代经典中，"高祖"有时用于指祖父以上的任何祖先。[2]《左传·昭公十年》（公元前 525 年）称始祖为"高祖"，[3]在该书另一处第九代祖先也被称为"高祖"。[4]康王（公元前 1078—前 1053）称文王和武王为"高祖"，但实际上他们是他的曾祖父和祖父。[5]很明显，在周代如果被指称者确实是父之父之父之父，就要加"王父"二字，如《尔雅》所用的"高祖王父"那样。"高祖"在《仪礼》记载的丧

---

① 原文中亲属关系以英语字母的组合来表示，如父之父之父之父 =ffff，父之母 =fm，现一律改用汉语来表示。——译者注。

② 《日知录》卷二十四："汉儒以曾祖之父为高祖，考之于传，高祖者，远祖之名尔。"

③ 《左传·昭公十七年》："郯子曰……我高祖少皞挚之立也……"

④ 同上《昭公十五年》："王曰……且昔而高祖孙伯，司晋之典籍，以为大政，故曰籍氏。""高祖"指籍谈的第九世祖。《书经》也以同样的方式使用了"高祖"。例如《书经·盘庚》："肆上帝将复我高祖之德。""高祖"指"成汤"。

⑤ 《书经·康王之诰》："无坏我高祖寡命。"

服关系中没有出现。①可以推想，曾祖以上的任何直系亲属都可称作"曾祖"。②

唐代使用"高门"来指高祖父，③但不大常见。这很可能是一种谥称。《礼记》里，这样的谥称叫"显考"。④现在"显考"已经不在这个意义上来使用了，因为从元代（1280—1367）起，它就一直作为对父亲用的碑铭称谓。

2.高祖母（父之父之父之母）

《尔雅》使用"高祖王母"。

3.高祖姑母（父之父之父之父之姉妹）

《尔雅》使用"高祖王姑"。

4.高祖姑父（父之父之父之父之姉妹之夫）

该亲属关系在《尔雅》中无称谓。对父族中已嫁出去的女性亲属一般有称谓，而对她们的丈夫则很少有称谓。

## II. 曾祖辈

5.曾祖父（父之父之父）

称谓形式"曾祖"可以单独使用。《尔雅》里用的称谓是"曾祖

---

① 《仪礼·丧服传》对父之父之父之父没有规定服制，所以该书没有这一亲属的称谓。礼仪著作里最早用"高祖"来指父之父之父之父的是《礼记·丧服小记》："有五世而迁之宗，其继高祖者也。"

② 《梦溪笔谈》卷三："丧服但有曾祖曾孙，而无高祖玄孙。曾，重也。自祖而上，皆曾祖也；自孙而下，皆曾孙也；虽百世可也。""高祖"用于指父之父之父之父、"曾祖"用于指父之父之父很可能是由周代宗法组织的发展造成的。而这两个称谓原来只指远亲。

③ 《金石萃编·段行琛碑》："……高门平原忠武王孝先。"《称谓录》卷一："按：高门，高祖也。"

④ 《礼记·祭法》："显考庙"。疏："曰显考庙者，高祖也。"《礼记·檀弓》："殷主缀重焉。"郑注："'缀'犹联也。殷人作主而联其重，县诸庙也；去显考乃埋之。"孔疏："显考，谓高祖也。"

王父"。从6世纪以来，"曾大父"①"大王父"②"王大父"③就一直是常见的替换性称谓。"曾门"④在唐代普遍使用。这几个称谓都可做谥称。如《礼记》所载，古代对父之父之父的谥称是"皇考"。⑤后来"皇考"成了对父亲的谥称，元代以后被禁用，因为"皇"暗含"皇帝"之意。

面称有多种。在4—9世纪时常常使用"太翁"⑥和"曾翁"。⑦"翁"意为"德高望重的老人"。现代常用的面称是"太公"和"太爷爷"。⑧

### 6.曾祖母（父之父之母）

《尔雅》用的是"曾祖王母"。现代在面称时最常用的是"太婆"或"太婆婆"⑨。

### 7.曾伯祖父（父之父之父之兄）

---

① 《史记·夏本纪》："禹之父鲧，鲧之父帝颛顼，颛顼之父曰昌意……禹之曾大父昌意及父鲧，皆不得在帝位"。《昌黎先生集·崔评事墓铭》："曾大父知道……"

② 《曲江文集·裴光庭碑》："大王父定……"

③ 《金石要例·书祖父例》："庚承宣为田布碑，称曾祖为王大父。"

④ 《新唐书·孝友程袁师传》："改葬曾门以来，阅十二年乃毕。"《金石萃编·比丘尼惠源志铭》："曾门梁孝明皇帝……"钱大昕说："称曾祖为曾门，未详其义。"（见《潜研堂金石文跋尾》卷六）从已有材料看，"门"是4—8世纪时很常见的称谓，用于指自上二辈起的已故的长辈直系亲属。父之父被称为"大门中"，父之父之父之父被称作"高门"，因此"曾门"便是称父之父之父。颜之推认为"曾门"的原义与"从兄弟门中"同。

⑤ 《礼记·祭法》："曰皇考庙。"孔疏："曰皇考庙者，曾祖也。"

⑥ 《南史·齐废帝郁林皇纪》"太翁"。

⑦ 由于"翁"常用作对祖父的面称，因此"曾翁"和"太翁"便用作对曾祖父的面称。"翁"也可用于称呼任何德高望重的老年男子。

⑧ "太"意为"大"，"公"和"爷爷"是对祖父的面称，"太公"和"太爷爷"用来称呼曾祖父。

⑨ "婆"或"婆婆"用于面称称呼祖母，"太婆"用于面称称呼曾祖母。孔平仲（约1080年代）《朝散集》（《豫章丛书》本）卷二"代小子广孙寄翁翁"："太婆八十五，寝膳近何似？"

《尔雅》使用"族曾王父"，《仪礼》使用"族曾祖父"。①二者也可用于指父之父之父之弟。

8.曾伯祖母（父之父之父之兄之妻）

《尔雅》里用"族曾王母"，相应地，《仪礼》里用"族曾祖母"。二者也都可用于指父之父之父之弟之妻。

9.曾叔祖父（父之父之父之弟）

7和9的面称与5同，只是在前面须加上各自的排行或名号以互相区别。

10.曾叔祖母（父之父之父之弟之妻）

8和10的面称与6同，只是须在前面加上各自的姓氏或丈夫的排行以互相区别。

11.曾祖姑母（父之父之父之姊妹）

《尔雅》使用"曾祖王姑"。现代面称为"姑太婆"。

12.曾祖姑父（父之父之父之姊妹之夫）

现代的面称为"姑太公"或"姑太爷"。

## Ⅲ. 祖辈

13.祖父（父之父）

"祖"可以单独使用，表示父之父，但也可以表示任何先祖。②

---

① 《仪礼·丧服》："族曾祖父母。"郑注："族曾祖父母者，曾祖昆弟之亲也。"
② 《日知录》卷二十四："自父而上，皆曰祖。书微子之命曰，乃祖成汤是也。"

《尔雅》里，"祖"用作"王父"的同义语，①但"王父"现在常用作谥称。自汉代起，"大父"常常被使用。②其他的早期替换性称谓，如"祖君"③"祖王父"④和"祖翁"⑤，在文献里也时常可见。另一个早期的常用称谓是"公"，⑥现在很多地方仍用它来作面称。⑦"公"是一个常见的对老年人的尊称，因此当它作为亲属称谓使用时意义是不太固定的，它可以用于指父亲、夫之父等等。《后汉书》里"太公"用于指父之父⑧，但现在"太公"却是对父之父之父的面称。

现代对父之父最常用的面称是"爷爷""公公""阿翁""翁翁"⑨。他们的具体用法受到各地风俗的支配。

对父之父的谦称是"家祖"或"家公"（不太常用）。"家"加在"祖"前面指称己之父之父是从汉代开始的。在有一段时期"家"被指责为是一种粗鄙的不正确的称谓⑩，然而在今天它仍在广泛使用。

对父之父的尊称是"尊祖父"⑪。5或6世纪时，用"大门中"做

---

① 《尔雅》："祖，王父也。"

② 《史记·留侯世家》："留侯张良者，其先韩人也。大父开地……"《史记·郑当时传》："然其知交皆其大父行。"

③ 《孔丛子·居卫篇》："子思既免，曰……祖君屈于陈蔡作春秋。"

④ 《金石萃编·王文干墓志》："奉天定难南朝元从功臣讳英进，公之祖王父也。"

⑤ 乐清县白鹤寺钟款识有祖翁祖婆之称。参见《称谓录》卷一。

⑥ 《吕氏春秋》卷十："孔子之弟子从远方来者，孔子荷杖而问曰：'子之公不有恙乎？'"

⑦ 参见《称谓录》卷一。

⑧ 《后汉书·李固传》："姊文姬（固女）……见二兄归……曰：'李氏灭矣！自太公以来，积德累仁，何以遇此？'"在汉代"公"有时表示父，"太公"有时表示父之父。

⑨ 《世说新语》。

⑩ 参见《颜氏家训·风操篇》。

⑪ 同上《风操篇》："凡与人言，称彼祖父母、世父母、父母及长姑，皆加尊字。自叔以下，则加贤字，尊卑之差也。"

尊称，①这很可能是一种谥称，在今天已经停用。

　　古代对父之父的谥称是"王考"②和"皇祖考"③。前者可能多用于宗庙，后者可能多用于祭祀。这种细小的分别大概导源于祖先崇拜和祭祀在封建时期家族组织中的重要作用。5世纪时，最常用的是"先亡丈人"。④这些称谓在今天都已经停用。现代的谥称是"先祖"或"亡祖"。

　　14.祖母（父之母）

　　《尔雅》的称谓是"王母"，与"王父"对应。后世使用的称谓，如"大母"⑤和"祖婆"，都或多或少地与称父之父的称谓相对应。谦称是"家祖母"，尊称是"尊祖母"。古代的谥称是"皇祖妣"，⑥现代的谥称是"先祖母"。"太婆"过去曾用作对父之母的面称，但现在是用作对父之父之母的面称。现在对父之母最常用的面称是"婆婆"⑦和"奶奶"⑧。

　　15.伯祖父（父之父之兄）

　　对这一亲属关系《尔雅》和《仪礼》所给的称谓是"从祖祖

---

① 同上《风操篇》"大门中"。

② 《礼记·祭法》："曰王考庙。"孔疏："曰王考庙者，祖庙也。"

③ 同上《曲礼》："祭王父曰皇祖考，王母曰皇祖妣。"

④ 《颜氏家训·书证篇》："今世俗呼其祖考为先亡丈人，又疑丈当作大。"

⑤ 《新书·俗激篇》："今其甚者，刭大父矣，贼大母矣。"《汉书·文三王传》："共王母曰李太后，李太后清平王之大祖也。"颜师古注："大母，祖母也。"

⑥ 《礼记·曲礼》："王母曰皇祖妣。"

⑦ 孔平仲《朝散集》卷二"代小子广森寄翁翁"："婆婆到辇下，翁翁在省里。"

⑧ 《亲属记》卷一："妳，按今读奴蟹切，曰妳妳。或以呼母，或以呼祖母，或以呼伯叔母。""妳"也写作"奶"，原指母亲，读作ni。《广韵》："妳，楚人呼母。"

父"①，它既可指父之父之兄，也可指父之父之弟。

现代的面称是"伯翁"。②13的面称在前面加上一定的排行或名号也可用于15。

16.伯祖母（父之父之兄之妻）

《尔雅》和《仪礼》用"从祖祖母"。③《尔雅》还用了另一个称谓"从祖王母"，由此推测，在周代父之父之兄弟也可称作"从祖王父"。到了汉代，"从祖王母"略作"从祖母"。④"伯婆"是近代以来产生的称谓，可作面称用。

17.叔祖父（父之父之弟）

请与15比较。《国语》用称谓"从祖叔母"来表示父之父之弟之妻。⑤由此推测，在古代"从祖叔父"也许可用于指父之父之弟，"从祖世父"也许可用于指父之父之兄。但这种推测尚未得到证实。从唐代起，"叔翁"成了常见的替换性称谓，⑥并可作面称。各地的13的面称也可用于17，但前面须加排行。

18.叔祖母（父之父之弟之妻）

请与16和17比较。汉代似乎使用过"季祖母"。⑦另一种观点认

---

① 《仪礼·丧服》："从祖祖父母。"

② 参见龚大雅《义井题记》，刊《八琼室金石补正》卷一百一十七。

③ 参见注①。

④ 《仪礼·檀弓》："敬姜曰：'妇人不饰。'"郑注："敬姜者，康子从祖母。"

⑤ 《国语·鲁语》："公父文伯之母，季康子之从祖叔母也。"

⑥ 见《昌黎先生集·祭李氏二十九娘子文》。韩愈在此文里称自己为"十八叔翁"，称自己的妻子为"十八叔婆"。同前《祭湝文》，韩愈在此称自己为"十八翁"，称妻子为"十八婆"。这几个称谓都是在祭祀韩愈的兄弟的孙子时使用的。

⑦ 《金石萃编》卷十八："收养季祖母。"

为，"季祖母"是指父之父之兄弟的第二个妻子，[①]但无例可以证明。唐代起，常用的面称大约是"叔婆"。"婆婆"可以用作16和18的面称，但应在前面加上她们丈夫的排行或她们自己的姓氏。[②]

19.姑祖母（父之父之姉妹）

"王姑"是《尔雅》用的称谓。

20.姑祖父（父之父之姉妹之夫）

21.舅祖父（父之母之兄弟）

"舅祖"可以单独使用，[③]其相反的形式"祖舅"用得很早。[④]"大舅"用于后汉。[⑤]

22.舅祖母（父之母之兄弟之妻）

23.姨祖母（父之母之姉妹）

24.姨祖父（父之母之姉妹之夫）

对上述19—24的面称可根据对祖父母的面称来仿造。但不管用何种形式，前面都须加"姑"或"舅"或"姨"。

25.堂伯祖父（7或9之子长于父之父者）

26.堂伯祖母（25之妻）

27.堂叔祖父（7或9之子幼于父之父者）

28.堂叔祖母（27之妻）

---

① 钱大昕说："其称季祖母，犹言庶祖母也。"（见《潜研堂金石文跋尾》卷一）

② 《颜氏家训·风操篇》："父母之世叔母，皆当加其姓以别之。"

③ 陆以湉《冷庐杂识》（刊于《笔记小说大观》）卷二："今之称谓……称父之舅为舅祖。"

④ 《晋书·应詹传》："镇南大将军刘弘，詹之祖舅也。"

⑤ 《后汉书·张禹传》："祖父况，族姊为皇祖考夫人……况……见光武，光武大喜曰：'今乃得我大舅乎！'"

《尔雅》对25和27无称谓，但26和28却用了"从祖王母"来表示。由此推想，"从祖王父"也可用于25和27。《仪礼》对25和27用"族祖父"，对26和28用"族祖母"；①但在《尔雅》里这两个称谓却是指25或27的儿子及其妻子。《仪礼》用的只是"族祖王父"和"族祖王母"的缩略形式。

15—18的面称可分别用于25—28。

29. 堂姑祖母（7或9之女）

《尔雅》使用"族祖姑"。这个称谓与整个《尔雅》系统很不一致。按逻辑推理，对29的称谓应为"族祖王姑"才对。也许，《尔雅》当时已经开始运用缩略形式了。

30. 堂姑祖父（29之夫）

在祖父母的面称前加上"姑"，即可构成30的面称。若要进一步区分，可加上29的排行或30的姓氏。

31. 表祖父（父之父之父之姊妹之子）

32. 表祖母（31之妻）

在以上两个称谓前加上"姑"或"舅"或"姨"，可对这类亲属关系进行细致的划分。例如，用"姑表祖父"表示父之父之父之姊妹之子，用"舅表祖父"表示父之父之母之兄弟之子，用"姨表祖父"表示父之父之母之姊妹之子。一般地说，"表祖父"对这些亲属全都适用。从社会一般情况来讲，父之父之父之姊妹或父之父之母死了以后，上述这些亲属关系通常不再往下延续，除非这些有亲属联系的双

---

① 见《仪礼》卷三十三。

方强烈地希望保持这种关系。这里不再列出对这些亲属的后代的称谓。如果这些亲属关系保持下来，其称谓不难构造。例如，31的儿子可称作"堂表伯父"和"堂表叔父"。其余的不再一一列举。

## IV.父辈

### 33.父（父）

"父"主要是作为标准的书面称谓来使用的，极少单独作面称称谓。"翁"是一个古老的面称称谓。①3—6世纪时很流行的是"阿公"②和"尊"③。约5世纪时，皇室的一些成员称父亲为"兄兄"④——一个本指兄的称谓。唐代时，皇室成员称父亲为"哥"⑤——现代广泛用于称呼兄的面称。在此之前，"哥"从未用于称呼兄，也从未用于称呼父亲。⑥情况也许是这样："哥"是一个古老的在方言中用来指父亲的称谓，在隋唐时代与"兄"发生了混同，从而失去了原来的指父亲的意义，获得了指兄的意义。然而，事实却远比这复杂得多。

---

① 《史记·项羽本纪》："汉王曰：'……吾翁即若翁。'"

② 《南史·颜延之传》："……又非君家阿公。"据王念孙《广雅疏证》，"公"和"翁"在读音上非常相近，很可能是同一个词所形成的两个不同的方言变体。

③ 《宋书·谢灵运传》："阿连才悟如此，而尊作常儿遇之。"《世说新语·品藻篇》："刘尹至王长史许清言，时荀子年十三，倚床边听。既去，问父曰：刘尹语何如尊？"又《世说新语·赏誉》："谢太傅未冠，始出西诣王长史清言，良久。去后荀子问曰：'向客何如尊？'"

④ 《北齐书·南阳王绰传》："兄兄。"

⑤ 《旧唐书·王琚传》："玄宗泣曰：'四哥仁孝。'"此处"哥"指睿宗。同前《棣王琰传》："惟三哥辩其罪。"用"三哥"来称他父亲玄宗。在唐代皇室成员中，父亲也用"哥"来称呼自己。《称谓录》卷一说："《淳化阁帖·唐太宗与高宗书》称'哥哥'敕。父对子自称'哥哥'，盖唐代家法如是。"

⑥ "哥"在《说文》里释为"歌唱"或"歌曲"。

  "耶"是6世纪起开始使用的一个面称称谓,[①]也写作"爷"。[②]"爹"[③](读die[④])可能是较早的"爹"[⑤](读tuo)的变体,"爹"(tuo)是当时湖北西部的一个方言称谓。"爹"(die)现在是一个常见的面称形式。"爸爸"与"爹"差不多同样常见,它首见于《广雅》,其曰:"爸……父也。"《正字通》说"爸爸"是南方少数民族用的称谓,[⑥]他们称年长者为"八八"或"巴巴"。字典编纂家们给它添了一个义符"父",便形成了"爸"。另外,"爸"还被认为是"父"的音变的结果。[⑦]

  就已有的例证而言,这种方言的差异似乎表明,"爹"主要用于北方,[⑧]"爸"主要用于南方。[⑨]但这种假设尚未证实。

---

① 《颜氏家训·文章篇》。

② 《南史·侯景传》:"王伟劝立七庙……并请七世讳……景曰:'前世吾不复忆,惟阿爷名标。'""耶"是原始形式,"爷"是后起的形式。详细讨论请参见《陔余丛考》卷三十七、《恒言录》卷三和《称谓录》卷一。

③ 《昌黎先生集》卷二十三《祭女挐女文》:"阿爹阿八,使汝姊…祭于第四小娘子之灵。"参见《鼠璞》卷一:"呼父为爹。"

④ 原文为威妥玛式拼法,现改为汉语拼音。以下各例与此同。——译者注。

⑤ 《广雅》:"爹……父也",读tuo。《南史·始兴忠武王憺传》:"诏徵以本号还朝,人歌之曰:'始兴王,人之爹(徒我反),赴人急,如水火,何时复来哺乳我。'荆土方言谓父为爹,故云。"参见《陔余丛考》卷三十七。

⑥ 见《正字通》"爸"。中国西南地区的苗族和瑶族至今仍称父亲为"爸",或与"爸"稍有不同的变体。参见严如熤《苗防备览》(绍义堂本,1843年)卷八、卷九,刘锡藩《岭表纪蛮》(上海,商业出版社,1932年)137页。

⑦ 郑珍说:"古读巴如逋,即父之重唇音,遂作巴加父。今俗呼父为巴巴,或为耙耙,或为八八,并此字。"(《亲属记》卷一)

⑧ 《广韵》:"爹,北人呼父。"

⑨ 《集韵》:"爸(部可切,又必驾切),吴人呼父。"《称谓录》卷一也说:"吴俗称父为阿伯。""伯"也许是"爸"的另一变体。

　　《广韵》说吴人称父亲为"奢"，[①]而《通雅》说吴人称父亲为"老兄"，[②]这两个称谓看来在今天已经停用。福州人称父亲为"郎罢"，[③]这始于唐代。在此以前，"郎"也有表示父亲之意，[④]因此，"郎罢"可能是"郎"和"爸"相结合而产生的一个变体。在现代，福州人总是用"郎罢"作叙称，决不作面称。

　　"父亲"可以在书面语（如书信）中使用。[⑤]同时，在"父亲"前面必须加"大人"[⑥]和"膝下"，[⑦]构成"父亲大人膝下"——一种程序化的书面语称谓。在书信称呼中，"膝下"用于指父母双方，而"大人"则可以附加在任何长辈亲属称谓上面。"膝下"主要是一个称呼父母的书面语称谓，其字面意义为"像孩子一样围绕在膝旁"。

　　父亲在子女面前可以自称"乃公"[⑧]"乃翁"[⑨]以及更口语化更有现代色彩的"爹""爸"或"老子"。在一些地方，一般用"老子"来指父亲。[⑩]

---

① 《广韵》："奢（正奢切），吴人呼父。""奢"的现代读音与"爷"同。

② 《通雅·称谓》。

③ 《华阳集》卷一："'囝，哀闽也。'自注：囝，音蹇，闽俗呼子为囝，呼父为郎罢。郎罢别囝，吾悔汝生……"

④ 《书仪》卷一："古人谓父为阿郎。"《北史·汲固传》："（李）宪即为固长育，至十余岁。恒呼固夫妇为郎婆。"

⑤ "亲"意为"亲属"或"双亲"。

⑥ "大人"常常单独用来作面称。详见《史记·越世家》《史记·高祖本纪》。

⑦ 《孝经·圣治章》："故亲生之膝下以养父母……"注："膝下，谓孩幼之时也。"

⑧ 《汉书·陈万年传》："万年尝病，命咸教戒于床下。语至夜半，咸睡，头触屏风。万年大怒，欲杖之，曰：'乃公教戒汝，汝反睡不听吾言，何也？'"

⑨ "乃翁"相当于"乃公"。"乃"意为"你的"。

⑩ 参见《正字通》"父"。

对父亲的谦称是"家父"或"家严"。①"严"的字面意义是"严厉而受尊敬的人"。"家君"也很常见，②"家公"则是不太常见的古老称谓。③

对父亲的尊称是"尊大人"。"尊君④、尊公⑤、尊侯⑥、封翁、封君⑦"在近代以来仅用于书面语而不用于口语。

"考"是谥称。在古代文献里，"考"也指在世的父亲，作"父"的同义语。⑧现在它主要作碑铭称谓。在不同的时期，"考"与不同的修饰成分连用以表示特定的环境。"皇考"在《礼记·曲礼》中用作对父亲的谥称，⑨但在该书《祭法》中却用作在宗庙的神主牌位中对父之父之父的称谓。⑩"王考"在《礼记》里是指在宗庙的神主牌位中对父之父的称谓，⑪但在唐代它有时却用作对父亲的谥称。⑫从元代起，"皇考"和"王考"就被禁止在民间使用，而仅仅保留在皇室中间。⑬元代以后，"显考"成了一个广泛使用的指父亲的碑铭

---

① 《易经》卷四："家人有严君焉，父母之谓也。"《孝经·圣治章》："孝莫大于严父。"

② 《世说新语》卷一（一）"家君"。"家君"在此既作尊称又作谦称。

③ 见《晋书》卷四十三。"家公"早已不在这个意义上使用，现在它指母之父亲。

④ 《世说新语》卷二（一），《晋书》卷七十五。有时也用"尊家君"，如《世说新语》卷二（二）。

⑤ 《晋书》卷八十二、卷九十二。

⑥ 《世说新语》卷一（一）"尊侯"。

⑦ "封翁"和"封君"原来是指那些依靠身居高位的儿子而获得封号的人，后来它们成了常见的尊称。

⑧ 按《说文》的解释，"考"意思是"老"，因此它可用于指任何老年人。"考"用于指父亲是后来产生的，它成为专门的谥称也是后来的事。参看《亲属记》卷一。

⑨ 《礼记》卷五："祭王父曰皇祖考……父曰皇考。"

⑩ 同上《祭法》："曰皇考庙。"孔疏："曰皇考庙者，曾祖也。"

⑪ 同上《祭法》："曰王考庙。"孔疏："曰王考庙者，祖庙也。"

⑫ 见《昌黎先生集》卷二十四。

⑬ 这一禁忌在《元典章》（卷三十一，1908年版）里有很好的论述。

称谓，①但这与古代用法严重冲突，因为在《礼记》里，"显考"是用在宗庙的神主牌位中指父之父之父之父的。②

"府君"是另一个使用面广的碑铭称谓。最初，也就是汉代，只有那些地方行政官（太守）可以被其儿女称为"府君"，但从唐代开始，各种人都可以使用这一称谓了。③常见的对父亲的谥称是"先父、亡父、先大夫、先君、先子、先君子④、先公⑤"等等。尊敬性的谥称是"尊先君"和"尊府"。⑥

父亲在古代宗庙中称作"祢"。⑦

**34.母（母）**

与"父"一样，"母"主要是一个标准称谓，很少用于面称。古代的另一些替换性称谓是"妪"⑧和"媪"⑨，但这两个称谓可用于指任何老年妇女。唐代时，用"娘子"指母亲，⑩但它同时又指任何年轻的女子。这个称谓似乎流行于北方。在近代称谓系统中，"娘子"有

---

① "显考"早在元代以前就已经用来指父亲了，如《书经》卷十四（康诰）。它一直用到4—5世纪，指父母，包括在世的和已故的。"显"意为"显赫""显著"。到宋代时"显"主要用于谥称。另见《金石例》卷五。

② 郑珍对这种背离传统的用法深感痛惜（见《亲属记》卷二）。

③ 参见《恒言录》卷三、《称谓录》卷一。

④ "先君"和"先子"原是封建时代的贵族用来指称其父亲的称谓，到封建末期它们已经可以为一般人使用。

⑤ 《后汉书》卷九十三。

⑥ 《昌黎先生集》卷二十一。

⑦ 《左传》卷三十二。"祢"意为"接近、靠近"，即表示父亲比父亲的父亲等更亲近，它与"昵"同义。另见《书经》卷十。

⑧ "妪"，见《说文》、《新书》卷三。

⑨ "媪"，见《说文》《广雅》《韩非子》。"媪"又读ao。

⑩ "娘子"，见《书仪》卷一。它在各个时期的用法请参看《陔余丛考》卷三十八。

时用作丈夫称呼妻子的称谓，有时又用作对任何年轻女子的称谓。

对母亲的称谓最特殊的要算"姊姊"，它用于北齐时代的皇室之中。[①]"姊"本指"比己年长的姊妹"。《说文》说，蜀人称母亲为"姐"，淮南人称母亲为"社"。[②]《玉篇》说"姐"的古字是"毑"。《淮南子·说山训》用"社"来指母亲。高邮认为这是江淮一带的用法。[③]《说文》也说在江淮一带用"媞"来指母亲。郭璞（276—324）说，江东[④]人士称母亲为"㜷"。"社""媞""㜷"似乎是同源字，可能是"姐"的不同变体。[⑤]从公元前3世纪到公元4世纪，"姐"同其变体显然是流行于长江流域的对母亲所用的面称形式。甚至到13世纪时，母亲有时仍被称作"姐姐"。[⑥]另一方面，从汉至唐，"家家"常用于指母亲，它大概是"姐姐"的另一书写形式。[⑦]

在一段时期内"姊"用来代替了"姐"。这也许是由于这两个字的读音相近，或者是由于书写时产生的联想。但不管是哪种原因，"姊"作为一个更古老更常用于书面的称谓而最终战胜了"姐"，"姐"则失去了本义，取得了与"姊"一样的意义：比己年长的姊妹。这似乎是唯一合理的解释。如果事实真是如此，这就意味着这种情况与上面讨论过的"兄"和"哥"的情况是完全对应的。很明显，

① 《北齐书》卷四。
② 许慎似乎认为"社"是"姐"的一个变体。
③ 《淮南子》卷十六。江淮指长江和淮河之间的地区。
④ 江东是一个含义不明的地理概念，差不多等于长江下游的三角洲。
⑤ 在郑珍看来，"姐"和"社"的古代读音基本相同，二者都属于鱼韵、虞韵和模韵，这几个韵都十分接近。因此他认为"社"是"姐"的方言变体。见《亲属记》卷一。
⑥ 叶绍翁（约1220年代）《四朝闻见录》己集（《知不足斋丛书》本）。
⑦ 《北齐书》卷十二"家家"。

婚姻关系在此没有起作用。

现代对母亲普遍使用的面称是"妈"或"妈妈"。[①]"娘"[②]或"娘娘"在许多地方也很常见。《广韵》说楚人称母亲为"妳"。[③]《集韵》说齐人称母亲为"婆"，[④]吴人称母亲为"媬"。[⑤]"妳"和"婆"也许是"妈"早期的地方变体。中国西南地区的苗族、瑶族和侗族至今仍称母亲为mi或ma。[⑥]现在我们无法确定：是这些少数民族称谓影响了汉族称谓，还是汉族称谓影响了少数民族称谓；或者是二者都源于同一个更古老的形式。能够肯定的是："妈"是稍稍变化了的"母"的口语形式。[⑦]

"母亲"有时用作面称，但更常见的则是用作书信称谓。作书信称谓时，后面必须加"大人"和"膝下"。

谦称是"家母"[⑧]或"家慈"[⑨]。慈"从字面上讲是"慈爱的人"的意思。"尊老"约用于公元5世纪，[⑩]后汉时也可用"家夫人"。[⑪]

---

① 参见俞琰《席上腐谈》卷一（《宝颜堂秘笈》本）。

② 如前所释，"娘"有时可在各种称呼里使用，而不管辈份因素。"娘"用作对母亲的面称最早见于4—5世纪。详见《南史》卷四十四、《北史》卷六十四。

③ "妳"，参见《亲属记》卷一。"楚"在古代指长江中游地区，相当于现在的湖北、湖南两省。

④ "婆"，可另见《玉篇》。"齐"是一个古代用语，指现在的山东一带。

⑤ "吴"是古代用语，大致指苏南地区。

⑥ 上引《苗防备览》卷八、卷九。上引《岭表纪蛮》137页。

⑦ 《亲属记》卷一。

⑧ 《颜氏家训》卷二。"家"加在直系长辈亲属的称谓前以构成谦称，这在颜之推所处的时代似乎不大流行。

⑨ "家慈"是"家严"的对应词。母亲被认为是慈祥的，而父亲则是严厉的。

⑩ 《宋书》卷九十一"尊老"。

⑪ 《后汉书》卷七十八"家夫人"。

"令母"①"令慈""令堂""尊堂"②是最常见的尊称。"尊上"③和"尊夫人"④用于5世纪至8世纪。现在"尊夫人"是用作对别人妻子的尊称。"大夫人"⑤可用于指某位死了父亲的人的母亲。"安人"和"恭人"原指有封号的妇女，也可不受限制地用作对母亲的尊称。

谥称是"妣"，⑥如《说文》所释。但这一说法仍有争议，因为在古代文献里，这个称谓时常无区别地既用于指已故的母亲，也用于指在世的母亲。现代的用法沿袭《礼记》：母亲在世时称"母"，去世后称"妣"。⑦"皇妣"是古老的祭祀称谓，⑧但元代以后被禁止使用。"先妣"是唯一的碑铭称谓。⑨

## 35.伯父（父之兄）

在《尔雅》《仪礼》中的古老称谓是"世父"。⑩《礼记》有时以"伯父"⑪来代替"世父"。"伯"意为"年龄最大的"。例如，兄弟中年龄最大的可称为"伯兄"，姊妹中年龄最大的可称为"伯姊"。从魏晋以来，"伯"单独用作对父之兄的面称。从宋代到现代，"伯伯"

---

① 《蔡中郎集》卷六。

② 《陆士龙文集》卷十。"堂"源出于"北堂"。"北堂"不是面称，也不是书面的叙称。参见《通俗编》卷十八。

③ 《宋书》卷九十一"尊上"。

④ 《昌黎先生集》卷二十九"尊夫人"。

⑤ "太夫人"原指有封号的妇女，如《汉书》卷四"太夫人"。

⑥ 《尔雅》里"母"和"妣"为同义词。

⑦ 《礼记》卷五。

⑧ 同上。

⑨ 《王侍中集》"显妣"。这也许是"显妣"的最早使用，但它在此文中指在世的母亲。现在"显妣"却是与"显考"相对应的一个专门性称谓。

⑩ 《仪礼》卷三十。"世"意为"辈""代"。意即，父之兄是承袭了祖父血统的父亲那辈的人。

⑪ 《礼记》卷十八"伯"。

是最流行的面称。谥称是"亡伯"。"从兄弟门中"是使用于5世纪的古老称谓，[①] 今天已很少听到。

36.伯母（父之兄之妻）

"世母"是《尔雅》《仪礼》[②]和《礼记》[③]中使用的古老称谓。《礼记》中还用了"伯母"。[④]

37.叔父（父之弟）

大约在公元前最后五百年，"诸父"[⑤]"从父"[⑥]和"犹父"[⑦]被用来指父之兄弟，包括父之兄和父之弟。他们至今仍是替换性称谓，但主要作书面称谓。"从父"又是"从祖父"的缩略形式，也用来指父之父之兄弟之子。

"叔父"在上古还有另一种意义。父亲的第一个弟弟被称作"仲父"，第二个弟弟被称作"叔父"，最小的弟弟被称作"季父"。[⑧]这种用法不很常见。"季父"也用来泛指父亲的弟弟，但不一定是其最小的弟弟。[⑨]"从翁"用得相对要晚一些，而且不常见。[⑩]

---

① 《颜氏家训》卷二："从兄弟门中。"它在字面上意为"在父之兄弟之子的家门中"，是居丧时用的一种委婉的表达式。

② 《仪礼》卷三十。

③ 《礼记》卷十八。

④ 同上卷四十三。

⑤ 《诗经》卷九（三）"诸父"。"诸父"是个含义不明确的称谓，字面意思是"各位父亲"。

⑥ 《仪礼》卷三十一"从父昆弟"。既然父之兄弟之子可以称为"从父昆弟"，那么父之兄弟就可以称为"从父"。另见《北史》卷二十二。

⑦ 《礼记》卷八"犹父"。兄弟之子可以称为"犹子"，照此推断，父之兄弟就可以称为"犹父"。

⑧ 《释名》"季父"。

⑨ 《史记》卷七。《昌黎先生集》卷二十三，韩愈自称"季父"。

⑩ 《唐摭言》卷三"从翁"。

从第3世纪起，"叔""阿叔"或"叔叔"就一直是常用的称谓。

在北齐和唐代的皇室成员中间，父之兄弟被称作"兄"，这也许是家庭内部的特殊用法。

谦称是"家叔父"，或者就叫"家叔"。《颜氏家训》认为，用"家伯"称父之兄是不对的，因为他比父亲年长，不敢以"家"来称呼他。[1]这种论断过分理性化，而在今天"家伯"还是最常见的。对父之弟的尊称是"贤叔"或"令叔"。

谥称是"亡叔"。"从兄弟门中"是对父之兄和父之弟都适用的古代称谓。

38.叔母（父之弟之妻）

这也是《尔雅》所用的称谓。"季母"用于汉代，[2]但很罕见。面称用的"婶"产生于宋代。[3]"婶"在古代文献里没有发现，被看成是"世母"的缩略形式。在现代，最常见的面称是"婶婶""婶母"或"婶娘"。另一种常见的称谓构成方式是：以叔母的姓加上"妈"，或以叔母丈夫的姓加上"妈"。这种构成方式对36也适用。

39.姑母（父之姊妹）

《尔雅》对"姑"的定义是："父之姊妹为姑。"在《仪礼》里也用"姑"。[4]

---

① 《颜氏家训》卷二。

② 《后汉书》卷一百一十八。

③ 《明道杂志》"婶"。

④ 《仪礼》卷三十一。梁章钜认为"姑姊妹"是指父之姊妹的称谓（见《称谓录》卷八）。按《仪礼》的用法，"姑姊妹"应理解为"姑"（指父之姊妹）和"姊""妹"（指己身的姊和妹）。梁引用了其他一些材料来证明"姑姊"指父之姊，"姑妹"指父之妹，这些材料都很不可靠。

对父之未婚姊妹的面称是"姑"或"姑姑"，前面须加上她们的名或排行。对父之已婚姊妹，"姑妈"是最流行的称谓。

"家姑母"有时用作谦称。《颜氏家训》认为这种用法不正确，因为一个女子出嫁以后就不再是家庭的成员，所以对她不能以"家"相称。①

40. 姑父（父之姊妹之夫）

"姑婿"②和"姑父"③同义，主要用于3—6世纪。

41. 堂伯父（父之父之兄弟之子长于父者）

《尔雅》用"从祖父"来指父之父之兄弟之子，既包括长于父者，也包括幼于父者。从其他用法推断，对父之父之兄弟之子中长于父者可用"从祖世父"来称呼。汉代起一直使用"从伯"或"从伯父"。④因为同祖父的男系亲属在同一个祠堂里祭祀祖先，所以到5、6世纪时产生了称谓"同堂"。唐代时，"同"脱落，只保留"堂"。⑤后来，"堂"这个称谓扩大到其他的旁系亲属上面。

42. 堂伯母（41之妻）

如果跟据"从祖父"和"从祖世父"来推断，那么对41之妻的较古老的称谓应是"从祖母"或"从祖世母"。汉代起一直用"从伯母"或直接用"从母"。

---

① 《颜氏家训》卷二。
② 《北齐书》卷十八"婿"。
③ 《三国志》卷十三，《南史》卷五十七。
④ 《晋书》卷八十。
⑤ 钱大昕《恒言录》卷三。

43. 堂叔父（父之父之兄弟之子幼于父者）

请比较41。根据41的称谓来看，对43的较古老的称谓可能是"从祖叔父"。汉代起"从叔"或"从叔父"[①]用作替换性称谓。

当面称呼41和43时不用"堂"，也就是说，可以用35和37的面称来分别称呼他们，前面加上他们的姓氏或排行作修饰语。

44. 堂叔母（43之妻）

"从母叔母"可能是较古老的称谓。后来的缩略形式"从叔母"可以与"堂叔母"换用。"堂婶"是"婶"在面称中的扩展。

45. 堂姑母（父之父之兄弟之女）

《尔雅》的称谓是"从祖姑"，后来简缩为"从姑"。[②]"从"和"堂"同义。父之姊妹的面称可以用于45，前面加姓氏或排行。

46. 堂姑父（父之父之兄弟之女之夫）

对46当面称呼时可以用父之姊妹之夫的面称，以姓氏作修饰语。

47. 再从伯父（25或27之子长于父者）

《尔雅》和《仪礼》用的称谓是"族父"。[③]"族伯父"可用来表示这种亲属关系，但它还可用来指从第四旁系开始的与父同辈但比父年长的任何男性宗亲，因此它是一个内涵相当宽泛的称谓。

48. 再从伯母（47之妻）

49. 再从叔父（25或27之子幼于父者）

---

① 《宋书》卷五十二。
② 《晋书》卷五十一。
③ 《仪礼》卷三十三"族"。

《尔雅》里使用"族父"。"族叔"[①]和"宗叔"[②]是后起的可替换性称谓，但所指对象不固定。在当面称呼47和49时，一般省去"再从"，只保留"伯"和"叔"，前面加姓氏或排行作修饰语。

50.再从叔母（49之妻）

36和38的面称可以分别用于48和50，以她们的姓氏或她们丈夫的排行作修饰语，或者同时以这二者作修饰语。

51.再从姑母（25或27之女）

《尔雅》里使用"族祖姑"。上古以后，用"族姑"作替换性称谓，但所指范围不严格。

52.再从姑父（51之夫）

53.姑表伯父（父之父之姊妹之子长于父者）

5世纪和6世纪时使用"中外丈人"。[③]在宋代经常使用"表丈人"[④]和"外伯父"[⑤]。唐代以前，"丈人"是对老年男子的敬称，但是自唐代起，"丈人"却成了"岳父"（妻之父）的同义词。

54.姑表伯母（53之妻）

5世纪和6世纪时用"丈母"[⑥]指54。但是现在"丈母"却是表示妻之母亲的专有称谓。

---

① 《晋书》卷八十三。
② 《因话录》卷二"宗叔"。
③ 参见《颜氏家训》卷二。"中外"义同"中表"。
④ 《太平广记》（文友堂本，1934年，北平）卷一百四十八。
⑤ 参见《东观余论附录》（刊《学津讨原》）。
⑥ 《颜氏家训》卷二。"王母"和"谢母"的使用不好理解，也许这是因为"王""谢"是当时的两个显赫的姓氏。

55. 姑表叔父（父之父之姊妹之子幼于父者）

56. 姑表叔母（55之妻）

57. 姑表姑母（父之父之姊妹之女）

58. 姑表姑父（父之父之姊妹之女之夫）

59. 舅表伯父（父之母之兄弟之子长于父者）

60. 舅表伯母（59之妻）

61. 舅表叔父（父之母之兄弟之子幼于父者）

62. 舅表叔母（61之妻）

63. 舅表姑母（父之母之兄弟之女）

64. 舅表姑父（63之夫）

65. 姨表伯父（父之母之姊妹之子长于父者）

66. 姨表伯母（65之妻）

67. 姨表叔父（父之母之姊妹之子幼于父者）

68. 姨表叔母（67之夫）

69. 姨表姑母（父之母之姊妹之女）

70. 姨表姑父（69之妻）

上面53所列的各个时期的称谓，可分别应用于55、58、59、61、64、65、67、70。在现代一般用法中，通常省去修饰语"姑""舅""姨"。因此，在称谓上这些亲属是无区别的，但在观念上，这些确切的亲属关系则总是可以确认的。

## V. 己辈

71. 本身（"己身"，男性）

女性将用同样的称谓，第4表所列的那些亲属和第3表所列的部分亲属除外。

72. 妻（妻）

"妻子"① 是普遍使用的称谓，但它也可以指妻子和儿女。在某些情况下，"妇"② 在用法上与"妻"同义，但"妇"也可以用作对妇女的通称。在作亲属称谓时，"妇"主要用来指那些辈份、地位较低的亲属的妻子。

"妃"③ 和"内主"④ 是很古老的称谓，但后者很罕见。1至5世纪时，"内舍"⑤ "孺人"⑥ 用得很普遍。"室"⑦ "家"⑧ "室家"⑨ 也是很古老的称谓，但至今仍常作书面称谓用。

"结发"⑩ "中馈"⑪ 主要用作书面语称谓，"结发"仅仅用于指元配妻子，"中馈"还用于书面语作敬称。

---

① 《日知录》卷二十四。

② 《易经》卷一"妇"。

③ "妃"，见《尔雅》、《说文》、《诗经》、《左传》卷五、《战国策》卷三。"妃"在汉代以前是对妻子的通称，在汉代和汉代以后，则用来专指贵族和皇帝的妾。参见《亲属记》卷二。

④ 《左传》卷四十二"内主"。"内主"字面上意为"内部的主人"。

⑤ 陈琳《饮马长城窟行》（《玉台新咏集》卷一）"内舍"。

⑥ 《江文通集》卷一"孺人"。"孺人"原指封建时代有封号的妇女，如《礼记》卷五。在3—4世纪时，它成了对妻子的通称，自那以后仍然在最初的意义上使用。

⑦ 《仪礼》卷六"室"。《礼记》卷二十八。

⑧ 《诗经》卷七（二）："乐子之无家。"《左传》卷十四。

⑨ 《诗经》卷四（一）"室家"。

⑩ 《文苑》卷二十九"结发"。

⑪ 《易经》卷四"中馈"。"中馈"字面意义为"家中的食品"，此处用作比喻。

妻子与丈夫说话时，自称"妾"或"箕帚妾"。①除了作书面语称谓以外，这些卑下的称谓很少被使用。封建时代，贵族妇女在正式场合依据各自的等级，自称"婢子"②或"小童"③。这些称谓现在已完全废除了。"君妇"④是常见的形式，但主要用在诗歌里。

丈夫称呼妻子为"贤妻"⑤或"娘子"⑥，较早称为"细君"。⑦这些高雅的敬称很少用于日常交际，而仅仅作书面称谓用。"卿"是一个相关性称谓，也就是说，它用于夫妻之间互相对称，现在主要作书面语称谓。夫妻之间可以互称名字，或者什么都不称，只称一个"你""他""她"。有了子女以后，夫妻之间的称呼最常用的是从儿称。

谦称用"内"。⑧"内子""内人""敝内"是其派生形式。"拙荆"⑨和"室人"⑩多用于书面。这几个称谓主要在上流社会中使用。"家里"⑪和"乡里"⑫是民间用的称谓。"浑家"⑬"浑舍"⑭"老婆"⑮"家主

---

① 《史记》卷八"箕帚妾"。

② 《左传》卷十五"婢子"。

③ 《论语》卷十六"小童"。《礼记》卷五。

④ 《诗经》卷十三（三）"君妇"。

⑤ "贤妻"字面上指"贤惠的妻子"。

⑥ 《北齐书》卷三十九"娘子"。

⑦ 《汉书》卷六十五"细君"。

⑧ "内"也是对妻子和妾的通称，如《左传》卷十四。参看《恒言录》卷三和《称谓录》卷五。

⑨ "拙荆"源于后汉时梁鸿之妻孟光的"荆钗布裙"。其变体有"山荆"、"荆妇"和"荆人"。

⑩ 《诗经》卷二（三）"室人"。

⑪ 参看姚宽（？—1161）《西溪丛话》（刊《学津讨原》）卷二。

⑫ 《南史》卷六十四："谓妻杨，呼为乡里，曰：'我不忍令乡里落佗处，今当先杀乡里。'"

⑬ 郑文宝（953—1013）《南唐近事》（刊《宝颜堂秘笈》）"浑家"。也见尤袤（1127—1194）《梁溪遗稿·诗钞》（刊《锡山尤氏丛刊》）"淮民谣"。

⑭ "浑舍"是"浑家"的变体。

⑮ 参见《称谓录》卷五。"老婆"是现代最常见的称谓。

婆"①是方言中的粗俗称谓，主要用于叙称，但不一定是谦称。

尊称是"夫人"，原指有爵位的人的妻子，关系比较亲近的，可以用"嫂夫人"。"太太"多用于口语，②"令室"和"令妻"③是书面称谓。古代用"内子"作尊称，④但现在它专门用作谦称。"伉俪"是书面语称谓，用于叙称别人的妻子。⑤更常见的，则是用"贤伉俪"来叙称别人的丈夫和妻子。

"嫔"⑥和"令人"⑦是对妻子的谥称。"德配"⑧是表敬的谥称，书面语里还用作对老年妻子的称谓。

## 73. 兄（兄）

《尔雅》用"兄"来释"晜"。⑨这两个称谓在古代显然是同义的。郭璞（276—324）在《尔雅注》里说，江东人称兄为"晜"。《说文》没有收"晜"，但收了"𦍙"，并说周人用它来指兄。"𦍙"很可能是本字，"晜"是它的变体。"昆"是后起的假借字。⑩在《诗

---

① 《恒言录》卷三"家主婆"。

② 何良俊《四友斋丛说》（刊《纪录汇编》）卷六"太太"。另见《通俗编》卷八。在明代"太太"是中丞和更高级别的官员妻子的称谓。

③ 《诗经》卷二十（二）"令妻"。

④ 《晏子春秋》卷六"内子"。"内子"在封建时代用作对卿大夫的妻子的称谓，如《礼记》卷四十四和《释名》所用。因此，它有时作为尊称使用。

⑤ 《左传》卷二十七"伉俪"。

⑥ 《礼记》卷五"嫔"。

⑦ 王懋竑（1668—1764）《朱子年谱》（粤雅堂丛书本）卷二（一）"令人"。

⑧ 《称谓录》卷五"德配"。

⑨ 《尔雅》："晜，兄也。"

⑩ 《说文》列了"昆"字，但没有说"昆"有"兄"之意。《玉篇》收了"𦍙"，说它同"昆"。皇侃（488—545）说"昆"意为"光明、明亮"，出于尊敬便称兄为"昆"（见《论语义疏》卷六，《古经解汇函》本）。这种说法不无道理。

经》里只有《王风》用了称谓"舅",其他的仍用"兄"。这个事例可看做"舅"是周代的称谓的根据。

在《仪礼》中,所有与己身同姓的在丧服制里属于"大公"等级的父系男性族兄弟都被称作"舅弟";所有与己身同姓但不属于"大公"等级的父系男性族兄弟,以及所有与己身不同姓的男性表兄弟都被称作"兄弟"。①这反映了礼仪著作对亲属等级实行的人为区分和规范化,这些称谓不是在原来的意义上而是在别的意义上来使用的。"舅"在现代完全弃用了。②

面称是"哥",③或声音和谐双音节的"哥哥"。"哥"在《说文》里根本不表示兄,而是表示"歌唱"或"歌曲"。"哥"最早用来指父亲是在6—8世纪,后来到9、10世纪时演变成了对兄的面称。④

据《方言》记载,荆州人和扬州人称兄为"膀"(念bo或po)。⑤《释名》说,青州人和徐州人以"荒"称兄。直到14—17世纪,长江下游三角洲的人还称兄为"况"。⑥"况"和"荒"读音相近。在古代"兄"可能与"况"读音相同,因这两个字在古代经常换用。⑦《白虎通》以"况"释"兄"。

---

① 《称谓录》卷四。

② 对"昆弟"和"兄弟"的区别最详尽的研究请看臧庸(1767—1811)的《昆弟兄弟释异》,刊《拜经堂文集》(1930年)卷一。

③ 见《广韵》。

④ 《陔余丛考》卷三十七。

⑤ 《方言》卷十"膀"。其读音很难确定。

⑥ 陆友(约1330年代)《研北杂志》(刊《得月簃》本)49页。

⑦ 《诗经》卷三(一)、卷十八(二)。《汉书》卷七十六及颜师古的注。

74. 嫂（兄之妻）

《尔雅》写道："女子谓兄之妻为嫂。"然而男子称兄之妻用什么称谓，《尔雅》没有指明。"嫂"究竟是不是女子专用的称谓，我们无从知晓。《说文》给"嫂"下的定义为"兄之妻"，但并没有规定使用者的性别。很可能"嫂"这个称谓男女都可使用。[1]

75. 弟（弟）

弟在跟兄或姊说话时，自称"鄙弟"[2]或"小弟"[3]，兄或姊称弟为"贤弟"[4]。这都是从前的用法，现在只简单地称"弟"。

从3至8世纪，用"家弟"作谦称[5]，现在用"家弟"已经不合适。现在用的谦称是"舍弟"。尊称是"令弟"或"贤弟"。

76. 弟妇（弟之妻）

"弟媳"是可替换性称谓。"妇"和"媳"在作亲属称谓时是同义的。兄对弟之妻一般要回避，反之亦然。他们在谈话时只能谈正事，并且要保持一定的距离。

77. 姊（姊）

"姊"现在主要用在标准书面语里，可以有双音节形式"姊姊"。最普遍的面称是"姐"或"姐姐"。请比较34中"姐"的演变。"姐"也可用来指任何年轻女子，例如称呼"小姐"，这与英语

---

[1] 另见《战国策》卷三。

[2] 《三国志注》卷二十九"鄙弟"。

[3] 《木兰诗》"小弟"。

[4] 《诗经》卷八十六"贤弟"。

[5] 《曹子建集·释思赋序》卷一。《唐书》卷一百六十二。

的"Miss"相当。

"媭"（xu）是古代对姊的称谓，①用于楚国。"嫂"用于齐国。②"孟"是古老的对父之妾之女长于父之正妻之女者的称谓，③后来在一些地区又用来专指姊。④"女兄"在书面语里可与"姊"换用。⑤

78.姊夫（姊之夫）

《尔雅》里的称谓是"甥"——交表婚的一种反映。"姊丈"和"姊婿"⑥是上古以后的替换性称谓。"姐夫"是更为口语化的称谓。在面称中，从儿称是最常见的。如果没有子女，就常常比照兄弟的称谓来称呼。

《尔雅》说，姊妹互称对方丈夫为"私"。⑦这被视为姊妹同婚的证据。"私"很久以前就已停止使用了。在现代，兄弟和姊妹对姊夫用的称谓都是相同的。

79.妹（妹）

"娣"据说是女子用来称呼妹妹的称谓，⑧但尚未得到证实。在封建时代，"娣"与媵婚制相联系，有特殊的含义。"女娣"是"妹"

---

① 《离骚》（《文苑》卷三十二）"媭"，也见《说文》。

② 《广韵》"嫂"。

③ 《左传》卷二"孟"。

④ 《方言》卷十二。

⑤ 《说文》"女兄"。

⑥ 《后汉书》卷四十九"婿"。《晋书》卷三十九。

⑦ 《诗经》卷三（三）。《释名》对"私"作了传统的合理性解释。

⑧ 《释名》"娣"。郑珍在他的《巢经巢文集》（卷一）中也持这种观点。然而，根据《尔雅》中"妹""娣"的用法来看，这种观点很难说是正确的。"妹"可被男子使用，也可被女子使用；"娣"，与封建时代的媵婚制有关，指嫁给同一个男子的姊妹中较年轻者。因此，"娣"也可用于指夫之弟之妻，如《尔雅》那样。

的替换性书面称谓。①《说文》认为，楚人称妹妹为"娣"，②这可能是
"妹"的变体。

谦称"家姊"用于指姊姊，"舍妹"指妹妹。在姊妹结婚后仍用
"家姊""舍妹"相称，从理论上讲，这是不正确的。

80.妹夫（妹之夫）

《尔雅》里的称谓是"甥"——交表婚的一种反映。《尔雅》还
说，姊妹互称对方丈夫为"私"——据认为是姊妹同婚的反映。"妹
丈"和"妹婿"是上古以后的替换性称谓。其他用法参阅78。

81.堂兄（父之兄弟之子长于"己身"者）

"从父晜弟"是《尔雅》和《仪礼》③用来指父系第二旁系平辈兄
弟的称谓。后来缩略为"从兄"和"从弟"，前者指父之兄弟之子比
说话人年长者，④后者指父之兄弟之子比说话人年幼者。⑤"公晜弟"，
用于《史记》。⑥在5—6世纪期间，"同堂"与"从"替换，如"同
堂兄"和"同堂弟"。到唐代后期，"同"脱落，只使用"堂兄"和
"堂弟"。"堂"和"从"至今仍可互换。

82.堂嫂（81之妻）

83.堂弟（父之兄弟之子幼于"己身"者）

84.堂弟妇（83之妻）

---

① 《说文》"女弟"。
② 另见《公羊传》卷七。
③ 《仪礼》卷三十一。
④ 《梁书》卷三十一。
⑤ 《三国志》卷八。
⑥ 《史记》卷四十"公"。

85.堂姊（父之兄弟之女长于"己身"者）

对父之兄弟之女较古老的称谓是"从父姊妹"，既指长于"己身"者，也指幼于"己身"者。堂姊的称谓的演变与81"堂兄"的演变完全一致。

86.堂姊夫（85之夫）

87.堂妹（父之兄弟之女幼于"己身"者）

88.堂妹夫（87之夫）

89.再从兄（父之父之兄弟之子之子长于"己身"者）

较古老的称谓是"从祖昆弟"，用在《尔雅》和《仪礼》里。[①]后来"从祖"换成"再从"。"再"意思是"再一次"或"第二次"。"从"与后起的表示第二旁系的称谓"堂"意义相同。因此，"再从"就表示第三旁系。

90.再从嫂（89之妻）

91.再从弟（父之父之兄弟之子之子幼于"己身"者）

92.再从弟妇（91之妻）

93.再从姊（父之父之兄弟之子之女长于"己身"者）

94.再从姊夫（93之夫）

95.再从妹（父之父之兄弟之子之女幼于"己身"者）

96.再从妹夫（95之夫）

97.族兄（父之父之父之兄弟之子之子之子大于"己身"者）

"三从兄"是更为准确的替换性称谓。"三"意为"第三"，

---

① 《仪礼》卷三十三"祖"。

"从"表示第二旁系,"三从"就表示第四旁系。这个规则可以扩展,以此来构成称谓。例如,"四从、五从、六从"分别表示第五、第六、第七旁系。"族"是一个概念模糊的称谓,如果不作进一步界定,它可用来指第四旁系及更远的旁系。"宗兄"是上古以后的替换性称谓。① "宗"在某种意义上与"族"同义。"从曾祖舅弟"用于汉代,② 这是一个涉及了祖先辈数的笨拙的称谓。

"亲同姓"是《尔雅》所列的称谓,指第五旁系的同姓宗兄弟,现已停用。一般用"族兄",或者更准确地用"四从兄弟"来表示。

98.族嫂(97之妻)

99.族弟(父之父之父之兄弟之子之子之子幼于己身者)

100.族弟妇(99之妻)

101.族姊(父之父之父之兄弟之子之子之女长于"己身"者)

102.族姊夫(101之夫)

103.族妹(父之父之父之兄弟之子之子之女幼于"己身"者)

104.族妹夫(103之夫)

兄弟、姊妹、兄弟之妻、姊妹之夫的面称可以相应地用于81—104。对每个具体的亲属,再加上他们的名、排行或姓氏。81—104的谦称和尊称按一般规则来构成。

105.姑表兄(父之姊妹之子长于"己身"者)

---

① "宗兄"同"族兄"一样不是确指性称谓,可用于比己身年长的第四旁系或更远旁系的男性平辈亲属。但是在封建时代,"宗兄"却是弟弟们用来指称长兄的称谓。见《仪礼》卷十九。

② 《新书》卷八。

《尔雅》用的古代称谓是"甥"——交表婚的一种反映。汉代用"外兄弟"①和"从内兄弟"②来指其长于己者和幼于己者。"表"也起源于这一时期。"甥""外兄弟""从内兄弟"现在都已停止使用。

面称时一般省去"姑",只称"表兄"或"表哥"。"表兄"书面意较浓,且较正式。"表哥"只能作面称。有些地方用"老表"来称呼。

106.姑表嫂（105之妻）

面称为"表嫂"。

107.姑表弟（父之姊妹之子幼于"己身"者）

108.姑表弟妇（107之妻）

109.姑表姊（父之姊妹之女长于"己身"者）

面称为"表姐"。

110.姑表姊夫（109之夫）

111.姑表妹（父之姊妹之女幼于"己身"者）

112.姑表妹夫（111之夫）

113.堂姑表兄（父之父之姊妹之子之子长于"己身"者）

114.堂姑表嫂（113之妻）

115.堂姑表弟（父之父之姊妹之子之子幼于"己身"者）

116.堂姑表弟妇（115之妻）

117.堂姑表姊（父之父之姊妹之子之女长于"己身"者）

---

① 《仪礼》卷三十三。
② 《文苑》卷二十五。

118.堂姑表姊夫（117之夫）

119.堂姑表妹（父之父之姊妹之子之女幼于"己身"者）

120.堂姑表妹夫（119之夫）

113—120的称谓也许可用来称呼父之父之兄弟之女之子女。但这仅仅是推测，尚无文献可证。

## Ⅵ. 子辈

121.子（子）

"子"在上古用于指儿女，包括儿子和女儿；因此常常把它与别的语素组合起来专指儿子，例如"丈夫子"。①"儿"与"子"同义，②现在主要作爱称，对儿子和女儿均可使用。因此，"儿"要专指儿子必须与其他语素相结合，如现代用的称谓"儿子"。③"息"是表示儿子的古代称谓④，但也含有不确定的指子女的意思。因此，用"息男"来指儿子，⑤"息女"指女儿。"子嗣"意为后代，⑥也用来指儿子。在封建时期"嗣子"指年龄最大的继子，⑦而在现代则指养子。"姓"在上古可用来表示儿子，⑧但也可用来表示所生养的任何后代子

---

① 《史记》卷六十七"丈夫子"，其字面意义为"男孩子"。

② 《广雅》"儿"。

③ 《史记》卷五十二。

④ "息"意为"生育"。因此它既可表示男孩，也可表示女孩。参见《曹子建集》卷八、《陔余丛考》卷三十七。

⑤ 《曹子建集》卷八。

⑥ 《书经》卷四。

⑦ 《礼记》卷四。

⑧ 《诗经》卷一（三）"姓"。《左传》卷四十二。

孙，与“生”[1]同义。“帑”是古代使用的另一个称谓。[2]

“瞉”和“娩”[3]是不常见的表示儿子的古代称谓，可能是地方性称谓。“崽”[4]和“囝”[5]是现代的地方性称谓，很明显是“子”的派生词。“囝”也可读jian。[6]

“子”可与各种修饰语合用，以准确地表示各种较复杂的具有儿子身份的亲属关系，这些关系产生于祖先崇拜、过继、同居、再婚、收养等等。

儿子在跟父亲说话时，自称“男”。“儿子”是较常见的口语称谓，“男”则主要是书面语称谓。在举丧期间，儿子称自己为“孤子”[7]“哀子”[8]“孤哀子”[9]“不孝男”或“棘人”。[10]

父亲在书面语和口语中都称儿子为“儿子”。在口语中，一般仅称呼名字；在书面语中，称谓与名字合用，如“儿子某某”。这一规则也适用于所有晚辈亲属。

---

① “甥”在古代的读音与“生”相近，因此二者可替换使用。见《诗经》卷二十（四）。

② 《诗经》卷九（二）“帑”。

③ 《广雅》“瞉”“娩”。参见王念孙《广雅疏证》卷六（二八）。

④ 《方言》卷十。

⑤ 参见《正字通》。

⑥ 郑珍说，《集韵》给“囝”注音为“九件切”。这是不正确的，可能是与“弄”混淆了。在唐代时“囝”也许读jian，如《华阳集》卷一。但是现在“囝”的读音在各地却是各不相同的。它在福建读作zhan，在江苏和浙江读作lan，在江西、广东、湖北、湖南读作zai。

⑦ 当母在父亡时用“孤子”。

⑧ 当母亡父在时用“哀子”。

⑨ 当父母双亡时用“孤哀子”。对这几个称谓的区别使用始于唐代。参见《陔余丛考》卷三十七。

⑩ 《诗经》卷七（二）“棘人”。

尊称是"令郎"。①其他的有"郎君"②"贤郎"③"贤子"④"令子"⑤"令嗣"⑥。"公子"原为封建贵族的儿子的称谓，⑦后来成了达官贵人的儿子的称谓，但是现在它已成了一个通用的尊称，差不多与"令郎"一样流行。另一个民间常见的称谓是"少爷"，它原指有地位有官衔的人的儿子，如仆人用"少爷"来称呼主人的儿子。

谦称是"小子"或"小儿"，较粗俗的是"小犬"。"贱息"⑧和"弱息"⑨是已经弃用的书面语称谓。

122.子妇（子之妻）

"媳妇"较口语化。"媳"原写作"息"，指"儿子"或"子女"。到宋代，加了个"女"旁，构成了"媳"。⑩这样它就成了专指儿子之妻的称谓。"媳妇"可用来表示所有晚辈亲属的妻子。

儿子的父母对儿子的妻子一般以名字相称。儿子的父亲只在正式场合才与儿子的妻子相遇，并且一般要保持适当的距离。当儿子的妻子年龄增长有了孩子以后，儿子的父母甚至可以以孙子的称谓来称呼她——一种典型的从儿称。

---

① "郎"原是一种官名。汉代时高级官员可以任命他们的儿子为"郎"。因此，"郎"就成了一种尊称。参见《称谓录》卷六。

② 《玉台新咏集》卷一。

③ 《古人苑》卷十，《四部丛刊》本。

④ 《魏武帝集》卷四十三。

⑤ 《南史》卷五十九。

⑥ 《默记》卷十二。

⑦ 《诗经》卷一（三）、卷十三（一）。

⑧ 《史记》卷四十三"贱息"。

⑨ 《南史》卷四十六"弱息"。

⑩ 参见《称谓录》卷八。

123.女（女）

《礼记》和《仪礼》用"女子子"①和"妇人子"②来指女儿，区别于指儿子的"丈夫子"。"婴"据说是上古用来指女儿的称谓，③但尚未证实。

"女儿"是较口语化的称谓，父母和女儿本人都可使用。同时它还是一个泛称。女儿给父母写信时，自称"女"。

尊称是"令媛"④"令爱""女公子"，以及较口语化的"千金"⑤"小姐"⑥。封建时期用"玉女"⑦作尊称，但"玉女"现已不在这个意义上使用。"小娘子"是唐宋时代常见的尊称⑧。

谦称是"小女"，通俗一点的谦称是"小丫头"。"息女"用于古代，⑨作书面语称谓，现已停用。"家姊"在汉代可用作对女儿的谦称，⑩但后来不再在这个意义上使用。"家姊"在现代是对姊的谦称。

124.女婿（女之夫）

孟子用"甥"指女儿的丈夫，《尔雅》用"婿"，"婿"也可作

---

① 《仪礼》卷三十一。《礼记》卷二。

② 《仪礼》卷三十二。

③ 《玉篇》"婴"。它通常指婴儿。

④ "令媛"是指美女的称谓，可能源出于《诗经》卷三（一）。

⑤ "千金"意为珍贵之物。参见曹楙坚《音觚随笔》（刊《乙亥丛编》）。

⑥ "小姐"在宋代用于称年轻女仆或妓女。参见《陔余丛考》卷三十八。现在它用作尊称，称别人的女儿或称任何年轻女子。

⑦ 《礼记》卷四十九"玉女"。

⑧ 参见《陔余丛考》卷三十八。

⑨ 《史记》卷八"息女"。

⑩ 《颜氏家训》卷二"家姊"。

丈夫的通称。① "婿"专指女儿的丈夫须与一些修饰语联用，如 "子婿"②"郎婿"和"婿甥"。其余一些可选用的称谓是"女夫"③"半子"④。"娇客"⑤"东床"⑥"坦床""快婿""佳婿"⑦"密亲"⑧是主要的书面语称谓，多少含有尊称意味。

"倩"原是一个方言称谓（山东话），⑨指女儿的丈夫，后来成了常见的书面语称谓。"卒便"和"平使"是"倩"的错误的派生形式。"倩"也用来泛指丈夫。"倩"和"婿"都用于尊称有本事的人。

对女儿的丈夫的尊称是"令婿"和"令坦"。"令坦"派生于"坦床"，不大常见。

谦称是"小婿"。

### 125.侄（兄弟之子）

《尔雅》没有列出男子称呼兄弟之子所用的称谓。我们推测，男子对兄弟之子称"子"。《礼记》使用"犹子"（即犹如儿子），⑩但这是不是一个为社会公认的称谓，还不能肯定。汉代时，"从子"用得相当普遍，⑪但更普遍的是纯描写性称谓"兄子"和"弟子"。有证据

---

① "婿"原是对有才华的学者的尊称。
② 《史记》卷八十九。
③ 《晋书》卷三十四。
④ 《刘宾客文集·外集》"祭虢州杨庶子文"。
⑤ "娇客"字面意义为"柔弱的或娇美的客人"，它不作面称或叙称。
⑥ "东床"源出于王羲之的"东床坦腹"的佚事，见《晋书》卷八十。另见《释常谈》卷一。
⑦ "快婿"和"佳婿"实际上所指相同。见《北史》卷三十四。
⑧ 《旧唐书》卷一百五十九"密亲"。
⑨ 《方言》卷三"倩"。
⑩ 《礼记》卷八。
⑪ 《世说新语》卷一（一）注"从子"。

表明，当时对兄弟之子就称"子"。①

"侄"，如《尔雅》所用，是女子称呼兄弟之子的称谓，《仪礼》中的用法（卷三十二）与此同。"侄"用作男子称兄弟之子的称谓始于晋代（265—420），最早起源于中国北方，随后扩展开来。②当时女子称兄弟之子的称谓前面要加一个"内"字，构成"内侄"，以与男子用的"侄"相区别。

"侄男"主要用于自称。"阮"是尊称，但不大常见。③常见的尊称是"令侄"。

126.侄妇（兄弟之子之妻）

"侄媳妇"是较口语化的称谓。如上所述，"媳妇"适用于所有晚辈亲属的妻子。

127.侄女（兄弟之女）

"侄"，如《尔雅》和《仪礼》所用，不显示被称呼人的性别，这是一个称谓与另一个称谓之间具有相关关系的特征之一。"侄"和另一个称谓"姑"存在概念相关的关系。当"侄"成了男子使用的称谓以后，其相关性便消失了，这时可在"侄"的后面加上性别标志，如"侄女"（指兄弟之女），也许其相反形式"女侄"也可以使用。"犹女"和"从女"是与"犹子"和"从子"相对应的，"兄女"和"弟女"是描写性称谓，与"兄子""弟子"相对应。

---

① 《汉书》卷七十一。《后汉书》卷九十（二）：蔡邕称他父亲的弟弟和他本人为"父子"。也可以这样来理解，如果称呼的是较熟悉的亲属就用笼统的称谓"父子"，否则就用较精确的称谓。

② 《颜氏家训》卷二。

③ "阮"作尊称是根据阮籍和阮咸的叔侄关系而来的。参见《世说新语》卷三（一）。

128.侄婿（兄弟之女之夫）

"异姓"是上古时不很常见的称谓，[①]今天已很难理解。"兄婿"（兄之女婿）和"弟婿"（弟之女婿）是描写性称谓，可替换"侄婿"。"侄女婿"较为口语化。

129.外甥（姊妹之子）

《尔雅》列了称谓"出"，在后文又列了"甥"。"出"可能比"甥"古老，因为在《仪礼》里只用了"甥"，而未用"出"。[②]"外甥"是从晋代开始使用的，也写作"外生"。[③]"宅相"是大约公元头五个世纪时使用的称谓，[④]可能用得极少。

130.外甥妇（姊妹之子之妻）

131.外甥女（姊妹之女）

132.外甥婿（姊妹之女之夫）

133.堂侄（父之兄弟之子之子）

134.堂侄妇（父之兄弟之子之子之妻）

135.堂侄女（父之兄弟之子之女）

136.堂侄婿（父之兄弟之子之女之夫）

137.堂外甥（父之兄弟之女之子）

138.堂外甥妇（父之兄弟之女之子之妻）

---

① 《大戴礼记》卷六"异姓"。

② 《仪礼》卷三十三。

③ 《世说新语》卷三（一）注。

④ "宅相"（屋基）的来源很有意思。据《晋书》卷四十一记载："魏舒，少孤，为外家宁氏所养。宁氏起宅，相宅者云：'当出贵甥。'外祖母以魏氏甥小而慧，意谓应之。舒曰：'当为外氏成此宅相。'"

139.堂外甥女（父之兄弟之女之女）

140.堂外甥婿（父之兄弟之女之女之夫）

141.姑表侄（父之姊妹之子之子）

142.姑表侄妇（141之妻）

143.姑表侄女（父之姊妹之子之女）

144.姑表侄婿（父之姊妹之子之女之夫）

145.姑表外甥（父之姊妹之女之子）

146.姑表外甥妇（145之妻）

147.姑表外甥女（父之姊妹之女之女）

148.姑表外甥婿（147之夫）

149.再从侄（89或91之子）

150.再从侄妇（149之妻）

151.再从侄女（89或91之女）

152.再从侄婿（151之夫）

153.族侄（97或99之子）

154.族侄妇（153之妻）

155.族侄女（97或99之女）

156.族侄婿（155之夫）

## Ⅶ. 孙辈

157.孙（子之子）

　　"子姓"是古老的早已弃用的称谓。①晋代用"晚生"指儿子，相应地，用"小晚生"指儿子之子。②"文孙"是书面称谓，出自于《书经》，③原来是指文王的儿子之子。"孙儿"和"孙子"较为口语化，"儿"和"子"是爱称。

　　在汉代用"家孙"作谦称，④但汉以后不这样使用。现在不以"家孙"作谦称，而以"小孙"作谦称。

　　"孙"可与各种修饰语连用，以表达确切的亲属关系。例如，以"长孙"指长子之子，以"適孙"或"承重孙"指长子之长子。⑤当长子之长子的父亲死在祖父之先时，长子之长子必须为父亲服丧三年。

　　158.孙妇（子之子之妻）

　　159.孙女（子之女）

　　"孙"，如《仪礼》所示，可用于指孙子和孙女或从下二辈起的任何晚辈亲属。在现代"孙女"用作与"孙"相对的称谓。其相反形式"女孙"也允许使用。

　　160.孙婿（子之女之夫）

　　161.外孙（女之子）

　　162.外孙妇（女之子之妻）

　　163.外孙女（女之女）

------

① 《诗经》卷一（三）。《仪礼》卷四十四。《史记》卷四十九。

② 《晋书》卷六十九。《瞥记》卷四。

③ 《书经》卷十七"文孙"。

④ 《颜氏家训》卷二。

⑤ 《仪礼》卷三十："其適孙承重者。"

164. 外孙婿（女之女之夫）

165. 侄孙（兄弟之子之子）

"从孙"是《国语》里可见的称谓。[1] "犹孙"在唐代及唐代以前时常可见，[2] 但现在除了书面语以外很少使用。

166. 侄孙妇（兄弟之子之子之妻）

167. 侄孙女（兄弟之子之女）

168. 侄孙婿（兄弟之子之女之夫）

169. 外侄孙（兄弟之女之子）

170. 外侄孙妇（兄弟之女之子之妻）

171. 外侄孙女（兄弟之女之女）

172. 外侄孙婿（兄弟之女之女之夫）

在方言里，可用"侄外孙"和"堂外孙"来指169—172。

173. 外甥孙（姊妹之子之子）

《尔雅》里的称谓是"离孙"，字面意思是"分离之孙"。这个称谓有无重要意义，还不能断定。古代的其他替换性称谓是"从孙甥"[3]和"弥孙"[4]。

174. 外甥孙妇（姊妹之子之子之妻）

175. 外甥孙女（姊妹之子之女）

176. 外甥孙婿（姊妹之子之女之夫）

---

① 《国语》卷三。

② 《元氏长庆集》卷五十四。

③ 《左传》卷六十。

④ 同上，卷六十"弥"。

177.堂侄孙（父之兄弟之子之子之子）

178.堂侄孙妇（177之妻）

179.堂侄孙女（父之兄弟之子之子之女）

180.堂侄孙婿（179之夫）

181.姑表侄孙（父之姊妹之子之子之子）

182.姑表侄孙妇（181之妻）

183.姑表侄孙女（父之姊妹之子之子之女）

184.姑表侄孙婿（183之夫）

185.再从侄孙（149之子）

186.再从侄孙妇（185之妻）

187.再从侄孙女（149之女）

188.再从侄孙婿（187之夫）

189.族孙（153之子）

190.族孙妇（189之妻）

191.族孙女（153之女）

192.族孙婿（191之夫）

"族侄孙"可替换189—192中的"族孙"，但"侄"不是非用
不可。


## Ⅷ. 曾孙辈

193.曾孙（子之子之子）

按古代的用法，从子之子之子算起的所有下辈后代亲属都可称

作"曾孙"或"细孙"。① 汉代时"耳孙"可能与"曾孙"同义。②

"重孙"是现代的口语称谓。

194.曾孙妇（子之子之子之妻）

195.曾孙女（子之子之女）

196.曾孙婿（子之子之女之夫）

197.外孙曾孙（女之子之子，或子之女之子）

198.外孙曾孙女（女之女，或子之女之女）

199.曾侄孙（兄弟之子之子之子）

200.曾侄孙女（兄弟之子之子之女）

201.外甥曾孙（姊妹之子之子之子）

202.外甥曾孙女（姊妹之子之子之女）

## IX. 玄孙辈

203.玄孙③（子之子之子之子）

204.玄孙妇（子之子之子之子之妻）

205.玄孙女（子之子之子之女）

206.玄孙婿（子之子之子之女之夫）

下列称谓在《尔雅》里可以见到，虽然实际上不会用到这些称谓，但为了理论的需要还是把他们列在这里。

---

① 《旧唐书》卷一百六十。

② 《汉书》卷二。对"耳孙"的解释有多种。可能李斐的解释反映了汉代的普遍用法，但也不排除"耳孙"还有其他意义，参见《学林》卷三。

③ 《日知录》卷五。

207.来孙（子之子之子之子之子）

208.昆孙（子之子之子之子之子之子）

209.仍孙（子之子之子之子之子之子之子）

210.云孙（子之子之子之子之子之子之子之子）

# 二、血亲亲属——第2表：母系亲属

## Ⅰ.外曾祖辈

1.外曾祖父（母之父之父）

《尔雅》的称谓是"外曾王父"。

2.外曾祖母（母之父之母）

《尔雅》使用"外曾王母"。1和2的面称在各地有很大差异，他们大部分以3和4的面称为基础，再加上辈份标志。

## Ⅱ.外祖辈

3.外祖父（母之父）

"外祖"可独立使用。《尔雅》的称谓是"外王父"。"外大父"[1]和"外翁"[2]是上古以后的替换性称谓。现代面称是"家公"[3]（"家"也

---

① 《张右史文集》卷十七，《四部丛刊》本。

② 《元氏长庆集》卷九。

③ 《颜氏家训》卷二。

念作ga）和"外公"，他们早在5世纪时就开始使用了。

4.外祖母（母之母）

"外王母"用于《尔雅》。"外婆"是现在最常见的面称，[①]同样地，"家婆"（"家"也念ga）也很常见。"家母"用于5世纪和6世纪。当时"家"指母亲，所以"家母"就指母亲的母亲。"家母"现在则是对母亲的谦称。"嫽嫽"是方言称谓，[②]流行于中国北方某些地区。

5.外伯祖父（母之父之兄）

6.外伯祖母（母之父之兄之妻）

7.外叔祖父（母之父之弟）

8.外叔祖母（母之父之弟之妻）

可以用"姑外祖母"来指母之父之姊妹，用"舅外祖父"指母之母之兄弟，用"姨外祖母"指母之母之姊妹。这些亲属关系在社会里没有保留，不过，上述称谓却显示了在称谓上对这些亲属关系应该如何对待。其实，处理这种称谓问题可以有许多方式。例如，当需要称呼这些亲属的时候，可以用母之兄弟之子使用的称谓来称呼。母之兄弟之子是母系平辈亲属中与"己身"关系最接近的亲属。

---

① 《容斋随笔》卷二。

② 《康熙字典》"嫽"。"嫽"（liao）也读lao，与"媼"同义。颜之推说，在他那个时代，未受过教育的人在其父之母去世以后，对其母之父母用的称谓与父之母母同（见《颜氏家训》卷二）。

### Ⅲ. 母辈

9.舅父（母之兄弟）

对母之兄弟可以简单地称"舅"，就像《尔雅》那样。在现代，由于"舅"也指妻之兄弟，因此，辈份和性别标志"父"必须得到保留。"伯舅"可用于指母之兄，"叔舅"可指母之弟。这些称谓现在主要用于书面语。母之兄弟以及他们的家庭可以笼统地称为"外室"或"外家"。①

面称是"舅舅""舅"或"舅爹"。"家舅"在4世纪和5世纪时用作谦称，②但这种用法在今天被认为是不正确的，已经停用。"令舅"和"尊舅"是尊称。

10.舅母（母之兄弟之妻）

"妗"是古代的面称，③用于宋代，现在已很少见。现在的面称是"舅妈"。

11.姨母（母之姊妹）

在《尔雅》和《仪礼》里这个称谓是"从母"。④"姨"原指妻之姊妹。"姨"指母之姊妹最早见于《左传·襄公二十三年》（公元前550年）。⑤这种语义扩展一方面可归因于这二种亲属之间存在的心理共性，另一方面可归因于逆从儿称。自汉代起"姨"完全取代了较老

---

① 《晋书》卷四十一。
② 《世说新语》卷三（二）。
③ 《书仪》卷一"妗"。《明道杂志》卷三。
④ 《仪礼》卷三十三。
⑤ 《左传》卷三十五。

的称谓"从母"。"姨"还用于指妾——这是姊妹同婚的结果。相反形式"母姨"也可以使用。

面称是"姨"或"姨妈"。

12. 姨父（母之姊妹之夫）

"姨父"[1]"姨丈人"[2]或"姨丈"使用于公元后一千年间，但今天已不常见。

13. 堂舅父（母之父之兄弟之子）

"从舅"用于《尔雅》，今天还在使用，但多用作书面称谓。

14. 堂舅母（13之妻）

15. 堂姨母（母之父之兄弟之女）

16. 堂姨父（15之夫）


## IV. 己辈

17. 舅表兄（母之兄弟之子长于己身者）

"甥"是《尔雅》里的称谓——是交表婚的一种反映。"内兄"在汉代时用作替换称谓，[3]后来与"外兄"[4]——指父之姊妹之子的称谓相混淆。今天这两个称谓在使用时意义不同。"内兄"现在用来指妻之兄，"外兄"指比"己身"年长的同母异父兄弟。"舅子"[5]和"舅

---

① 《颜氏家训》卷三。

② 《北史》卷四十七。"姨丈人"现在用来指妻之母之姊妹之夫。

③ 《仪礼》卷三十三。

④ 《宋书》卷九十三。

⑤ 《晋书》卷三十四。

弟"①是纯描写性称谓，大约用于5—6世纪。现在这两个称谓都指妻之兄弟。

"表"产生于交表婚优先制已经废止了很久以后的后汉时期。"表"或"中表"②最初是用于指母之兄弟之子女和父之姊妹之子女，后来才扩展到母之姊妹之子女。

面称时"舅"总是脱落的，只称"表兄"或"表哥"，在某些地方则称"老表"。

18.舅表嫂（17之妻）

19.舅表弟（母之兄弟之子幼于己身者）

20.舅表弟妇（19之妻）

21.舅表姊（母之兄弟之女长于己身者）

22.舅表姊夫（21之夫）

23.舅表妹（母之兄弟之女幼于己身者）

24.舅表妹夫（23之夫）

25.姨表兄（母之姊妹之子长于己身者）

"从母舅弟"用在《尔雅》和《仪礼》（卷三十三）里。"姨兄弟"用于公元前1、2世纪和公元1—5世纪。③在今天它还能作为替换性称谓使用。④"外兄弟"用于唐代某些时期，⑤它是母之兄弟之子

---

① 《昌黎先生集》卷三十二。

② 《三国志》卷十一。"中表"等于"内外"。

③ 《南史》卷五十七。

④ 参见梁章钜《称谓录》卷三。汪师韩（1707—？）认为"姨兄弟"是北方称谓。见《谈书录》，刊《昭代丛书》45页。

⑤ 《海录碎事》（引自《称谓录》卷三）。

的称谓和父之姊妹之子的称谓相混同的结果。这种混同最终导致了称谓"表"的扩大使用，以及这三种亲属关系（父之姊妹之子、母之兄弟之子、母之姊妹之子）的部分合并。

26. 姨表嫂（25之妻）

27. 姨表弟（母之姊妹之子幼于己身者）

28. 姨表弟妇（27之妻）

29. 姨表姊（母之姊妹之女长于己身者）

30. 姨表姊夫（29之夫）

31. 姨表妹（母之姊妹之女幼于己身者）

32. 姨表妹夫（31之夫）

33. 堂舅表兄（母之父之兄弟之子之子长于己身者）

34. 堂舅表嫂（33之妻）

35. 堂舅表弟（母之父之兄弟之子之子幼于己身者）

36. 堂舅表弟妇（35之妻）

37. 堂舅表姊（母之父之兄弟之子之女长于己身者）

38. 堂舅表姊夫（37之夫）

39. 堂舅表妹（母之父之兄弟之子之女幼于己身者）

40. 堂舅表妹夫（39之夫）

33—40的称谓还可用于指父之母之兄弟之子之子女，即第1表中59—62的子女。因此，在上面第1表中就没有列出这些亲属的称谓。不过，这种扩大用法是仅仅根据一般的用法推断出来的，尚无翔实的文献材料以供核实。总之，当人们把第三旁系非宗亲亲属看成与下三辈（即曾孙辈）亲属的关系一样疏远时，称谓就变得模糊了。事实上，准确的称谓系统在这里是不必要的，因为差不多在多数情况下，这样的亲属关系在社会里都没有保留。

41.堂姨表兄（母之父之兄弟之女之子长于己身者）

42.堂姨表嫂（41之妻）

43.堂姨表弟（母之父之兄弟之女之子幼于己身者）

44.堂姨表弟妇（43之妻）

45.堂姨表姊（母之父之兄弟之女之女长于己身者）

46.堂姨表姊夫（45之夫）

47.堂姨表妹（母之父之兄弟之女之女幼于己身者）

48.堂姨表妹夫（47之夫）


## V. 子辈

49.舅表侄（母之兄弟之子之子）

50.舅表侄妇（母之兄弟之子之子之妻）

51.舅表侄女（母之兄弟之子之女）

52.舅表侄女婿（母之兄弟之子之女之夫）

53.舅表外甥（母之兄弟之女之子）

54.舅表外甥妇（母之兄弟之女之子之妻）

55.舅表外甥女（母之兄弟之女之女）

56.舅表外甥婿（母之兄弟之女之女之夫）

57.姨表侄（母之姊妹之子之子）

58.姨表侄妇（母之姊妹之子之子之妻）

59.姨表侄女（母之姊妹之子之女）

60.姨表侄婿（母之姊妹之子之女之夫）

61.姨表外甥（母之姊妹之女之子）

62.姨表外甥妇（母之姊妹之女之子之妻）

63.舅表外甥女（母之姊妹之女之女）

64.舅表外甥婿（母之姊妹之女之女之夫）

65.堂舅表侄（33或35之子）

66.堂舅表侄妇（65之妻）

67.堂舅表侄女（33或35之女）

68.堂舅表侄婿（67之夫）

69.堂姨表侄（41或43之子）

70.堂姨表侄妇（69之妻）

71.堂姨表侄女（41或43之女）

72.堂姨表侄婿（71之夫）


## VI. 孙辈

73.舅表侄孙（母之兄弟之子之子之子）

74.舅表侄孙妇（母之兄弟之子之子之子之妻）

75.舅表侄孙女（母之兄弟之子之子之女）

76.舅表侄孙婿（母之兄弟之子之子之女之夫）

77.姨表侄孙（母之姊妹之子之子之子）

78.姨表侄孙妇（母之姊妹之子之子之子之妻）

79.姨表侄孙女（母之姊妹之子之子之女）

80.姨表侄孙婿（母之姊妹之子之子之女之夫）

上述称谓的大部分都是从父系亲属部分的称谓中扩展而来的，因此，这些称谓在历史上的演变以及这些称谓的面称形式和尊称形式都可根据父系亲属部分的称谓来推断。

# 三、姻亲亲属——第3表：妻系亲属

## I. 妻之父辈

### 1.岳父（妻之父）

《尔雅》的称谓是"外舅"，《仪礼》（卷五十二）单以"舅"来称妻之父。"舅"在这一时期还指母之兄弟，因此"舅"这个称谓反映着交表婚。后汉时"夫公"[①]和"夫翁"[②]用得很普遍，这是两个纯描写性的称谓。在汉代"丈人"是否指妻之父亲还不太清楚，[③]但是到唐代时它已是指妻之父亲的一个很流行的称谓了。[④]"岳父"和"丈人"在现代用得很普遍；在称呼时是用"岳父"还是用"丈人"，这

---

① 《后汉书》卷七十一。

② 《三国志》卷一。

③ 《汉书》卷九十四（一）。《能改斋漫录》（卷二）错误地认为"丈人"指妻之父亲起源于《汉书》。其实，这里的"丈人"是指任何老年男子，参见颜师古对《汉书》这段文字的注释。

④ 《旧唐书》卷一百四十七。

取决于各地的习惯。"岳父"较为正式和书卷意,"丈人"则较为口语化。有时也使用这两个称谓组合后的缩略式"岳丈"。另一个很常见但不同于面称和叙称的称谓是"泰山"。很多关心个人称谓起源的人都对"岳父""丈人""泰山"发生了兴趣,他们对这三个称谓的来源作了各种各样的解释。

对"岳"的来源的一种解释见于《汉书》,该书称大山为"岳山",称小山为"岳婿"。既然山被称为"岳"和"婿",而"婿"又指女儿之夫,那"岳"的语义便可以发生转移,成为指妻之父亲的称谓。① 另一种解释是:晋代的名士乐广为另一位名士卫玠的妻子的父亲,他们这种妻父与女婿的关系受到人们很大的尊敬,因此,很可能"岳丈"就来源于"乐丈"的讹称。②

"泰山"的来源则是这样的:公元725年,唐玄宗前往泰山祭天地,按照惯例,参加祭祀的人除了三公以外全都晋升一级。宰相张说当时任祭祀使,其女婿郑镒因此由九品官升到五品官,获得穿紫色官服的特权。在欢庆的宴会上,唐玄宗对郑镒提升如此之快大为惊讶。伶人黄幡绰便说:"此乃泰山之力也。"这个说法被很多人看成是对称谓"泰山"的来源的解释③。但是"泰山"在当时很可能已经有妻之父亲的意义,因为伶人黄幡绰说的话是一个双关语,他说的"泰山"既可理解为妻之父亲,也可理解为山的名字——泰山。也就是

① 黄溍(1277—1357)《日损斋笔记》(《墨海金壶》本)。
② 《晋书》卷三十六。《陔余丛考》卷三十七。
③ 参见《释常谈》。

说，郑镒的破格提升既可看作是他参加泰山祭祀的结果，也可看作是他岳父张说施加影响的结果。

关于称谓"泰山"和"岳"还有另一种说法：泰山又称"东岳"，其山峰之一为丈人峰。由于"丈人"既是妻之父亲的称谓，又是泰山的一座山峰名，所以"泰山"也成了妻之父亲的称谓——这是双关语引起的语义转移。另外，泰山还可称作"岳"，称谓"岳"即由此而来。①

这些说法都是一些有趣的主观想象，每种想象都像别的想象那样有道理。有一点似乎可以肯定，这就是，这里没有涉及到任何社会因素或婚姻关系。第一、从语言学观点看，"岳"和"泰山"这两个词在此之前除了表示"高大的山"和"山东境内的泰山"以外，没有在任何别的意义上使用过。第二、"岳"和"泰山"作为亲属称谓使用是较晚的事，不会早于唐代。因此，如果"岳"和"泰山"有什么社会性含义的话，应当很早就已经被人注意到了。

"丈人"指妻之父亲最早流行于唐代。在唐代和唐代以前，"丈人"可用来指人们想对之表示尊敬的任何老年男子。从4世纪到6世纪，"丈人"用来指母之兄弟、母之姊妹之夫和父之姊妹之夫，如"中外丈人"。因此，"丈人"用于指妻之父亲可能是"舅"语义扩展的结果以及"丈人"与"舅"互相替换的结果。"舅"在这个时期用于指母之兄弟，有时指妻之父亲。假如这种观点成立，那么"丈人"的使用可能是关于交表婚的间接证据。

---

① 《陔余丛考》卷三十七。

"外父"①"冰叟"②和"冰翁"③是替换性称谓，用于宋代。"父妐"④是汉代时使用于中国西南地区的一个古老的方言称谓。

"家岳"用作谦称，但从理论上讲，这也许是不正确的。

2. 岳母（妻之母）

"外姑"或"姑"用于《尔雅》和《仪礼》——这是交表婚的一种反映。"丈母"和"泰水"⑤是与"丈人""泰山"相对应的两个称谓。在唐代以前，"丈母"可用来指父亲和母亲的已婚姊妹、母亲的兄弟的妻子，或任何被称作"丈人"的人的妻子。"母妳"是方言称谓，⑥与"父妐"相对应。

"岳父"和"岳母"可作面称，但在面称时丈夫一般都从妻子称，用父母称谓来称呼妻子的父母。有了子女以后，从儿称是最常见的称呼方式。

在叙称妻之父之父母时，通常是用冗长的语言把这种关系表述出来。在某些地区，用"老丈人"和"老丈母"来作叙称。从逻辑上来推断，也许可以用"岳祖父"和"岳祖母"，但在实际称呼中没有这样用过。在面称时，人们通常采用妻子所用的称谓来称呼。

―――――――――

① 《潜居录》（刊《说郛》卷三十二）。

② 《东坡全集》卷十三"冰叟"，《四部备要》本。

③ 张世南（约1200年代）《游宦纪闻》卷六（《知不足斋丛书》本）。

④ 《方言》卷六"父妐"。

⑤ 《合璧事类》（引自《称谓录》卷七）"泰水"。"泰水"这个称谓的确有意思。"山"的反义是"水"，"水"在这里意指江河湖泊。既然妻之父被称作"泰山"，妻之母就自然被称作"泰水"。《合璧事类》是编于宋代的一部类书，"泰水"这个称谓看来在宋代很常用。但现在"泰水"是不太适宜的称谓，主要用在非面称和非叙称的场合。

⑥ 参见《方言》卷六。

3.伯岳父（妻之父之兄）

4.伯岳母（妻之父之兄之妻）

5.叔岳父（妻之父之弟）

6.叔岳母（妻之父之弟之妻）

较常见的可替换称谓是"伯丈人"（表示3）、"伯丈母"（表示4）、"叔丈人"（表示5）、"叔丈母"（表示6）。"列岳"是对3和5的尊称，[①]不常见。

妻之父之姊妹及其丈夫称为"姑丈母"和"姑丈人"，妻之母之姊妹及其丈夫称为"姨丈母"和"姨丈人"，妻之母之兄弟及其妻子称为"舅丈人"和"舅丈母"。

## Ⅱ. 妻辈

7.舅兄（妻之兄）

"甥"，用在《尔雅》里，反映着交表婚。《尔雅》还用了另一个称谓"婚兄弟"（经婚姻关系而成的兄弟）——这是一个纯描写性称谓。《礼记》用了"私亲兄弟"，[②]这也多少带点描写性质。"私亲"在字面上意为"私人的亲属"。"妇兄弟"[③]和"内兄弟"[④]用于晋至唐代，到现在仍可作为替换性称谓使用。"妇"和"内"都指妻子。"舅"

---

① 《合璧事类》（引自《称谓录》卷七）"列岳"。

② 《礼记》卷二十七。

③ 见798页注②。

④ 《梁书》卷十二。《金石萃编》卷一百零一。"内兄弟"指妻之兄弟的用法与"内兄弟"指母之兄弟之子的用法相混淆。这可能是由于受到上古的反映交表婚的称谓的影响，新产生的称谓没能从这种称谓的影响中摆脱出来。

在作为从儿称使用的过程中，[①]从10世纪起开始成为对妻之兄的固定称谓。

8.舅嫂（妻之兄之妻）

"妻嫂"也可使用，[②]但这是一个纯描写性称谓。

9.舅弟（妻之弟）

10.舅弟妇（妻之弟之妻）

11.姨姊（妻之姊）

12.姨姊夫（妻之姊之夫）

《尔雅》里指妻之姊妹之夫的称谓是"亚"或"姻亚"，《诗经》使用了这个称谓。[③]"友婿"用于汉代，[④]汉以后不久，使用"同门"。[⑤]"僚婿"原是中国东部的方言称谓。"连袂"和"连襟"最早用于宋代[⑥]，现代最常用的是"连襟"。"姨夫"同上述称谓一样古老[⑦]，但具有明显的描写性质。这些称谓在用法上都有相关关系，即"己身"在谈到妻之姊妹之夫时采用上述称谓之一来称呼，而妻之姊妹之夫在谈到"己身"时也一点不差地用同样的称谓来称呼。这些称谓都仅用于叙称。在面称中通常采用对兄弟用的称谓，或采用从儿称。

---

① 详见797—802页。

② 《南史》卷四十五。

③ 《诗经》卷十二（一）"姻亚"。

④ 《汉书》卷六十四（一）"友婿"。

⑤ 《尔雅》"同门""僚婿"。

⑥ 马永卿（约公元1110年代）《嫩真子录》（1920年，商业出版社出版）卷二"连袂""连襟"。

⑦ 《合璧事类》（引自《称谓录》卷七）。

13.姨妹（妻之妹）

"姨妹"①和"内妹"②可以互换，他们主要是描写性的。"姨"，《尔雅》用了这个称谓，可理解为是指分别嫁给不同男子的妻子的姊妹，原来很可能只为男子所用③。"娣"用于指嫁给同一个男子的姊妹，它与媵婚婚俗相关，很可能只为女子所用④。"小姨"是现代口语中使用的称呼形式。

14.姨妹夫（妻之妹之夫）

15.堂舅兄（3或5之子长于妻者）

16.堂舅嫂（15之妻）

17.堂舅弟（3或5之子幼于妻者）

18.堂舅弟妇（17之妻）

19.堂姨姊（3或5之女长于妻者）

20.堂姨姊夫（19之夫）

21.堂姨妹（3或5之女幼于妻者）

22.堂姨妹夫（21之夫）

妻之父之姊妹之子女、妻之母之姊妹之子之子女和妻之母之兄弟之子女被称作"内表兄弟"（男性）和"内表姊妹"（女性）。若要进一步区分，可加上"姨""姑"或"舅"。例如，妻之父之姊妹

---

① 《三国志》卷二十二。
② 同上卷九。
③ 《诗经》卷三。《左传》卷八。
④ 《诗经》卷十八（四）。参见《释名》。"娣"似乎与媵婚婚俗有关。因此，媵婚制废止以后，"娣"也就不再使用了。

之子长于妻者可称作"内姑表兄"。

### Ⅲ. 子辈

23. 内侄（妻之兄弟之子）

"侄"原为女子用的称谓，指兄弟之子女，与"姑"有相关关系。晋代以来，"侄"更多地为男子使用，指兄弟之子。因此，指妻之兄弟之子时"侄"前面应加"内"，以区别于单用的"侄"。请参见父系亲属部分第125号称谓。在现代，女性己身在结婚前用"侄"称呼己之兄弟之子，结婚后却用"侄"称呼夫之兄弟之子，对己之兄弟之子则称"内侄"。

24. 内侄妇（妻之兄弟之子之妻）

25. 内侄女（妻之兄弟之女）

26. 内侄婿（妻之兄弟之女之夫）

27. 姨外甥（妻之姊妹之子）

"妻甥"大约用于6世纪[①]，或多或少带有描写性质，也就是说，它表示"妻子之甥"。

28. 姨外甥妇（妻之姊妹之子之妻）

29. 姨外甥女（妻之姊妹之女）

30. 姨外甥婿（妻之姊妹之女之夫）

在某些地方可以用"姨侄"替换27—30中的"姨外甥"。虽然这在逻辑上讲不通，但在实际用法中却是许可的。

---

① 《梁书》卷二十八。

## IV. 孙辈

31. 内侄孙（妻之兄弟之子之子）

《尔雅》用称谓"归孙"，意为"归来之孙"。"归孙"可能是女子用称谓，因《尔雅》说"侄之子为归孙"，而"侄"在《尔雅》里主要为女子使用。

32. 内侄孙妇（妻之兄弟之子之子之妻）

33. 内侄孙女（妻之兄弟之子之女）

34. 内侄孙婿（妻之兄弟之子之女之夫）

35. 姨外甥孙（妻之姊妹之子之子）

36. 姨外甥孙妇（妻之姊妹之子之子之妻）

37. 姨外甥孙女（妻之姊妹之子之女）

38. 姨外甥孙婿（妻之姊妹之子之女之夫）

在某些地方可以用"姨侄孙"替换"姨外甥孙"。23—28的称谓丈夫可以使用，女性己身也同样可以使用。

# 四、姻亲亲属——第4表：夫系亲属

## I. 夫之父辈

### 1. 公（夫之父）

《尔雅》里对夫之父的通称是"舅"，当夫之父在世时称为"君舅"①——交表婚的一种反映。在近现代的礼仪著作中，编纂者们仍采用"舅"来指夫之父，而不采用现代的称谓"公"。如果使用"舅"可能发生歧义，他们就使用"夫之父""夫之母"一类的描写性称谓。

"章"②和"妐"③用于汉代和汉代以前。"官"④是出现在长江下游流域的地方称谓，大约用于唐代末年。这几个称谓似乎都或多或少地带有方言色彩，其流行的范围不好确定。现代的称谓"公"约产生于4—6世纪，⑤其双音节形式"公公"也可以使用。

"先舅""皇舅"⑥"先子"⑦是古老的谥称称谓，今天不再使用。

2.婆（夫之母）

"姑"以及"君姑"（称在世的夫之母）是《尔雅》使用的称谓——这是交表婚的一种反映。"威"用于汉代，⑧"威姑"与《尔雅》的"君姑"意义相同。⑨"家"或"阿家"是大约4—5世纪所用的称谓，⑩在方言里长期使用。"姥"大约用于5世纪左右。⑪"婆"在

---

① 《尔雅》"君舅"。

② 《释名》"章"。

③ 《吕氏春秋》卷十四"妐"。

④ 马令《南唐史》卷二十五"官"。

⑤ 《玉台新咏集》卷一。

⑥ 《仪礼》卷六。

⑦ 《国语》卷五"先子"。

⑧ 《说文》"威"。

⑨ 王念孙《广雅疏证》卷六（二）："威姑"。

⑩ 《北齐书》卷三十。《南史》卷三十三。"家"可能是"姑"的变体，因为二者读音相近。参见《颜氏家训》卷一。

⑪ "姥"读作mu（木五切）。

古代可指任何老年妇女，它指夫之母是从唐代开始的。"公""婆"指夫之父母的用法大概也要归之于从儿称，因为"公""婆"很早就是称祖父母的常用的称谓。

### II. 夫辈

3.本身（己身，女性）

在4—5世纪时，己身（女性）在跟丈夫的亲属说话时可能称自己为"新妇"。① 这种习俗一直流行到12世纪。② 现在则根据己身跟听话人的关系而选用适当的称谓。

4.夫（夫）

"丈夫"和"夫婿"是替换性称谓。"婿"可以单独使用，表示丈夫。"老公"③ 和"男人"④ 是口语中使用的较粗俗的称谓。

"士⑤、伯⑥、子⑦、君子⑧、夫子⑨、家⑩"是不是古代实际存在的指丈夫的亲属称谓，还不能确定。他们可能只是对男子的一般的尊称，

---

① 《世说新语》卷二（二）："王平子年十四五，见王夷甫妇郭氏贪，欲令婢路上儋粪。平子谏之，并言不可。郭大怒，谓平子曰：'昔夫人临终，以小郎嘱新妇，不以小郎嘱新妇。'""新妇"意为"新娘"。

② 《书仪》卷一。

③ 这主要用于中国南方，如江苏、广东等地。其字面意义为"老年男子"。

④ "男人"常常用于指称丈夫，字面意义为"男子"。

⑤ 《诗经》卷三（三）"士"。

⑥ 见789页注①。

⑦ 《诗经》卷四（三）"子"。

⑧ 同上卷七（一）。

⑨ 《孟子》卷六（一）。《后汉书》卷一百一十三。

⑩ 《国语》卷六。《孟子》卷六（一）。

但又可在丈夫的意义上来使用，或者它们是对丈夫的委婉的称呼。"天"①"所天"②和"藁砧"③主要用于书面语，"藁砧"基本上只用于诗歌里。

妻子称丈夫为"良"④"良人"⑤"郎"⑥和"卿"⑦。"卿"是常见的相关性称谓。所有这些称谓都是古代称谓，现在主要保留在书面语里，在面称中极少使用。妻子对丈夫可以称名字，或者就只称"你"⑧，但用得最多的还是从儿称。

谦称是"外子"⑨"拙夫"或"愚夫"。这些仅用于上流社会。一般情况下，妻子对旁人称自己的丈夫为"他"，或者从儿称，或者用亲属关系的描写形式来表示。

"皇辟"是古代的谥称称谓⑩，现已弃用。

5.伯（夫之兄）

"兄公"用于《尔雅》。"公"常写作"伀"或"妐"，有时读作"钟"⑪。汉代常用"兄章"⑫。"章"写作"偉"或"嫜"。

---

① 《仪礼》卷三十。

② "所天"仅用于书面，即不用于口语中的面称和叙称。

③ 《古绝句四首》（《玉台新咏集》卷十）"藁砧"。

④ 《仪礼》卷五。

⑤ 《诗经》卷六（三）。《孟子》卷八（二）。

⑥ 《晋书》卷九十六。

⑦ 《世说新语》卷三（二）"卿"。

⑧ 《颜氏家训》卷一："倡和之体，或尔汝之。"

⑨ 妻子称丈夫为"外"和丈夫称妻子为"内"产生于五、六世纪。参见《恒言录》卷三。

⑩ 《礼记》卷五"皇辟"。

⑪ 《尔雅注》。

⑫ 《释名》"兄章"。

"伯"主要指父之兄。"伯"扩大到夫之兄最早大约发生在唐代末年①。这种演变可以用从儿称来解释。"伯伯"多用在口语中。

6.母母（夫之兄之妻）

"姒妇"是《尔雅》用的古代称谓，今天已鲜为人知。"母母"的最早使用是在宋代。它有时写作"姆姆"，读音在各地稍有不同。

7.叔（夫之弟）

"小叔"②"叔郎"③和"小郎"④是替换性称谓，产生于4—5世纪。"小叔"较口语化，"叔郎"和"小郎"则书面意较浓。"叔"用于《尔雅》。

在现代的下层社会里，小叔（夫之弟）一般可以与嫂子（兄之妻）开玩笑。这主要是因为社会上普遍存在这样的假定：小叔一般都尚未成年，而嫂子又可看作是具有母亲身份的人。

8.婶婶（夫之弟之妻）

"娣妇"是古代称谓⑤。《尔雅》也用"姒"和"娣"来指嫁给同一个男子的姊妹，妹称姊为"姒"，姊称妹为"娣"。这种称谓很可能与媵婚制有关。当"妇"用来指夫之兄弟之妻时，应该加前缀，如《尔雅》和《仪礼》（卷三十三）那样。

"婶婶"最早使用是在宋代⑥。"婶"原指父之弟之妻，它扩大到

① 见796页注①
② 《史记》卷六十九。
③ 《文苑》卷四十。
④ 《晋书》卷九十六。
⑤ 参见《尔雅》。
⑥ 见804页注①注②。

夫之兄弟之妻肯定是从儿称所致。

女性己身和夫之兄弟之妻在叙称时可互称"娣姒",如《尔雅》那样,或者称"先后"①和"筑娌"②（这两个称谓用于汉代）。"娣姒"和"先后"现已弃用。现在流行的叙称是"妯娌",它有相关性,仅用于叙称。

9. 姑（夫之姊妹）

"大姑"用于指夫之姊,"小姑"指夫之妹。但是在实际使用时,"大姑"指称的夫之姊妹不一定比丈夫年长,因为同胞姊妹之间的长幼顺序是单独排列的;因此"大"和"小"仅仅表示夫之姊妹之间的长幼顺序。在现实生活中,比丈夫年幼的大姑和小姑都是可能存在的。"大姑"和"小姑"主要用于指夫之未婚姊妹,对夫之已婚姊妹也可使用,但很少见。

《尔雅》里夫之姊称为"女公",夫之妹称为"女妹"。汉代使用"叔妹"③。"小姑"最早使用约在5世纪。"姑"原指父之姊妹,因此,从儿称是造成这种扩展的原因。

10. 姑夫（夫之姊妹之夫）

"姑夫"还可指父之姊妹之夫,它用于指夫之姊妹之夫无疑是从儿称的结果。

---

① 《汉书》卷二十五（一）"先后"。

② 《方言》卷十二"筑娌"。"筑"与"妯"同义。

③ 参见《后汉书》卷一百一十四。

# 结 论

讨论完了中国亲属制的形态及历史以后，现在我们可以来简单总结一下。这种说法可能比较有把握：在近两千年间中国亲属制在结构原则和称谓范畴方面都发生了一系列变化，但是在其他很多方面仍保留着古代亲属制的特征。古代亲属制的这种顽固性似乎是与整个中国文明的连续性相关联的。一般地说，这些变化与中国社会的发展变化之间存在广泛的对应关系。人们注意到，亲属制的所有变化实际上都发生在公元前2世纪至公元10世纪期间。在整个这段时期内，中国亲属制都在不断地变化。许多旧称谓退出了使用，或改变了形式，或限定了指称范围。经过小规模使用，新称谓开始涌现，其中一些被纳入亲属制内，另一些则自行消亡。现在使用的每一个新称谓差不多都是在这一时期产生的。在经历了一千年连续不断的变化和混乱之后，整个亲属制便终于稳定下来。

　　封建制消亡后的这一千年也是内战连绵、社会动乱的时期。可以肯定，社会的整个结构不是突然改变的，许多旧的社会习俗稍加改头换面又继续保存下来①。但不管怎样，新的社会秩序的演进毕竟开始了。这是一个缓慢而艰巨的过程，安定的社会政治局面与混乱的局面交替出现，进步的思想和反动的思想并存。这是一个与外界扩大影响和接触的时期，尤其是3至6世纪——中国的"黑暗年代"时期，长江以北地区几乎都遭到北方少数民族的骚扰。汉人向南方大规模移民的浪潮使世族组织达到鼎盛时期，另一方面，又使它在官方的募兵制度的"门阀制"中成为多余的社会组织②。这个移民过程相当复杂，在此无法详述，但是它却显示了与亲属制的发展之间存在的总的年代顺序关系。10世纪左右，中国亲属制已经定型，而中国社会却仍在继续演变。亲属制是一种较保守的制度，在某些方面具有比别的社会制度更稳定的机制。中国现代亲属制在基本方面与唐代亲属制相同。

　　亲属制的个人系统部分表现出各种不同程度的变异上。对宗亲称谓来说，虽然对不同程度的变异有所处理，一些称谓的语义有所变化，但宗亲称谓相对来说变异很小。这也许是由于虽然旧的宗族制度"宗法"转变成了新的宗族组织"世族"，但宗族原则仍是亲属关系变化的基础。有效的描写性称谓的增加仅仅表示与丧服礼教相关联的亲属制的表面特征的变化。

---

① 有学者甚至认为现代中国仍基本上是一个封建社会。这种观点有点言过其实，过份拘泥于"封建制"的定义。

② "门阀制"，作为官方的一种募兵制度，是以宗族关系为基础的。

最显著的变化发生在非宗亲称谓上面，特别是姻亲称谓——阿金斯基称之为"基础称谓"①。只要看一看第四章第3表和第4表就可知道，这种变化是多么巨大！社会人类学家一般都承认，姻亲称谓对姻亲关系的变动十分敏感。但是，在这一时斯中国的婚姻制度有没有发生根本性的变化呢？这个问题要让历史事实来回答。从公元前10世纪到现在，中国婚姻规则中最重要的因素是族外婚原则以及辈份原则。前面我们已经指出，这种原则随着时间的推移逐渐受到强调，但现实的婚姻生活却没有起什么变化。因此，总的说来婚姻规则对亲属制影响很小，以致可以不加考虑。我们也可这样来看待姊妹同婚和收继婚对中国亲属制所产生的影响。

不过，交表婚却是另一码事，因为旧的亲属制中的姻亲称谓无疑地正是以交表婚为基础的。如果我们假设，交表婚数量的减少将引起旧的姻亲称谓的减少以致消失，那么我们就可以解释新的称谓是如何产生的。在我看来，这些新称谓不是新的婚姻形式的产物，而是从儿称运用的结果。从总体上看，婚姻关系对现代亲属制影响甚微。其原因在于：中国的婚姻规则是限制性的，而不是规定性的——即除了要受族外婚和辈份原则的限制以外，完全有选择的自由。

中国亲属制的形态构造曾迷惑了许多学者。摩尔根在评价中国亲属制时拿不准它应属于马来式还是属于图兰式，说"中国亲属制落后于最高形态的图兰式，并且不管有什么差异，中国亲属制都与马来式有关。"②罗维显然利用了摩尔根的成果，认为中国亲属制要么是一

---

①   B·W·阿金斯基《亲属制与婚姻形式》，刊《美国人类学学会论文集》第45卷，1935年，14页。

②   前引摩尔根的著作《人类家族的血亲和姻亲制度》413页。

种"辈份式"亲属制，要么是一种"二分混合型"亲属制<sup>①</sup>——等于说要么是马来式，要么是图兰式。T·S·切恩和J·K·施赖奥克运用了罗维的分类系统，称中国亲属制是"二分旁系型"的亲属制。克鲁伯也持这种观点，但他说："中国亲属制看来是由一种类分的非描写性的基础所构成，这个基础通过增添新成分被改造成了一种'描写性'系统，它在功能上近似于英国的系统，但事实上比之更精确更优越。"<sup>②</sup>请将这一点与摩尔根的下面的话相比较：中国亲属制"完成了保存类分原则的艰巨任务，这种类分原则抗拒着血亲关系的自然划分，同时又要以准确而固定的方式把这些关系相互区分开来。"<sup>③</sup>

实际上，中国亲属制不能简单地归为"类分式"，或归为"描写式"；而必须首先根据它本身的构造原则和在历史上的发展来理解它。按摩尔根对"描写式""类分式"下的定义来看，中国亲属制既是类分的又是描写的。根据摩尔根的亲属制理论，这种说法并非自相矛盾，而是体现了包含相反性质的不同因素的亲属制所具有的特点。对这些基本因素作出解释比起解释任何别的特征更有科学意义。我们在具体分析文字产生以来中国亲属制的变化时已经讨论了这一问题。在资料允许的范围内，我们考察了与中国亲属制的变化有关的历史事实，以及影响各种可能有生命力的因素的性质的历史事实。

---

① R·H·罗维《关系名词》，《不列颠百科全书》第12卷。
② 前引《中国亲属系统的形成过程》151页。
③ 摩尔根《人类家族的血亲和姻亲制度》413页。

# 参考文献举要

鲍彪（约1150年代）、吴师道（1283—1344）《战国策校注》，《四部丛刊》本。

韩愈（768—824）《昌黎先生集》，《四部备要》本。

郑珍（1806—1864）《巢经巢文集》，《清代学术丛书》本。

梁章钜（1775—1849）《称谓录》，1875年本。

廖文英《正字通》，1670年本。

丁度等《集韵》，《四部备要》本。

江淹（444—505）《江文通集》，《四部丛刊》本。

钱大昕（1727—1804）《潜研堂金石文跋尾》，《潜研堂全书》本，1884年。

潘昂霄（约1300年代）《金石例》，《徐氏随庵丛书》本。

王昶（1727—1806）《金石萃编》，经训堂本。

黄宗羲（1609—1695）《金石要例》，借月山房汇钞本。

房乔（约630年代）等《晋书》，同文书局本，1894年。

郑珍《亲属记》，《广雅丛书》本。

刘昫（887—946）等《旧唐书》，同文书局本，1894年。

张九龄（673—740）《曲江文集》，《四部丛刊》本。

郝懿行（1757—1825）《尔雅义疏》，《四部备要》本。因为有关的只是很短一节"释亲"，所以注释里没有提到这本书。

扬雄（公元前53—公元18）著、郭璞（276—324）注《方言》，《四部丛刊》本。

韩非（？—公元前324）《韩非子》，《四部备要》本。

班固（32—92）《汉书》，同文书局本，1894年。

钱大昕《恒言录》，《潜研堂全书》本。

范晔（398—445）《后汉书》，同文书局本，1894年。

《孝经注疏》，阮刻《十三经注疏》本，1815年。

贾谊（约公元前2世纪）《新书》，《四部备要》本。

欧阳修（1007—1072）、宋祁（998—1061）《新唐书》，同文书局本，1894年。

王观国（约1140年代）《学林》，武英殿聚珍版。

顾况（约8—9世纪）《华阳集》，双峰堂本，1855年。

刘安（？—公元前122）《淮南子》，浙江书局本，1876年。

《周易注疏》，阮刻《十三经注疏》本，1815年。

《仪礼注疏》，阮刻《十三经注疏》本，1815年。

顾炎武（1612—1681）《日知录》（黄汝成集释），湖北崇文书局本，1872年。

洪迈（1123—1202）《容斋随笔》，《四部丛刊续编》本。

赵翼（1727—1814）《陔余丛考》，《寿考堂瓯北全书》本，1790年。

张慎仪《广释亲》，据钱塘梁氏残稿，《籑园丛书》本。

王念孙（1744—1832）《广雅疏证》（《广雅》为张揖所作），淮南书局，1879年。因为有关的只是"释亲"一节中的亲属称谓，所以注释里没有涉及这本书。

陈彭年（961—1017）等《广韵》，《四部丛刊》本。

《公羊注疏》，阮刻《十三经注疏》本，1815年。

孔鲋（约公元前200年代）《孔丛子》，《四部丛刊》本。

《国语》，韦昭（204—273）注，《四部丛刊》本。

《礼记注疏》，阮刻《十三经注疏》本，1815年。

姚思廉（557—637）《梁书》，同文书局本，1894年。

刘禹锡（772—842）《刘宾客文集》，《四部备要》本。

陆云（262—305）《陆士龙文集》，《四部丛刊》本。

《论语注疏》，阮刻《十三经注疏》本，1815年。

吕不韦（公元前292—前235）《吕氏春秋》，《四部备要》本。

沈括（1030—1094）《梦溪笔谈》，《津逮秘书》本。

《孟子注疏》，阮刻《十三经注疏》本，1815年。

《明律集解附例》（编于公元1585年，万历十三年），修定法律馆本，1908年。

张耒（1052—1112）《明道杂志》，《顾氏文房小说》本。

王铚（约1120年代）《默记》，涵芬楼本，1918年。

李延寿（约7世纪）《南史》，同文书局本，1894年。

马令（约1100年代）《南唐书》，《四部丛刊续编》本。

吴曾（约1150年代）《能改斋漫录》，武英殿聚珍版。

陆增祥（约1850年代）《八琼室金石补正》，吴兴刘氏希古楼本。

臧庸（1767—1811）《拜经堂文集》，上元宗氏石印本，1920年。

陈立（1809—1869）《白虎通疏证》（《白虎通》一般认为是班固等人所著），淮南书局本，1875年。

李百药（565—648）《北齐书》，同文书局本，1894年。

孙光宪（901—968）《北梦琐言》，雅雨堂丛书本。

李延寿《北史》，同文书局本，1894年。

梁玉绳《瞥记》，《清白士集》本。

陈寿（233—297）《三国志》，同文书局本，1894年。

《释常谈》（无名氏著，约1100年代），百川学海本。

司马迁（公元前145？—公元前74？），同文书局本，1894年。

《毛诗注疏》，《四部备要》本。

毕沅（1730—1797）《释名疏证》（《释名》为刘熙［约200年代］所著），《广雅丛书》本。该书可参考的是卷二"释亲属"。注释里未提及此书。

刘义庆（403—444）著、刘孝标（约530年代）注《世说新语》,《四部丛刊》本。

《尚书注疏》,阮刻《十三经注疏》本,1815年。

司马光（1019—1086）《书仪》,《学津讨原》本。

戴埴（约1220年代）《鼠璞》,《学津讨原》本。

许慎（约200年代）《说文解字》（徐铉［916—991］注）,《四部丛刊》本。

沈约（441—513）《宋书》,同文书局本,1894年。

戴德（约公元前100年代）《大戴礼记》,《四部丛刊》本。

王定保（870—954）,《唐摭言》,《雨雅堂丛书》本。

《唐律疏议》（长孙无忌［594—659］等人编著）,《四部丛刊三编》本。

蔡邕（133—192）《蔡中郎集》,《四部丛刊》本。

曹植（192—232）《曹子建集》,《四部丛刊》本。

《左传注疏》,阮刻《十三经注疏》本,1815年。

程瑶田（1725—1814）《宗法小记》,《皇清经解》本。

翟灏（？—1788）《通俗编》,无不宜斋本。

杜佑（735—812）《通典》,浙江书局本,1896年。

方以智（约1650年代）《通雅》,立教馆本。

王粲（177—217）《王侍中集》,《汉魏六朝百三名家集》本。

萧统（501—531）著、李善（630—689）注《六臣注文选》,《四部丛刊》本。

颜之推（531—591）《颜氏家训》,《四部丛刊》本。

《晏子春秋》（一般认为是晏婴［？—公元前500］所作），《四部备要》本。

赵璘（约840年代）《因话录》，稗海本。

《玉篇》（543年顾野王编，760年孙强增补，1008年陈彭年等人修订），《四部丛刊》本。徐陵（507—583）编《玉台新咏集》，《四部丛刊》本。

元稹（779—831）《元氏长庆集》，《四部丛刊》本。